Michael Renner

Spieltheorie und Spielpraxis

Eine Einführung für pädagogische Berufe

Lambertus

Die Deutsche Bibliothek – CIP-Einheitsaufnahme

Spieltheorie und Spielpraxis : eine Einführung für pädagogische
Berufe / Michael Renner. – 2., korrigierte Aufl. – Freiburg im
Breisgau : Lambertus, 1997
ISBN 3 - 7841 - 1024 - X

2., korrigierte Auflage 1997

Alle Rechte vorbehalten
© 1995, Lambertus-Verlag, Freiburg im Breisgau
Umschlaggestaltung: Christa Berger, Solingen
Umschlagfoto: Uwe Stratmann, Wuppertal
Satz: Martin Fischer, Tübingen
Herstellung: Druckerei F. X. Stückle, Ettenheim
ISBN 3 - 7841 - 1024 - X

Inhalt

„Wir spielen tatsächlich immer mit Bildern, die mit uns spielen. Was wir hier ‚Bild‘ nennen, ist die Erscheinungsweise der Dinge und Geschehnisse in ihrem pathischen Charakter. Ein Gegenstand ist nur insofern Spielobjekt, insofern er Bildhaftigkeit besitzt" (Buytendijk 1973:95)

Einleitung

„Aber durch's Paradies gehe ich nicht mehr ...", sagte ein etwa fünfjähriger Junge zu seinen Eltern, nachdem er sich ganz mutig gezeigt hatte und alleine durch den Wald gegangen war, um beim Bauern Milch zu holen. Auf dem Rückweg war er durch das „mannshohe" Gras einer Waldlichtung gekommen, hatte sich verirrt und dann gefürchtet, nicht mehr zu seinen Eltern zurückzufinden. Die Herausforderung durch die Natur war, wie sich aber bald herausstellte, doch größer gewesen als die Bedrohung. Zusammen mit anderen Kindern fühlte er sich stark genug, als „Naturforscher" noch einmal in das „Paradies" einzutreten. Die Kinder fanden Schleichwege, entdeckten verborgene Schätze, bauten Hütten, legten Speisevorräte an etc. Sie erschufen in ihrem Spiel eine Welt, in der das Wünschen noch zu helfen schien. Die Erforschung des „Paradieses" war ein ernsthaftes, sinnvolles Spiel geworden. Für eine bestimmte Zeit entwickelte sich ein spannendes und geheimnisvolles Leben, in dem Leid und Not nicht wirklich erlitten werden mußten.

Ist die Bedeutung, der Sinn, den dieses Spiel für die Kinder hatte, dem Verstehen und Erleben von Erwachsenen zugänglich? Und was hat es mit anderen Spielen, dem Fußball-, Streetball- oder Bridgespiel auf sich?

Die genannten Beispiele lösen bei uns – je nach Erfahrungshintergrund – ganz unterschiedliche Assoziationen aus, mit denen wir versuchen, den Sinn dieser Spiele zu verstehen. Der Versuch, sie und das Spielbedürfnis des Menschen zu begreifen, beginnt mit der Reflexion der eigenen Empfänglichkeit für das Spiel, mit unserer eigenen Spielfähigkeit. Darüber hinaus ist es für ErzieherInnen, die mit dem Spielverhalten von Kindern und Jugendlichen konfrontiert sind, wichtig, sich mit den pädagogischen, psychologischen, heilpädagogischen, gesellschaftspolitischen und kulturellen Aspekten des Spiels auseinanderzusetzen. Das aus Praxis und Theorie gewonnene Wissen über das Spiel und seine Bedeutung für die menschliche Entwicklung sollten Grundlage des professionellen Handelns von PädagogInnen sein,

Spiele anzuregen, sie zu gestalten und die Spielbereitschaft zu fördern. Spielen ist für ErzieherInnen Teil ihres professionellen Handelns.

Das vorliegende Buch erweitert nicht das Spielrepertoire der Leser-Innen, sondern setzt sich mit theoretischen Grundfragen des Spiels und der Spielpraxis im Rahmen erzieherischen Handelns auseinander. Es ist für PädagogInnen aller Fachrichtungen und für interessierte Laien geschrieben und kann als Ergänzung zu Vorlesungen und Seminaren herangezogen werden.

Der erste Teil des Buches widmet sich der Theorie des Spiels. Nach einem kurzen Überblick über die Geschichte des Spiels, der als Einstimmung in das Thema zu verstehen ist, werden die – für die Pädagogik relevanten – Theorien vorgestellt. Dieser erste Teil setzt sich auch mit der Thematik auseinander, inwieweit Spiel und Pädagogik trotz ihrer Wesensfremdheit füreinander fruchtbar gemacht werden können. Der zweite Teil beschäftigt sich mit den Spielformen und der Spielentwicklung des Menschen. Auch wenn die Klassifikation in Spielformen sicherlich problematisch und notgedrungen ungenau ist, ist sie für die Beobachtung sowie die Reflexion des Spiels und der SpielerInnen notwendig, um sich einen strukturellen Überblick verschaffen zu können. Im dritten Teil wird die Rolle des Spiels im Rahmen pädagogischen Handelns angesprochen. Thematisiert werden Fragen der Spielleiterqualifikation, der räumlich-zeitlichen Dimension und der Spielmittel ebenso wie Probleme einzelner Spielmittel und Kritererien für ihre Auswahl.

Spiel ist kommunikatives Handeln, und die Spielmittel sind der Schlüssel zum Verständnis der Handlungssymbolik. Da die vollständige Analyse einzelner Spielmittel und -welten den Umfang dieses Buches sprengen würde, werde ich nur exemplarisch auf bestimmte Spielmittel eingehen, z.B. Lego, Playmobil und Computerspiele. Am Ende dieses Kapitels sollen mit Hilfe von Überlegungen zur didaktisch-methodischen Analyse zur Planung von Spielereignissen den Praktikern strukturelle und inhaltliche Kriterien an die Hand gegeben werden. Es versteht sich von selbst, daß diese je nach Personen und Praxisfeld modifiziert werden müssen.

Im vierten Teil des Buches setze ich mich mit dem beeinträchtigten Spielverhalten und dem pathologischen Spielen, der sogenannten Spielsucht, auseinander. Im fünften Kapitel wird dieser Zusammenhang durch den Blick auf die Spielbeobachtung und auf spieldiagnostische Verfahren erweitert. Im letzten Teil gebe ich einen Überblick über das Spiel in pädagogisch-therapeutischen Verfahren. Alle Kapitel schließen mit Hinweisen auf weiterführende Literatur ab, am Ende des Buches wird das Gesamtliteraturverzeichnis durch einen Hinweis auf relevante Fachzeitschriften und Kontaktadressen ergänzt.

Abschließend möchte ich noch darauf hinweisen, daß pädagogisches Handeln im Spiel mehr erfordert als spieltheoretische Kenntnisse, Spielfreude und Spielfähigkeit. Viele Spiele, insbesondere bei älteren Kindern und Erwachsenen, erfordern unterschiedliche Fachkenntnisse und Fertigkeiten: handwerkliches Können, wie z.B. Material- und Werkzeugkenntnisse, Anwendungsfertigkeit, das Beherrschen eines Musikinstruments, sportdidaktische und sportpraktische Kenntnisse. Eine solide Aneignung entsprechender Kenntnisse ist zu empfehlen, um Enttäuschungen zu vermeiden. Es gilt nicht nur das Spiel der Menschen ernst zu nehmen, sondern auch die Menschen, die spielen. Das erfordert die Fähigkeit, Spiele sachgerecht und entwicklungsgemäß anleiten zu können, ohne die Freiheit im Spiel zu zerstören und die menschliche Würde zu gefährden.

Teil 1
Spieltheoretische Grundlagen

1.1 KURZER BLICK IN DIE GESCHICHTE DES SPIELS

Die Wurzeln unserer Haltung zum Spiel sind in der kulturgeschicht-
lichen Tradition und in den Mythen zu finden. In der abendlän-
dischen Philosophie stoßen wir auf spieltheoretische Überlegungen.
Auch in Betrachtungen von Kulturhistorikern sind immer wieder
Hinweise auf das Spielverhalten der Menschen zu finden. Huizinga
beispielsweise weist auf die variierende Bedeutung des Begriffs in
den unterschiedlichen kulturellen Zusammenhängen hin (vgl.: Huizinga 1972:34 ff.). Auch Elkonin arbeitet die kulturspezifische Bedeutung des Spielbegriffes heraus: Bei den Griechen ist das Spiel
eine kindliche Handlungsweise, die sich sinngemäß als „Sich-Kin-
dereien-Hingeben" übersetzen läßt, in der jüdischen Tradition heißt
spielen zu scherzen und zu lachen, bei den Römern bedeutet Spiel
(„ludus") Freude und Heiterkeit. Das Mittelhochdeutsche meint mit
„spilen" Scherz treiben und Vergnügen: „Später begann man in allen
europäischen Sprachen mit dem Wort Spiel viele Handlungen des
Menschen zu bezeichnen, die erstens nicht schwere Arbeit sind und
zweitens Freude und Vergnügen bereiten" (Elkonin 1980:22).
Plato (427–347 v. Chr.) glaubte einen Zusammenhang zwischen der
Erziehung zur Spielfähigkeit und der Stabilität des Staates und seiner
Gesetze zu erkennen. Die Kinder sollten im Spiel die ungeschriebe-
nen Gesetze der Gesellschaft verinnerlichen. Veränderungen bei den
Spielen weisen bei ihm auf gesellschaftliche Umstrukturierungen
hin, in den Spielen zeige sich das Neue in der Kultur. Die Spiele der
Kinder sollten um der staatlichen Stabilität willen ernst genommen
werden. Deshalb wurde das Spielverhalten der Kinder gelenkt und
staatserhaltend eingesetzt. Kindergartenähnliche Einrichtungen er-
hielten einen staatlich-pädagogischen Auftrag.
Je stärker in der griechischen Gesellschaft das freie Spiel eingeschränkt wurde, desto mehr nahmen die Glücksspiele zu. Aristoteles
(384–322 v. Chr.) erkannte im Spiel der Kleinkinder den Erholungs-
wert, dessen Ambivalenz zur Arbeit und heilende Kräfte. Für Cicero
(106–43 v. Chr.) spielt derjenige, „der sich zeitweilig von den Staats-
geschäften ausgeschlossen sieht" (Kreuzer 1983a:233).
Bei den Römern spielte die mit den Festen verbundene Schaulust eine
zentrale Rolle. Wagenrennen und jede Sorte Schaukämpfe sollten die

unzufriedenen Massen ablenken: „Seit es keine Stimme mehr zu verkaufen hat, wünscht das Volk, das früher Macht, Ämter, Legionen, kurz alles verlieh, nur noch ängstlich zwei Dinge – Brot und Spiele", sagte Juvenal (vgl. Dirx 1968:58). Seine Warnungen wurden nicht gehört. Die Kampfspiele wurden immer grausamer und die Menschen immer begieriger, sie zu sehen. Im Jahre 107 n. Chr. mußten allein im Colosseum in Rom 10 000 Gladiatoren gegeneinander antreten. Ende des 4. Jh. n. Chr. gab es keine Gladiatorenkämpfe mehr. Kaiser Konstantin hatte den Zusammenhang zwischen der Verrohung des Volkes und den „Spielen" erkannt und sie im Jahre 326 verboten (vgl. Dirx 1968:62).

Die Kultur der Germanen veränderte sich durch das Eindringen der Römer. Es entstanden zwei Stände, die Aristokratie und die Bauern. Die Bauern wurden zur Arbeit verpflichtet. Sie durften sich keinerlei Spielen hingeben, um sich nicht vom Arbeiten abhalten zu lassen. Das Spiel war den Herrschenden vorbehalten, denen Arbeit entehrend schien. Ihre Spielform waren Turniere, durch die sie sich auf den Krieg vorbereiteten. Die Wettkämpfe, die als Feste gestaltet waren, wurden auch von Spielleuten besucht, die zur Unterhaltung beitrugen. Ihr Beruf war sehr begehrt, weil man mit ihm der Leibeigenschaft entging.

Nachdem die Ritter selbst zu singen und dichten begannen, besetzten die Spielleute das Feld der Gaukler, die keinem eigenen Stand angehörten und deshalb als „unehrlich" galten.

Die Herrschenden hielten die Gaukler für gefährlich, sie fühlten sich von ihnen in ihrer Machtstellung angegriffen und ließen gegen sie predigen. Volksprediger drohten mit Höllenstrafen, Geistliche warnten das Volk vor dem schlechten Treiben. Die Geistlichkeit wandte sich gegen die Auswüchse des Spiels, das nur zu Gewalt und Streit führe.

Die weltlichen Verbote sollten verhindern, daß sich die einfachen Leute den Luxus des Spiels leisteten, dadurch unproduktiver wurden und auf diese Weise den Wohlstand gefährdeten. Wer gegen die überall erlassenen Polizeiverordnungen und Spielverbote verstieß, mußte mit drakonischen Strafen rechnen. Im Jahre 1362 verbot man in Straßburg allen, auch den Kindern, das Spiel. 1447 wurden dort Geldspiele mit Turm bei Wasser und Brot bestraft.

Mit dem durch den Welthandel entstehenden steigenden Wohlstand der oberen Schichten eroberte sich das Spiel wieder einen festen und gesicherten Platz. Feste und Spiele gehörten wieder zum Alltag. Das ging sogar soweit, daß 1534 in Basel der Erlaß erging, daß wenigstens während der Gottesdienste nicht gespielt werden solle.

Die Liberalisierung des Spiels nach dem 30-jährigen Krieg wurde durch die Humanisten ausgelöst und kam zunächst den Kindern der gehobenen Stände zugute. Während der Pietist August Hermann Franke (1663–1727) das Spiel noch als Eingebung des Teufels und unnützes Werk bezeichnete, erkannte der englische Philosoph und Sozialökonom John Locke (1632–1704) im Spiel eine Form der Erholung und Zerstreuung für Kinder. Man könne darin deren Temperament und Neigung erkennen. Seit dieser Zeit wurde das Spiel pädagogisch angeleitet und erzieherischen Interessen unterworfen (vgl. Hering 1979:11). Jean Chaques Rousseau (1712–1778), Philosoph und Kuturkritiker, verurteilte die herkömmlichen Erziehungsmethoden, die die Kinder unterdrückten, der Gewalt aussetzten und auf diese Weise sich selbst entfremden. Er warf den PädagogInnen vor, das Spiel zu mißbrauchen, um den Kindern die Arbeit zu versüßen. Darin erkannte er eine Form des Zwanges. In seinem Erziehungsroman „Emile" ließ er den Zögling frei aufwachsen, unbeeinflußt in seinem Spiel, damit er die Welt und das Leben unvoreingenommen erfassen könne. Den Erwachsenen kommt dann die Aufgabe zu, die Wünsche der Kinder ihren Kräften anzupassen. „… Lernen und Spielen bilden kein Gegensatzpaar, Spielen geht auch nicht einfach dem Lernen voran, es erleichtert auch nicht einfach nur die Lernprozesse, sondern entfaltet sie, gibt für Lernen frei, schafft die nachhaltigste Veränderung" (Kreuzer 1983a:246).

Die Gedanken Rousseaus wurden von den Philantropen in Deutschland mit besonderem Interesse aufgegriffen. CH. G. Salzmann (1744–1811) sieht im Spiel der Kinder eine Form der Unterhaltung, die die köperliche und geistige Beweglichkeit fördern und den Unterricht erleichtern soll. Das Spiel soll die Kinder unbemerkt zum Lernen führen, ihnen helfen, den Unterricht nachzubereiten, die Lernergebnisse zu verbessern sowie Erholung und Unterhaltung gegen Langeweile bieten. Vertreter dieser Auffassung waren damals neben Ch. G. Salzmann, E. Ch. Trapp und J. Ch. F. Guts Muths.

Die sich verändernden Produktionsbedingungen im 19. Jh. (Mechanisierung, Arbeitsteilung, Trennung von Arbeitsplatz und Wohnort), veränderten das familiäre Leben, insbesondere den Status der Kinder. Lernen im alltäglichen Umgang mit Erwachsenen war nur noch begrenzt möglich. Langsam setzte sich die Einsicht einer notwendigen Bildung als Vorbereitung auf die Berufstätigkeit durch.

Die Schule überbrückte die Zeit zwischen früher Kindheit und der Entlassung in die Welt der Erwachsenen (Schulabschluß, Reifeprüfung). Kindheit als geschützter Raum war zunächst ein Privileg des Bürgertums, in dem sich eine Spielzimmer- und Spielzeugkultur entwickelte, die dem Proletariat nicht zugänglich war. Diese Situation veränderte sich erst, als die Frauen- und Kinderarbeit den Bestand der Familien, die Volksgesundheit und die Volkswirtschaft bedrohte. Mit der Wahrnehmung der Kindheit als einem schützenswerten Lebensabschnitt begann man wieder neu, über das Spiel nachzudenken. F. E. D. Schleiermacher (1768–1834) unternahm erstmals den Versuch, das Spiel in dem systematischen Zusammenhang einer wissenschaftlichen Theorie der Erziehung zu berücksichtigen (vgl. Kreuzer 1983a: 255). Jean Paul (1763–1825) und Friedrich Fröbel (1782–1852) sahen in der Kindheit einen Lebensabschnitt, der spezifischen Gesetzen unterliegt. Das Spiel wurde als wichtigste Lebensäußerung des Kindes betrachtet, weil es Selbstständigkeit und Selbstbestimmung fördere.

ErzieherInnen hätten dafür Sorge zu tragen, daß Kindern genügend Zeit und Raum zur Verfügung gestellt werde, um sich, besonders im Spiel, entfalten zu können. Im Alter von 2–6 Jahren sei Spiel „freitätige Darstellung des Inneren", und im Spiel der 7–10jährigen sah Fröbel eine Möglichkeit, „Äußeres innerlich zu machen" (vgl. Hering 1979:15). Der Mutter kommt als erste die Aufgabe zu, das Kind an das Spielen heranzuführen. Das Vormachen und Mitmachen des Erziehers sei „die erste und früheste pädagogische Möglichkeit, das Kind zu Bindungen in der Spielwelt zu führen" (Scheuerl 1977:202). Die zweite Möglichkeit, das Spiel zu entdecken, ist nach Fröbel durch die Spielsachen gegeben, deren Aufforderungscharakter dem kindlichen Tun eine Richtung verleihe. Der Bindung an Spielsachen gehe die Bindung an die Mutter voraus.

Der Engländer Herbert Spencer (1820–1903) versuchte in der zweiten Hälfte des 19. Jahrhunderts das Spiel unter psychologischen Aspekten zu beobachten. Er deutete Spiel als Folge eines Kraftüberschusses beim Kind, als Dramatisierung des Tuns der Erwachsenen. Für Stanley Hall (1836–1924), amerikanischer Psychologe und Philosoph, durchlebte der Mensch im Spiel die primitiven Entwicklungsstadien der Menschheit und reagierte sie in dieser Weise ab, da das Spiel die Kinder befähige, diese Stadien in abgekürzter Form zu durchlaufen und somit die Entwicklung der gesamten menschlichen Kultur in abgekürzter Form zu rekapitulieren.

Der deutsche Philosoph Moritz Lazarus (1824–1903) sieht im Spiel eine Form der Erholung und einen Ausgleich für die vielfachen Anforderungen, denen ein Kind ausgesetzt ist, während Carl Groos, ein Entwicklungspsychologe im letzten Jahrhundert, im Spiel eine Möglichkeit sah, die mangelnde Instinktausstattung des Menschen, die zur weit verbreiteten Verhaltensunsicherheit führe, zu kompensieren.

Insofern habe Spiel ein besonderes Gewicht für die Entwicklung des Kindes.

Dieser kursorische Überblick läßt deutlich werden, wie heterogen die Auffassungen über das Spiel in der Geschichte waren. Bis heute ist es nicht gelungen, das Spiel des Menschen in einem umfassenden Theoriemodell zu erfassen. Einigkeit herrscht nur über die Grundannahme, daß das Spiel eine elementare menschliche Lebensäußerung ist. Nach wie vor versuchen heute die unterschiedlichen wissenschaftlichen Disziplinen eine Theorie des Spiels zu entwickeln. Einige für die pädagogische Arbeit relevante Modelle sollen im folgenden, ohne Anspruch auf Vollständigkeit, dargestellt werden.

Weiterführende Literatur:

Dirx, R.: Gaukler, Kinder, kluge Köpfe. Das Spiel einst und jetzt. Hannover 1968
Ariès, Ph.: Die Geschichte der Kindheit. München/Wien 1975
Weber-Kellermann, I.: Die Kindheit. Eine Kulturgeschichte. Frankfurt/M. 1979
Lenzen, D.: Mythologie der Kindheit. Die Verewigung des Kindlichen in der Erwachsenenkultur. Versteckte Bilder und vergesssene Geschichten. Hamburg 1985
Kreuzer, K.J.: Zur Geschichte der pädagogischen Betrachtung des Spielens und der Spiele. In: Kreuzer, K.J.: Handbuch der Spielpädagogik, Bd. 1. Pädagogische, psychologische und vergleichende Aspekte. Düsseldorf 1983
Weber-Kellermann, I./Falkenberg, R. (Hrsg.), Was wir gespielt haben. Erinnerungen an die Kinderzeit. Frankfurt 1981

1.2 DIE SPIELTHEORIEN

Die meisten wissenschaftlichen Theorien setzen sich mit der Frage auseinander, welchen Einfluß das Spiel auf die menschliche Entwicklung hat und wie diese wiederum auf das Spielverhalten zurückwirkt. Beispielsweise geht es um die Wechselwirkung zwischen Spiel und kognitiver Entwicklung, Spiel und Sozialisation. Auf der Grundlage dieser zwar differenzierten, aber – wie sich zeigen wird – dennoch begrenzten Sichtweise haben PädagogInnen das Spiel für erzieherische Zwecke instrumentalisiert.

1.2.1 Psychoanalyse und Spiel

Freud zufolge hat die Gesamtheit der psychischen Aktivität des Menschen das Ziel, Unlust zu vermeiden und Lust zu schaffen. Wird die

Befriedigung der Triebe versagt, erlebt der Mensch Spannung und Frustration, wird Bedürfnisbefriedigung möglich, entstehen Lust und Entspannung. Aus diesem Grund werden befriedigende Erfahrungen gesucht und schmerzliche vermieden. Freud nennt diesen Vorgang „Lustprinzip". Menschliches Verhalten wird durch das Streben, individuelle Bedürfnisse bzw. Wünsche zu befriedigen, gesteuert, sofern nicht äußere Hindernisse (Forderungen, Verbote oder individuelle Grenzen des Kindes) die Befriedigung dieser Wünsche verhindern. Das Spiel bietet eine Möglichkeit, diese Hindernisse auszuschalten und in der Phantasie aufzuheben. Im Spiel gelingt es, äußere und innere Grenzen außer Kraft zu setzen, zum Urheber einer selbst geschaffenen Welt zu werden. In ihr kann das spielende Kind beispielsweise angenehme Erfahrungen beliebig wiederholen, Ereignisse in Szene setzen etc. Dennoch liegt diese Welt keineswegs außerhalb seines Erfahrungshorizontes, da der Mensch im Rahmen seiner normalen Entwicklung durchaus in der Lage ist, zwischen Spiel und Wirklichkeit zu unterscheiden (vgl. Millar 1973:25).

Kinder agieren im Spiel nicht nur ihre Wünsche und Bedürfnise aus, sondern auch unangenehme, leidvolle und belastende Erlebnisse (z.B. Trennung, Tod, Krankheit, Versagen, Schuld etc.).

Die psychoanalytischen Spieltheorien gehen davon aus, daß das Kind Erfahrungen, unter denen es gelitten hat oder unter denen es immer noch leidet, im Spiel aktiviert. Nicht verarbeitete Erlebnisse werden im Spiel symbolisch wiederholt, eventuell so häufig immer wieder neu in Szene gesetzt, bis sie seelisch bewältigt sind. Wenn Kinder allerdings unter Wiederholungszwang leiden und das traumatische Erlebnis auf einer symbolischen Ebene wiederholen müssen, sind sie nicht mehr in der Lage, frei zu spielen. Als Beispiel möchte ich die Geschichte des Jungen anführen, der in der heilpädagogischen Spielbehandlung über längere Zeit immer wieder einen Räuber spielt, der ausschließlich im Keller oder auf dem Dachboden agiert und die üblichen Wohnräume nicht betritt. Dieser Räuber wird immer gejagt, kann aber nicht gefangen werden. Die Mutter erzählt, daß sich der Junge vollständig zurückgezogen habe, Gespräche und Kontakte vermeidet und – sofern er überhaupt spielt – ausschließlich dieses Szenario wiederholt. Eines Tages spielt der Junge wieder die Räuberhandlung, diesmal wird der Räuber allerdings mit einem großen Polizeiaufgebot gejagt und „zufällig" von einer Kugel, die sich verirrt hat, erschossen. Im anschließenden Gespräch mit der Mutter stellt sich heraus, daß sie dem Kind verheimlichen wollte, daß der Vater ausgezogen war und eine Freundin hatte. Der Junge hatte aber den Vater und dessen Freundin bereits in einer eindeutigen Situation beobachtet und hatte von Anfang an gewußt, daß der Vater auf keinen Fall auf einer Geschäftsreise war, was ihm die Mutter hatte weismachen wollen.

Der Wiederholungszwang ist die Folge massiver traumatischer Erfahrungen und hat pathologischen Charakter.

Nicht alle Wünsche nach Wiederholung von Spielen sind allerdings pathologisch und im psychoanalytischen Sinne als Wiederholungszwang zu interpretieren: Viele Alltagserfahrungen sind belastend, bedürfen der Verarbeitung durch wiederholtes Erzählen oder Spielen. Kinder wollen bestimmte Geschichten und Märchen immer wieder hören: Dabei strukturiert sich Erfahrung, Belastendes und Konflikthaftes wird verarbeitet, es entstehen innere Bilder: „Das Spiel reinigt die Seele, in dem es das Geschehene, Verletzende verfügbar macht. Diesen Vorgang nennt man Katharsis (Reinigung). Im Spiel kann das Kind selber in Szene setzen und damit in seine Gewalt bekommen, was ihm vorher als fremder Eindruck oder als gefährliche Macht gegenübergetreten ist" (Flitner 1972:61).

Erikson spricht in diesem Zusammenhang vom „Ausspielen" als natürlichem Mittel der „Selbstheilung" (Erikson 1968:217). „Selbstheilung benötigt zunächst keinen professionellen therapeutischen Rahmen, sondern ist die Folge alltäglicher Spielerfahrungen von Kindern und Erwachsenen. Im Rahmen psychoanalytischer Spieltheorien hat sich überwiegend die Auffassung durchgesetzt, daß Spiel auf einen Impuls zur Ereignisbewältigung zurückzuführen sei" (Millar 1973:29).

Die Theorie der Selbstheilung bzw. Ereignisbewältigung im Spiel wurde von den Nachfolgern Freuds entwickelt und differenziert. Auf die therapeutische Instrumentalisierung des Spiels werde ich an anderer Stelle noch eingehen.

Versucht man nun die Funktionen des Spiels hinsichtlich seiner Heilungskräfte genauer zu betrachten, ergeben sich nach Hering folgende Funktionen:

(1) Spiel als Trieb-, Phantasie und Ersatzbefriedigung
Nach Freud dient das Spiel einer „halluzinatorischen Wunschbefriedigung": „Diesem Erklärungstyp sind alle Spiele zuzurechnen, die von Triebimpulsen gesteuert und in denen Bedürfniserlebnisse erfahren werden. Dabei kann es sich um (symbolisch oder manifest) sexuelle Spiele handeln oder um Spielhandlungen, in denen inszeniert wird, was durch vorausgegangene reale oder vorgestellte Befriedigungserlebnisse ausgelöst wird" (Hering 1979:22). Dieses Verhalten ist häufig bei Kindern zu beobachten, denen die Anerkennung und

Bejahung durch die Eltern versagt bleibt. Sie inszenieren sich dann beispielsweise in einer Rolle – als König oder als Prinzessin –, der die Bewunderung gilt, die ihnen in der Realität versagt wird. Damit überwinden sie in der Phantasie ihre frustrierenden Erfahrungen und schaffen sich im Spiel eine lustvolle Realität.

(2) Spiel als Angstabwehr und Verarbeitung unbewältigter Erfahrung
Unfaßbare Erfahrungen des Kindes können durch Wiederholungen im Spiel verarbeitet werden. Dabei setzt das Kind bestimmte Bewältigungsstrategien ein: Kinder, die in der Wirklichkeit passiv und unterlegen sind, werden plötzlich aktiv und überlegen, wandeln Enttäuschungen in Erfolge um, bauen Emotionen, die sich als Folge traumatischer Erfahrungen oder Reizüberflutung angestaut haben, ab und werden ausgeglichener (vgl. Hering 1979:22). Dabei wird die Lähmung, die von dem in der Wirklichkeit ausgelösten Gefühlsstau ausgelöst wurde, überwunden. Dem Kind gelingt es, sich durch die Phantasie und Wiederholung physisch und psychisch bewegen zu lassen und die Blockierung zu lösen.

(3) Spiel als Tarnung, Regression, Flucht vor der Wirklichkeit
Kinder fallen in manchen Spielen auch hinter ihren bereits erreichten Entwicklungsstand zurück. Sie werden Babys oder Kuscheltiere und sprechen wie Kleinkinder. Sie regredieren und wollen nicht so selbstbeherrscht und diszipliniert sein, wie es von ihnen erwartet werden kann. Diese Spiele sind häufig Ventil für einen zu starken Realitätsdruck oder bieten die Möglichkeit, Verbotenes zu tun, ohne mit dem Über-Ich in Konflikt zu geraten. Darüber hinaus erlauben sie dem Kind, den in der Wirklichkeit nicht mehr durchsetzbaren Wunsch, sich verwöhnen zu lassen, auszuagieren.
Im spielerischen Handeln tarnen Kinder auch häufig ihre negativen Erlebnisse – z.B. ihre Hilflosigkeit und ihr Unwissen. Sie übertreiben dann und führen sich wie Clowns auf. Dadurch gelingt es ihnen, in den Mittelpunkt zu geraten, um durch einen geänderten Handlungssinn oder geänderte Handlungsrichtung die Lacher auf ihre Seite zu bringen und so zu vermeiden, selbst ausgelacht zu werden: „Für alle möglichen Varianten dieses Spieltyps gilt als gemeinsamer Zugang: Das Kind demonstriert im Spiel Verhaltensformen, mit denen es sich nicht identifizieren möchte" (Hering 1974:24). So verhalten kann sich allerdings nur ein Kind, das über eine Ordnungs- bzw. Wertestruktur verfügt; kindliche Reaktionen, die als Folge von Verwahrlosung auftreten, können meiner Meinung nach nicht unter diese verallgemeinernde Beobachtung subsumiert werden.

Zusammenfassend läßt sich sagen, daß die psychoanalytisch orientierten Spieltheorien in der Nachfolge Freuds im Spiel nur zweierlei sehen: Wunschprojektion oder Bearbeitung von belasteneden Ereignissen durch Wiederholung. Neben dieser kathartischen (reinigenden) Funktion wird das Spiel auch als Mittel der Persönlichkeitsdiagnostik, Persönlichkeitbeurteilung und Therapie betrachtet. Problematisch sind in diesem Zusammenhang die in der Literatur teilweise synonym gebrauchten Begriffe „Heilung" und „Katharsis" (Reinigung).

Setzt Heilung im Gegensatz zur Reinigung nicht Krankheit voraus? Ein Kind, welches im Spiel Erfahrungen verarbeitet, befindet sich in einem kathartischen Prozeß. Wenn die Probleme eines Kindes allerdings so massiv sind, daß es gar nicht mehr spielen kann und es unter Wiederholungszwang leidet, benötigt es heilende Hilfe (Therapie), welche – durch ensprechend gestaltete Umfelder, Interaktions- und Kommunikationsformen – es dann zur Katharsis befähigen.

Weiterführende Literatur:

Klein, M.: Die Psychoanalyse des Kindes. Stuttgart 1983
Klein, M.: Die psychoanalytische Spieltechnik; Ihre Geschichte und Bedeutung. In: Röhrs, H. (Hrsg.): Das Spiel – ein Urphänomen des Lebens. Wiesbaden 1981
Zulliger, H.: Heilende Kräfte im kindlichen Spiel. Stuttgart [5]1967
Nitsch-Berg, H.: Kindliches Spiel zwischen Triebdynamik und Enkulturation. Der Beitrag der Psychoanalyse und der Entwicklungstheorie Piagets. Stuttgart 1978

1.2.2 Spiel und kognitive Entwicklung bei Piaget

Piagets Theorie des Spiels ist eng verbunden mit seiner Theorie von der Entwicklung der Intelligenz. Im Mittelpunkt steht die Annahme, daß alle lebenden Organismen eine angeborene Tendenz zur Anpassung (Adaption) an ihre Umwelt haben. Eine weitere angeborene Tendenz lebender Organismen ist ihre Tendenz zur Organisation. Hierbei werden Wahrnehmungen und Umwelteindrücke mit Hilfe kognitiver Schemata eingeordnet und verarbeitet. Zum Beispiel: Ein Kind schaut aus dem Fenster und sieht, daß etwas Weißes vom Himmel fällt. Die Mutter erklärt ihm, daß es sich dabei um Schnee handelt. Einige Zeit später sitzt das Kind in der Küche, räumt das Mehl und die Haferflocken aus dem Vorratsschrank, läßt beides durch seine

Hände gleiten und spielt „schneien". Das Kind hatte also ein kognitives Schema eingerichtet, mit dem es versucht hat, seine Erfahrungen zu systematisieren. Eine ähnliche Verknüpfung würde dann hergestellt, wenn ein Kind beim Anblick einer Überlandleitung nach der Seilbahn fragen würde: Seinem kognitiven Schema zufolge sind alle Stahlseile an Eisenmasten Seilbahnen.

Nun bauen Kinder ja gerade in Spielsituationen solche Schemata auf, variieren sie immer wieder und stellen Verbindungen zwischen den Schemata her, was Piaget als Struktur bezeichnet. Mit dem Schema „vorlesen", „erzählen" oder „anschauen" verbindet sich zum Beispiel ein Rezeptionsspiel oder Kommunikation. Schemata müssen so strukturiert werden, daß sie zu einem befriedigenden Austausch mit der Umwelt führen können.

Wenn die Schemata nicht in geordneten Strukturen verbunden sind, wird dies als Ungleichgewicht empfunden. Falls in dem oben genannten Beispiel die Mutter das Spiel des Kindes in der Weise unterbricht, in dem sie dem Kind erklärt, daß es sich nicht um Schnee, sonden um Mehl handelt, erfährt sich das Kind so in einem Ungleichgewicht mit der Umwelt und ist bestrebt, die Homöostase wieder herzustellen, indem es durch Assimilation oder Akkomodation sein Denken den Umweltanforderungen anpaßt. Im Assimilationsvorgang wird die Umwelt der kindlichen Denk- und Empfindungsweise angepaßt: Alles, was weiß ist, ist auch Schnee. Wenn diese Form des Denkens nicht ausreicht, um die Umwelt mit den vorhandenen Schemata einordnen zu können, wird akkomodiert, d.h. die Denkform wird den Anforderungen der Umwelt angepaßt: Das Zeug aus der Tüte ist Mehl und kein Schnee.

Piaget geht davon aus, daß sich das Spiel zunächst im Rahmen der Assimilation entwickelt. Das Kind wird von seiner Phantasie geleitet, paßt sich der Umwelt nicht nur durch Nachahmung an, sondern erprobt deren Möglichkeiten: „Im Gegensatz zum objektiven Denken, das sich an die Erfordernisse der äußeren Realität anzupassen versucht, stellt das Spiel der Phantasie in der Tat nur eine symbolische Transposition dar, die die Dinge der eigenen Aktivität unterordnet, und zwar ohne Regel und Beschränkungen. Das Spiel ist (…) Denken, das ausgerichtet ist durch das vorherrschende Bedürfnis nach individueller Bedürfnisbefriedigung" (Piaget 1969:117; Röhrs 1981:31). „Das Spiel verkörpert durch diese Funktion einen souveränen Vermittler unterschiedlicher Erfahrungen im Wechsel zwischen Welt und Ich. Spiel ist mehr als Nachahmung und grundsätzlich anders als Lernen oder Erfahrung. Als individuelle Aktionsform steht es zwischen dem Handeln und dem Träumen, beiden Regionen durchaus verwandt, aber von beiden durch die spezifische Entscheidungsfreiheit und die damit verbundene Freude unterschieden" (Röhrs 1981:31).

Spiel ist also weder eine reine Vorübung, keine bloße Reproduktion, nicht nur Imitation oder Einübung einer Rolle. Das Kind „sucht einfach seine individuellen Fähigkeiten frei zu gebrauchen, seine Handlungen zu reproduzieren aus Freude, sich und andern ein Schauspiel zu geben, kurz sein Ich zu entfalten und dem Ich ohne Beschränkung das zu assimilieren, was normalerweise Akkomodation an die Wirklichkeit und assimilatorische Anstrengung ist" (Piaget 1969:160).

Bei Piaget sind Spiel und kindliche Entwicklung nicht voneinander zu trennen. Das Spiel ist primär in einen „Gesamtzusammenhang des kindlichen Denkens" einzuordnen und aus dessen Struktur abzuleiten (Piaget 1969:189,213). Das Denken entwickelt sich bei ihm in fünf Stufen:

(1) Die Stufe der sensomotorischen Intelligenz, in der Wahrnehmungseindrücke mit motorischen Leistungen koordiniert werden. Grundlage dafür sind die angeborenen Reflexe (z.B. der Greif-, Saug- und Schluckreflex). In der zweiten Phase dieser Stufe entwickelt das Kind einfache Gewohnheiten, mit denen es noch keine Absichten vebindet. Im dritten Stadium kommt es dann zu aktiven Wiederholungen von Tätigkeiten, die zufällig von interessanten Effekten begleitet und deshalb lustbetont waren (z.B. das Bewegen von Geräuschspielzeug, das am Bett hängt), in der vierten beginnt das Kind, Mittel und Zweck zu verbinden. Es wirft zum Beispiel Gegenstände aus dem Bett, um andere anzulocken, damit sie mit ihm spielen oder um Spaß an den so erzeugten Geräuschen zu haben. Am Ende des 1. Lebensjahres beginnt es dann, aktiv zu experimentieren. Es kann beispielsweise die Verbindung erkennen, die zwischen der Holzente, die ihm folgt, und der Schnur, an der es sie zieht, besteht. Im sechsten Stadium (ca. 18. Monat) gelingt es ihm, an die Dinge, an die es rankommen will, auch ranzukommen und entwickelt „Werkzeugdenken", d.h. es kann beispeilsweise die Tischdecke benutzen, um das Auto, das zu weit weg gerückt ist, wieder zu sich zu ziehen.

(2) Auf der Stufe des symbolischen, vorbegrifflichen Denkens gelingt es dem Kind nun, Realität und Vorstellung voneinander zu unterscheiden. Es kann mit sprachlichen Symbolen Vorhandenes und nicht Vorhandenes bezeichnen. Begriffe werden zu Symbolen, mit denen es nicht nur Wirkliches, sondern auch seine eigene Vorstellungen benennt: Im Spiel wird beispielsweise ein Bauklotz zu „Geld". Symbole dieser Art bezeichnet Piaget als Vorbegriffe.

(3) Die Stufe des anschaulichen Denkens ermöglicht es dem Kind, mit Hilfe der sprachlichen Symbole zu denken. Allerdings kann es

nur mit Begriffen und Denkvorgängen arbeiten, die anschaulich sind. Mehrere Aspekte einer Sache kann es nicht erfassen. Ein Kind, das mit Fahrzeugen spielt, kann noch nicht den Oberbegriff Fahrzeug bilden, es wird von Autos, Baggern und Motorrädern sprechen. Wenn Kinder jemandem etwas erzählen, haben sie keine Vorstellung davon, daß der Zuhörer nicht dieselben Vorstellungen hat. Man versteht sie manchmal deshalb so schwer, weil sie selbstverständlich davon ausgehen, daß der Zuhörer weiß, von wem und von was sprechen. In diesem Zusammenhang spricht man auch von kindlichem Egozentrismus.

(4) Die Stufe der konkreten Operationen, die im 7. Lebensjahr angesiedelt wird, ermöglicht es dem Kind, sich in Gedanken auch die Beziehung von Gegenständen und Sachverhalten – unabhängig vom Wahrgenommenen – vorzustellen. Das Kind kann sich geistig vom aktuellen Geschehen distanzieren. Gechichtliches und schlußfolgerndes Denken wird möglich, der Egozentrismus verschwindet. Das Denken bleibt allerdings immer noch, obwohl es von der Wahrnehmung unabhängig ist, an konkrete Sachverhalte gebunden. In dieser Phase entwickelt sich das Konstruktionsspiel; das Kind braucht ein Flugzeug als Vorbild, um es „aus dem Kopf" so zu bauen, daß es auch die anderen erkennen.

(5) Die Stufe der formalen Operationen ermöglicht es den etwa zwölfährigen Kindern, über vorgegebene Informationen hinaus zu denken, Hypothesen zu bilden, zu abstrahieren, induktiv – d.h. in anschaulichen Situationen Gesetzmäßigkeiten zu erkennen – oder deduktiv – d.h. von allgemeinen Gesetzmäßigkeiten auf konkrete Sachverhalte zu schließen, zu denken, Fragestellungen und Probleme systematisch anzugehen, möglichst alle zugehörigen Variablen zu erfassen und auch über das eigene Denken nachzudenken, d.h. zu reflektieren. Diese Fähigkeiten wird beispielweise beim Theaterspiel bedeutsam, wenn eine Rolle auszugestalten ist (vgl. Altenthan, Betscher-Ott, Dirrigl, u.a. Köln 1991:238–242).

Piagets Theorie macht deutlich, wie die von pädagogischen Absichten unbeeinflußten Möglichkeiten zu spielen für die Entwicklung des Denkens und der Intelligenz von unschätzbarer Bedeutung sind. Allerdings ist seinen, von mir hier sehr kurz zusammengefaßten, Annahmen zu entnehmen, daß das Spiel für ihn nur eine vorübergehende Episode der Intelligenzentwicklung ist und darüber hinaus nicht von Bedeutung.

Flitner hat in Anlehnung an Sutton-Smith eine Kritik an der Spieltheorie von Piaget formuliert, die ich kurz wiedergeben möchte. Das Spiel „ist ebenso, wie Piagets ganzes Schema der Intelligenzentwicklung in einzelne Etappen gegliedert, das Nachfolgende ist jeweils die Überwindung des Vorausgehenden, und das ganze Spiel ist ein Durchgangsstadium, eine überwindbare, auch abkürzbare Phase von nur subjektiver Notwendigkeit. Alle Spielerscheinungen werden gemessen am Niveau der Realitätserkenntnis, die sie enthalten" (Flitner, 1974:52). Bei Piaget überwiegt nach Flitner das Nachahmungsgeschehen (die Akkomodation), ihm mangele es an Aussagen

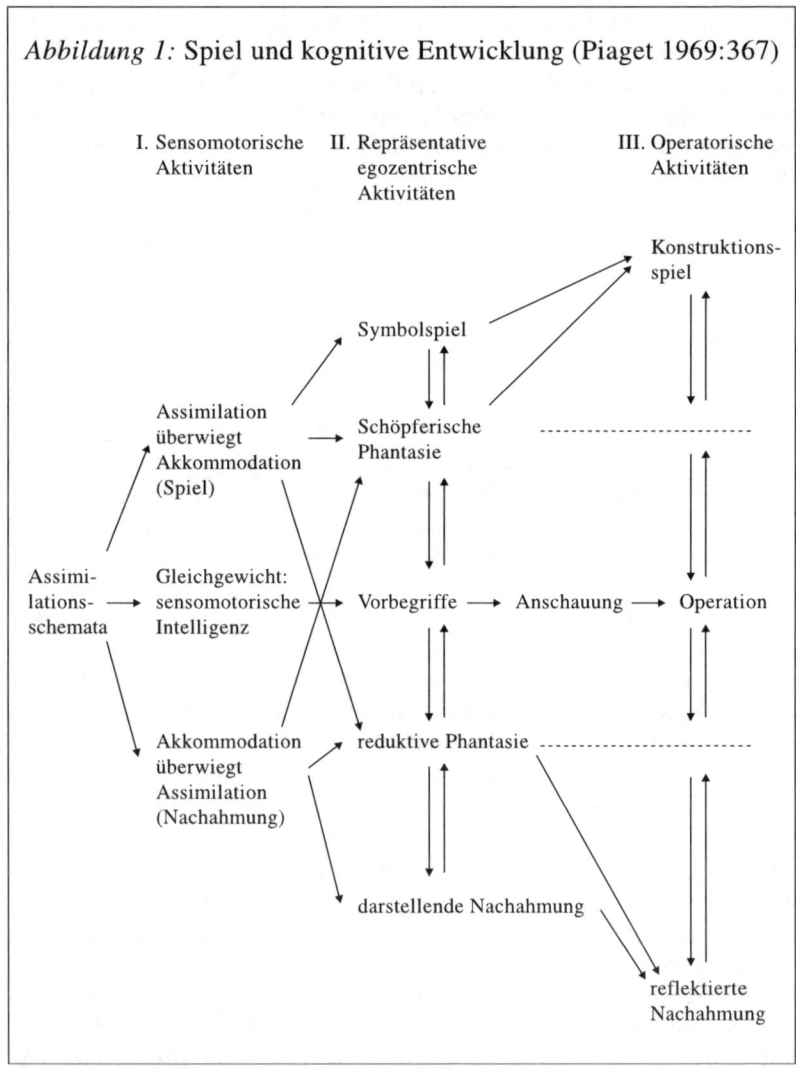

Abbildung 1: Spiel und kognitive Entwicklung (Piaget 1969:367)

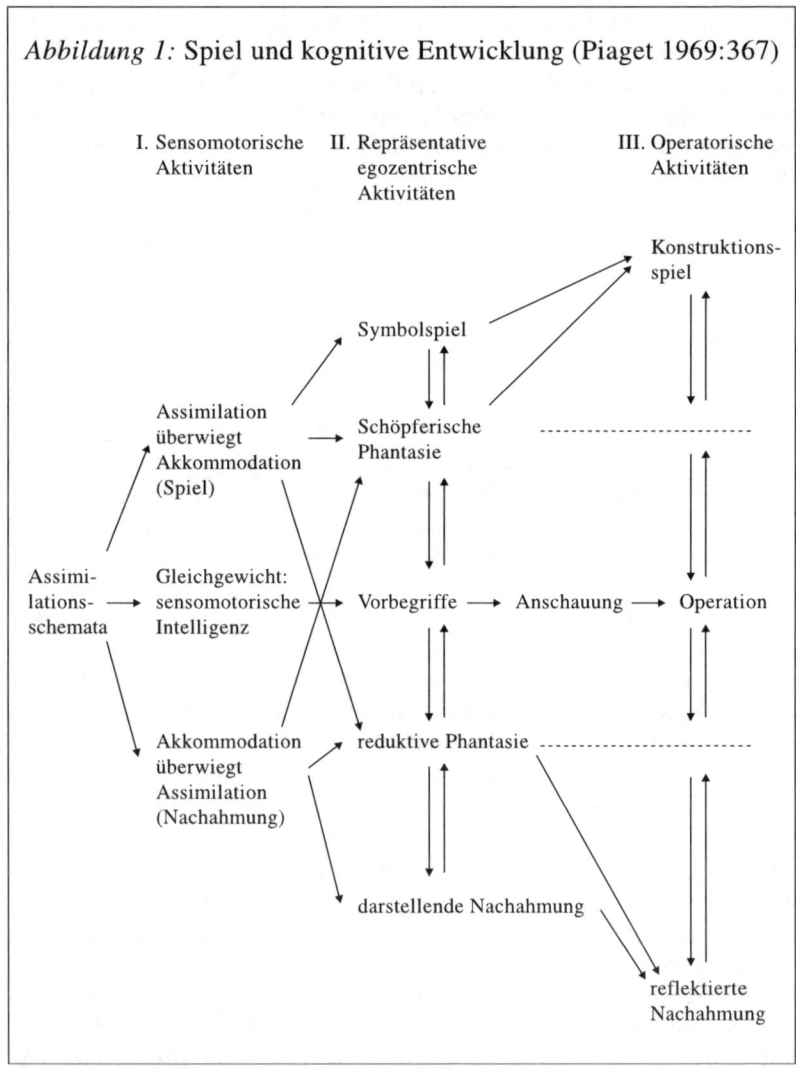

zu schöpferischen und an Alternativen zu zweckhaften Formen der Erkenntnis. Spiel schaffe nichts Eigenes, sondern bleibe Imitation im Rahmen der individuellen Möglichkeiten des Spielers, habe also nur reproduktiven Sinn. Die Entwicklung der Intelligenz werde wesentlich als Einfügung in die objektiven Gegebenheiten des geistigen Lebens angesehen. „Die Piagetsche Spieltheorie bleibt, wenn auch nicht mehr auf der Stufe des naiven Realismus, dennoch selber eine Abbildtheorie (a copy-theory of knowledge, a copyist epistemologie)" (Flitner 1974:52).

Flitners zweiter Einwand bezieht sich auf das Verhältnis von kognitiven und affektiven Funktionen in Piagets Theorie. Piaget betrachtet Spiel als „Mittel psychischer Bewältigung von kognitiven Funktionen, die direkt nicht bewältigt werden können; es dient gewissermaßen zum Ausgleich des psychischen Haushalts, solange das Denken den gestellten Aufgaben noch nicht gewachsen ist. Das Spiel muß also behelfsmäßig bewältigen, was der Realitätsbezug noch nicht zu fassen vermag. Auf diese Weise entsteht (…) eine eindeutige Überordnung der kognitiven über die affektive Seite" (Flitner 1974:53).

Der dritte Einwand Flitners weist auf den Widerspruch hin, „daß Piagets Entwicklungsstufen eigentlich als Abfolgen von jeweils in sich charakteristischen und vollständigen Denkorganisationen ausgegeben werden, daß sie aber eben doch eine lineare Folge darstellen, in der die spätere Stufe deutlich die frühere überholt und auch deutlich die höher organisierte Stufe darstellt" (Flitner 1974:53). Hier stellt sich die Frage, ob später entwickelte Denkformen die früher entwickelten überflüssig machen. Phantasievolle künstlerische Denk- und Ausdrucksformen sowie kreative Imaginationen stehen offenbar in einem unmittelbaren Zusammenhang zum kindlichen Denken und Spielen – sie werden von Piaget nicht berücksichtigt. Spiel ist für ihn vorwiegend eine Kompensation für noch nicht verfügbare Formen des Erwachsenendenkens.

In seinem vierten Kritikpunkt verweist Flitner auf eine Untersuchung von Eifermann, die belege, daß Piagets Spielstufen nicht nachzuweisen seien: „Insbesondere das Regelspiel, das nach Piaget ja die reifste und dem Erwachsenenleben nächstliegende Form des Spiels ist, bildet in den Untersuchungen von R. Eifermann seinen Höhepunkt im Alter von 9–10 Jahren und nimmt nach dem 11. Lebensjahr, absolut und im Verhältnis zu anderen Spielformen wieder stark ab" (Flitner 1974:54).

An dieser Stelle zeigt sich, daß der begrenzte Untersuchungsrahmen Piagets – er hat seine Theorie aufgrund der Beobachtungen seiner eigenen Kinder aufgestellt – nicht ausgereicht hat, um alle Phänomene des Spiels zu berücksichtigen. Es war auch nicht seine Absicht, eine Spieltheorie zu entwerfen, sondern die Bedeutung des Spiels für die kognitive Entwicklung zu untersuchen. Und damit hat seine Untersuchung unschätzbaren Wert.

Weiterführende Literatur:

Piaget, J.: Nachahmung, Spiel und Traum. Die Entwicklung der Symbolfunktion beim Kinde. Stuttgart 1969
Piaget, J./Inhelder, B.: Die Psychologie des Kindes. Freiburg 1972
Sutton-Smith, B.: Das Spiel bei Piaget – eine Kritik. In: Flitner, A.: Das Kinderspiel. München [3]1976:114 –125

1.2.3 Sozialisationstheorien und Spiel

Das Hineinwachsen eines Menschen in die Gesellschaft findet jeweils unter konkreten Voraussetzungen und Bedingungen statt. Sozialisationsdefizite oder -störungen treten dann auf, wenn diese unzureichend sind oder wenn zwischen der individuellen und gesellschaftlichen Existenz eines Menschen ein Widerspruch entsteht. Diese Störungen werden als emotionale, soziale, kognitive oder auch motorische Deprivation sichtbar, sie zeigen sich nicht nur in Schule, Beruf und Familie, sondern auch im Spielverhalten.
In der Tat ist es so, daß das Spiel und das in ihm enthaltene Probehandeln kompensierend auf die defizitären Sozialisationsbedingungen und -entwicklungen wirkt. Schul- und Sozialpädagogik haben den Impuls gegeben, durch entsprechende Anregungen und Fördermaßnahmen Kinder und Jugendliche in der Entwicklung ihrer Spielfähigkeiten zu unterstützen.
Smilansky hat im Rahmen einer Untersuchung unterprivilegierter Kinder in Jerusalem beobachtet, „daß Kinder aus den unteren Schichten sehr wenig spielen und daß die meisten von ihnen sich am sozialen Rollenspiel überhaupt nicht beteiligen" (Smilansky: 1974:154). Die Förderung des sozialen Rollenspiels steigerte das Spielniveau sowie das sprachliche Artikulationsvermögen (Smilansky 1974:187). Daß sozialisationsbedingte Defizite durch Spieltraining kompensiert werden können, wurde auch von Freyberg bestätigt, der nach einer Begleitstudie zu einem Projekt, das mit achtzig 5jährigen Unterschichtskindern durchgeführt wurde, folgende Hypothesen bestätigt sah:

– Unterschicht-Kindergartenkinder, deren Phantasiespiel gefördert wird, spielen einfallsreicher und konzentrierter als Kinder, die nicht trainiert wurden;

– Kinder, die von sich aus gerne Phantasiespiele machen, werden im Vergleich zu Kindern, die diese Neigung nicht teilen, nach dem Training konzentrierter und spielen lieber;

– Eltern, deren Kinder eine hohe Neigung zu Phantasiespielen haben, werden deren Phantasiereichtum fördern und insgesamt mehr Zeit mit ihren Kindern verbringen.

Das Training wurde in acht 20-Minuten-Sitzungen mit jeweils vier Kindern durchgeführt. Die Ergebnisse zeigten auch noch nach zwei Monaten eine im Unterschied zur Vergleichsgruppe feststellbare Verbesserung des Spielverhaltens: „So findet Freyberg mit diesem Ergebnis die Resultate von Smilansky bestätigt, daß es Verhalten gibt, das zu einem bestimmten Zeitpunkt in der kindlichen Entwicklung durch Intervention von Erwachsenen gelernt werden muß. Doch die Verbesserung der lower-class Kinder ist begrenzt: in der lower-group der Versuchsgruppe finden sich jene ‚Unterschichtskinder‘, die besondere Ausfälle in den kognitiven Fähigkeiten zeigen und sehr resistent sind gegen Remediation" (Hering 1979:48).

Die sozialisationstheoretischen Ansätze des Spiels gehen im wesentlichen von der Erkenntnis aus, daß im Rahmen des Sozialisationsprozesses bei Kindern und Jugendlichen Defizite entstehen, die durch erzieherische, in diesem Falle durch die Förderung einer spielanregenden Umwelt, Spieltrainings und kompensatorischer Spielprogramme, ausgeglichen werden können. In diesem Zusammenhang sind erzieherische Interventionsformen entwickelt worden, z.B. motopädagogische Ansätze, kooperative Spielformen, Spielmobile, Bau- und Abenteuerspielplätze, die Erlebnispädagogik u.a.

Weiterführende Literatur:

Sutton-Smith, B.: Die Dialektik des Spiels. Schorndorf 1978
Kube, K.: Spieldidaktik. Düsseldorf 1977
Krappmann, L.: Soziale Kommunikation und Kooperation im Spiel und ihre Auswirkungen auf das Lernen. In: Daublebsky, B.: Spielen in der Schule. Stuttgart 1973
Bronfenbrenner, U.: Ökologische Sozialisationsforschung. Hrsg. v. Lüscher, K. Stuttgart 1976

1.2.4 Rollentheorie und Spiel

Zum Sozialisationsprozeß gehört die Übernahme gesellschaftlich festgelegter Rollen. Alle konventionellen Rollentheorien gehen davon aus, daß subjektive Faktoren die Rolleninteraktion stören. Linton hält den Rollenbegriff für brauchbar, um gleiches Verhalten verschiedener Menschen, die in der gleichen Position sind, zu erklären (vgl. Linton 1973:308 f.). Konformität ist in diesem Konzept die Norm, Spontaneität ein Störfaktor.

Im Gegensatz dazu meint beispielsweise Krappmann, „daß kommunikatives Handeln in Rollen unter ganz anderen Bedingungen am besten gesichert ist: dann nämlich, (…) wenn die Rollennormen als der subjektiven Interpretation bedürftig angesehen werden. Ist die subjektive Interpretation nicht möglich, (…) so sind Identität und Interaktion in Gefahr" (Krappmann 1975:116).

Auch Stankewitz u.a. werfen den Vertretern interaktionistischer Rollentheorien vor, daß diese von einem Ideal gleichberechtigter Interaktionspartner ausgehen. Damit sei nicht erkennbar, wer die Rollennormen festlege. Der hier erkennbare Zusammenhang zwischen Machtstrukturen und Interaktion lege die Annahme nahe, die Fähigkeit zur Analyse der Rollenstrukturen bzw. zur „Systemkritik" sei zu erwerben (vgl. Stankewitz 1977: 31 f.). Wenn man diese Ansicht zugrunde legt, wird der Zusammenhang von Rollentheorie und Rollenspiel deutlich:

(1) Rollenspiel kann die Einübung und Vorwegnahme sozialer Konformität (sozialer Rollen) bedeuten;

(2) Rollenspiel ist eine Möglichkeit, gesellschaftlich festgelegte Rollen und individuelle Bedürfnisse antizipatorisch zu erproben;

(3) Rollenspiel ist das modellartige Darstellen einer Rolle und ihrer biographischer Determinanten, um sie der Reflexion zugänglich zu machen (Distanzierung mit dem Ziel der Befähigung zur Ideologie- und Systemkritik sowie zu autonomem Verhalten. Hier wird die politisch-emanzipatorische Absicht des Einsatzes vom „Rollenspiel" deutlich erkennbar).

Auch sozialisationsbedingten Fehlentwicklungen ist durch Rollenspiel vorbeugend und verändernd zu begegnen. Als kompensatorische erzieherische Interventionsformen finden sie deshalb häufig im Bereich der Schul-und Sozialpädagogik und der Sozialarbeit Anwendung: „Wir müssen versuchen, die Erfahrungen von Kindern und Jugendlichen so zu lenken, daß sie ihre Entwicklungsaufgaben erfolgreich lösen und dadurch eine innere Sicherheit gewinnen können; so werden sie neuen Erfahrungen gegenüber offen sein. Sie

werden dadurch gelernte, inzwischen aber ungeeignete Verhaltensweisen aufgeben, die Vieldeutigkeit wechselnder Situationen aushalten können und sich durch Unbekanntes und Ungelöstes in den
sie konfrontierenden Situationen herausfordern lassen" (Shaftel,
Shaftel, Weinmann 1978:21) lautet eine Beschreibung der pädagogischen Ziele des Rollenspiels. Folgende Ziele sind im einzelnen auf-
zuführen:
(1) Sensibilisierung für die Ursachen individueller Reaktionen;
(2) Sensibilität für die Gefühle anderer;
(3) Spannungsabfuhr durch Ausspielen von Gefühlen;
(4) Diagnose individueller Bedürfnisse und Symptombildungen;
(5) Stärkung und Verbesserung des Selbstkonzepts;
(6) Rollenexperimente (z.b. Rollensuchen, Rollendistanz, Rollen-
kritik etc.);
(7) Entdeckung grundlegender kultureller Werte;
(8) Verständnis für subkulturelle Unterschiede;
(9) Verbesserung der sozialen Struktur und Wertesysteme in Gruppen;
(10) Übernahme von Rollenverpflichtungen in Gruppen;
(11) Förderung von individuellem und kollektivem Problemlösungsverhalten;
(12) Exploration denkbarer Konsequenzen und Alternativen;
(13) Probleme in der Reihenfolge Fühlen, Denken, Handeln anzugehen (vgl. Shaftel, Shaftel, Weinmann 1978:27 f.).
Meiner Meinung nach entstehen diese Wirkungen auch beim freien,
pädagogisch nicht instrumentalisierten Rollenspiel. Zu erzieherischen
Zwecken eingesetztes Rollenspiel ist kein Spiel, sondern Rollenübung
oder Rollentraining, wie ich im nächsten Abschnitt dieses Kapitels
noch genauer ausführen werde.
Van Ments weist neben den positiven Wirkmöglichkeiten des „Rollenspiels" auch auf Probleme hin:
(1) Kontrollverlust über das, was gelernt werden soll, weil aus dem
Lernprozeß Spiel wird;
(2) Irreführung durch Vereinfachung der Lerninhalte;
(3) Rollenübungen und ihre Auswertung sind zu zeitintensiv;
(4) Rollenübungen stellen besondere Anforderungen an Menschen
und räumliche Bedingungen, die nicht immer gegeben sind;
(5) Rollenübungen sind von der Kompetenz des Trainers und der
Teilnehmer abhängig;
(6) Rollenübungen können psychische und soziale Krisen auslösen;
(7) Rollenspiele können zu unterhaltsam werden;
(8) Das Rollenspiel kann das Lernen so dominieren, daß solide Theorien und Fakten ausgeklammert werden.

(9) Rollenspiele konservieren nur vorhandene Kompetenzen, aber erweitern sie nicht (vgl. Van Ments 1985:24).

Diese Nachteile zeigen das ganze Dilemma: Rollenspiel wird mit Lernen gleichgesetzt. Das Imaginative, Fiktive und das Paradoxe haben in einem inszenierten Lernprozeß keinen Platz. Phänomenologisch betrachtet sind die hier aufgezeigten Formen kein Spiel, sondern Übungen. Gelernt wird im Rahmen eines vorgegebenen Bildungskanons und eines Kataloges von Erziehungs- und Therapiezielen, in der das Rollenspiel folgenden Bestimmungen unterliegt:

– als didaktische Übung zur Lernmotivation, Veranschaulichung und Verbesserung der Lerneffektivität;

– als soziale Rollenübung, als Probehandeln, Einübung in die Wirklichkeit, Simulation der Wirklichkeit (vgl. Kochan 1981);

– als pädagogisch-therapeutische Übung zur Konflikt- und Problembewältigung: Emotionen werden in fiktiven und realen Ereignissen stimuliert, um ihre Beherrschung zu erlernen. Die PädagogInnen agieren mit. Die Phasen verlaufen meist nach dem Muster: Aufwärmphase mit Themenfixierung und Rollenverteilung, Aktionsphase und Reflexionsphase mit Ergebnisdefinition.

– als Mittel zur Diagnose, um die Gruppendynamik zu verbessern, Minderwertigkeitsgefühle zu bearbeiten und das Selbstwertempfinden aufzubauen (vgl. Kluge 1982).

Das klinisch-therapeutisches Rollenspiel behandelt in verhaltenstherapeutischen oder tiefenhermeneutischen Verfahren klinisch-psychiatrische Krankheiten wie z.B. schwere Psychosen oder auch Neurosen (vgl. Moreno 1959).

Im Rahmen sozialisationstheoretischer und rollentheoretischer Orientierung des Spiels ist seine Instrumentalisierung, d.h. seine Verknüpfung mit äußeren Absichten ganz offenkundig. Da ich noch an anderer Stelle auf diese Problematik zu sprechen kommen werde, möchte ich an dieser Stelle nur auf zwei Aspeke hinweisen:

– wenn im pädagogischen Bereich „Spiel" gesagt wird, de facto aber durchaus attraktiv gestaltetes schulisches Lernen und Arbeiten gemeint ist, wird dies an der Beziehung zwischen Kindern und Jugendlichen zu den ErzieherInnen, LehrerInnen, Eltern, Ausbildern nicht spurlos vorübergehen;

– die Einstellung der Kinder und Jugendlichen zum Spiel wird sich auf diesem Hintergrund fremdbestimmter „Spieltätigkeiten" verändern.

Das Problem der Instrumentalisierung stellt sich natürlich bei den Spielformen, die das Spiel in den Vordergrund stellen und dennoch mit Themen und Inhalten arbeiten, die gesellschaftliche Wirklichkeit spiegeln (beispielsweise bei Theater-, Zirkus- und erlebnispädagogischen Projekten, Stadtspielen etc.), anders: Der Zweck des Spiels wird nicht von außen, sondern jeweils durch die SpielerInnen selbst definiert.

Weiterführende Literatur:

Kochan, B.: Rollenspiel als Methode sozialen Lernens – Ein Reader. Königstein/Ts. 1981
Wegner-Spöhring, G.: Interaktion im Rollenspiel. Initiierung, Prozesse, Analysen. In: Kreuzer, K.J.: Handbuch der Spielpädagogik, Bd. 3. Spiel als Erfahrungsraum und Medium. Düsseldorf 1984
Elkonin, D.: Psychologie des Spiels. Studien zur kritischen Psychologie. Köln 1980

1.2.5 Das Wesen des Spiels, der phänomenologische Ansatz

In Anlehnung an Huizinga werde ich im folgenden durch die Darstellung der Wesensmerkmale des Spiels die phänomenologische Sichtweise darstellen. Die Frage der Sinnhaftigkeit des Spiels, welches in Kulthandlungen an Festen seinen besonderen Ausdruck findet, behandele ich im Anschluß in einem Exkurs über Spiel und Kult, sowie Spiel und Fest.

Vereinfachend kann man sagen, daß sich der phänomenologische Ansatz mit der Frage beschäftigt, was das Wesen des Spiels ist und in welchen Erscheinungsformen es auftritt.

Die phänomenologische Beschreibung des Spiels erfolgt voraussetzungslos. Sie verzichtet darauf, Spiel einem bestimmten Zweck zuzuordnen und steht somit im Gegensatz zu den bisher dargestellten Ansätzen, die ja alle davon ausgehen, daß das Spiel einem übergeordneten Zweck diene oder aus einem ganz bestimmten Grund betrieben werde.

Mit dem phänomenologischen Vorgehen soll das Wesen des Spiels beschreibend erfasst und alle zu ihm gehörenden Merkmale herausgearbeitet werden. Spiel wird als zweckfreie und sinnvolle Form der Aktivität beschrieben, als soziale Funktion und als Faktor des Kulturlebens begreifbar. Huizinga geht es dabei nicht um Spiel als Phänomen in der Kultur, sondern um Kultur im Spiel und Kultur als Spiel (vgl. Huizinga 1972:7). Er spricht vom Ursprung der Kultur im Spiel, vom Spiel als Urphänomen: „Im Spiel haben wir es mit einer für jedermann ohne weiteres erkennbaren, unbedingt primären Lebenskategorie zu tun, mit einer Ganzheit, wenn es je etwas gibt, was diesen Namen verdient" (Huizinga, in: Scheuerl 1977:115). Von „Urprinzip", „primärer Lebenskategorie", „Urphänomen" ist die Rede: „Alles Bisherige weist darauf hin, daß sich Spiel als ein Urphänomen verstehen läßt, d.h. als ein Letztes (oder Erstes), das sich nicht mehr aus andern Erklärungen ableiten läßt" (Scheuerl 1977:115). Spiel kann sich also in allen Erscheinungsbereichen ereignen. „Die großen ursprünglichen Betätigungen des menschlichen Zusammenlebens sind alle bereits vom Spiel durchwoben. Man nehme die Sprache, dieses erste und höchste Werkzeug, das der Mensch sich formt, um mitteilen, lehren, gebieten zu können, (…) die Sprache mit der er die Dinge in das Gebiet des Geistes emporhebt. Spielend springt der sprachschöpfende Geist immer wieder vom Stofflichen zum Gedachten hinüber. Hinter jedem Ausdruck für etwas abstraktes steht eine Methapher, und in jeder Methapher steckt ein Wortspiel. So schafft sich die Menschheit immer wieder ihren Ausdruck für das Dasein, eine zweite erdichtete Welt neben der Welt der Natur. Oder man nehme den Mythus, der ebenfalls eine Verbildlichung des Daseins ist, nur weiter verarbeitet als das einzelne Wort: Durch den Mythus sucht der Mensch das Irdische zu erklären, und durch ihn gründet er die Dinge im Göttlichen. Und schließlich betrachte man den Kult: Die frühe Gemeinschaft vollzieht ihre heiligen Handlungen, die ihr dazu dienen, das Heil der Welt zu verbürgen, ihre Weihen, ihre Opfer und ihre Mysterien in reinem Spielen, im wahrsten Sinne des Wortes. In Mythus und Kult aber haben die großen Triebkräfte des Kulturlebens ihren Ursprung: Recht und Ordnung, Verkehr, Erwerb, Handwerk und Kunst, Dichtung, Gelehrsamkeit und Wissenschaft. Auch diese wurzeln somit sämtlich im Boden des spielerischen Handelns" (Huizinga 1972:12). Im Spiel macht sich der Mensch ein subjektives Bild von Natur und Kultur, in dem er dieselben nachahmt: Musik beispielsweise ist eine Möglichkeit, die Geräusche von Wasser und Wind oder von Tieren zu imitieren. Handwerkerspiele bei Kindern machen Kultur sichtbar. Es handelt sich um den spielerischen Versuch, die Bewältigung der Natur durch Werkzeug (Kultur) im Spiel nachzuvollziehen. Auch Naturgesetze werden im Spiel quasi imitiert und scheinbar beherrscht: die Überwindung der Schwerkraft in Bewegungsspielen oder das Außerkraftsetzten der Bedrohung durch die Natur (z.B. durch Zauber etc.) Mit Hilfe des Geistes wird Spiel zum zweckfreien, aber existenziell nicht notwendigen Handeln in Natur und Kultur. In diesem Sinne sieht Huizinga das „echte", „reine" Spiel als Grundlage und Faktor der Kultur (Kultur im Spiel und Kultur als Spiel).

Wenn im Zusammenhang mit Spiel von Urphänomen menschlichen Lebens, von Grundlage und Faktor der Kultur gesprochen wird, muß versucht werden, die zum Wesen des Spiels gehörigen Merkmale zu erfassen und dazustellen. Huizinga spricht dann von formalen Kennzeichen, Scheuerl von Wesensmerkmalen des Spiels. (vgl. Huizinga 1972:14 f.; Scheuerl 1977:68 f.).

Formale Kennzeichen des Spiels

Der Zusammenhang von Spiel und Kultur impliziert, daß sich die folgenden Merkmale in der Hauptsache auf soziale Spiele beschränken, weil Kultur nur im sozialen Kontext des menschlichen Lebens entsteht.

(1) Spiel ist freies Handeln.
Freies Handeln schließt jede Form von angeordneten Spielen aus. Kinder spielen nicht, weil sie müssen, weil im Spiel ein Nutzen vorausgesetzt wird oder weil ein Instinkt ihr Spielverhalten auslöst, sondern weil sie an der Wahrnehmung ihrer Freiheit Vergnügen finden. Spiel geschieht allerdings nicht von vornherein um des Spaßes oder Vergnügens willen; es gibt ja auch Trauer- oder Passionsspiele. Vergnügen und Spaß sind also nicht Grund, sondern Folge bestimmter Spiele und lassen sich deshalb auch nicht grundsätzlich als Ziel spielerischer Betätigungen definieren. „Das Spielen ist seinem Wesen nach eine Aktivität, in der das Subjekt der Umgebung (also Natur und Kultur, Anm. d. Verf.) seine eigene Vorstellung (Schema, Phantasie, Imagination, Antwort) aufprägt" (Sutton-Smith 1978:33). Freiheit im Spiel wird in der Möglichkeit, wählen zu können, sichtbar. Dem Spiel geht auch umgekehrt manchmal eine Phase voraus, in der der Mensch frei handelt. Dennoch kann dieses Handeln nicht als Spiel bezeichnet werden, es handelt sich um exploratives, d.h. untersuchendes, erforschendes Handeln. Freiheit ist die Voraussetzung, daß exploratives Verhalten in Spiel übergehen kann. Das Merkmal der Freiheit im Spiel wird von vielen Spieltheorien bestätigt. Sie stimmen „rein phänomenologisch in einem Punkte auffallend überein: Unabdingbares Wesensmerkmal des Spiels ist die Freiheit, das Freisein von etwas: Spiel ist frei vom Zwang ungebärdig drängender Triebe, frei von den gebieterischen Nötigungen des Instinkts. Es ist frei von den Bedürfnissen des Daseinskampfes, von der Not des Sich-Wehrens" (Scheuerl 1977:69). „Es ist ohne Verantwortung und ohne Konsequenzen. Es ist nicht auf Zwecke ausgerichtet, was nicht ausschließt, daß es in sich durchaus zweckvolle Zusam-

menhänge enthalten kann" (Scheuerl 1977:71). Wenn ein Kind also z.B. mit einer Puppe spielt, will es genau dieses und nichts anderes. Es verfolgt damit nicht den Zweck, den größeren Bruder zu provozieren, der das Puppen-Spielen kindisch findet. „Spielen" und „Bruder ärgern" sind zwei grundverschiedene Dinge; zu den Puppen hat das Kind nicht gegriffen, um einen bestimmten Zweck zu verfolgen.

Eine weitere Frage, die das Wesen des Spiels betrifft, entsteht im Zusammenhang mit der Objektivierbarkeit des Freiheitsbegriffes. Freiheit ist nur subjektiv definierbar, sie ist eine Frage des Bewußtseins. Folglich ist die Freiheit im Spiel auch eine Frage des Bewußtseins, was im Zusammenhang mit Spielstörungen bei Kindern und Erwachsenen bedeutsam wird. Abhängigkeitserfahrungen, Überbehütung oder Verwöhnung können z.b als Unfreiheit im Sinne von Abhängigkeit oder Verantwortungslosigkeit erlebt werden. Die möglichen Folgen (Hemmungen oder Hemmungslosigkeit z.B.) werden subjektiv, bewußt oder unbewußt, als Unfreiheit erlebt, was die Spielfähigkeit beeinträchtigt. Beziehungsstörungen beeinflussen das Spiel z.B. durch Schuldgefühle.

Freiheit bzw. Autonomie sind die grundlegenden Kategorien für Erziehung und Spiel. Freiheit ist die Voraussetzung für die Entwicklung der Spielfähigkeit und der Persönlichkeit. Im Spiel lernt der Mensch seine Freiheit zu gebrauchen, ohne die Folgen verantworten zu müssen. Der ängstliche oder gehemmte Mensch kann seine Freiheit zurückgewinnen und erwerben, er kann Macht über sie gewinnen, ihre Möglichkeiten entdecken und die Angst vor ihr verlieren. In einem Satz zusammengefaßt, ließe sich sagen: Das Spiel ist so frei, wie der Mensch, der spielt.

(2) Tendenz zur inneren Unendlichkeit
Der Übergang von Pflicht zu zweckfreiem Spiel vollzieht sich nicht immer punktuell, sondern häufig prozeßhaft. Der Mensch will sich der Aufgaben und des existentiellen Drucks entledigen; Freiheit ist die Voraussetzung, um sich von dieser Spannung der Bedürfnisse zu befreien. Wenn die Spannung groß genug geworden ist, kann auch ein triebhafter Zwang zur Entspannung entstehen: „Diese triebhafte Tendenz zum Spiel (Spiel ist im Menschen angelegt, Anm. d. Verf.), darf aber nicht mit den Tendenzen des Spiels verwechselt werden" (Scheuerl 1977:73).

„Hält man sich rein an das phänomenal Gegebene, so erscheint das Spiel nicht als Weg, sich von Notdurft zu befreien, sondern als jubelnder Ausdruck dafür, daß man von ihr schon befreit ist" (Scheuerl 1977:74). Vieles spricht dafür, daß das Spielbedürfnis des Menschen ermüdet, aber nicht gesättigt wird. Scheuerl ist der Ansicht, daß der „Spieltrieb" aus sich heraus nicht auf eine endgültige Befriedigung ausgerichtet ist: „Das Spiel kann innerhalb seines Freiraumes gekennzeichnet werden als Bewegung von innerer Unendlichkeit" (Scheuerl 1977:76).

Rein triebhafte Begierde würde die Freiheit ausschließen und das Ende des Spiels bedeuten. Trieb und Begierde wollen Spannung reduzieren, Spiel will Spannung erhalten. Zum kultivierten Genuß gehören Zurückhaltung, Mäßigung, Distanz, das Bedürfnis, den Augenblick auszudehnen, Unendlichkeit. Gier, Maßloßigkeit, Triebhaftigkeit drängen auf unmittelbare Befriedigung, lassen Spiel nicht zu, sind unkultiviert, geistlos, „tierisch ernst". Die Flucht in die scheinbare Unendlichkeit des Spiels, in die Sucht, die Unfähigkeit zur Distanz ist begleitet von einem Mangel an Freiheit und Entscheidungsfähigkeit, einem Mangel an Geist und Sinn.

Spiel kann berauschen oder ermüden, es kann mehr oder weniger befriedigend sein. Intensives Spiel kultiviert den Genuß, Sinn ist Teil dieses Spiels. Im Liebesspiel wird der Sinn offenbar, der diesem Spiel zugrunde liegt: Liebe, Freiheit, Bejahung. Es kann nicht erzwungen werden, ohne den Charakter des Spiels zu verlieren. Mit Spiel verwechselte, unkontrollierte, d.h. unkultivierte Befriedigung triebhafter Begierden führt zur Übersättigung, zum Ekel, zur Entleerung, zur Flucht in immer raffiniertere Triebreduktionsformen ohne wirkliche Befriedigung.

Auch an diesem Wesensmerkmal des Spiels läßt sich verdeutlichen, daß z.B. Kinder und Jugendliche, deren Zuwendungsbedürfnisse nicht befriedigt, d.h. nicht ausreichend kultiviert wurden, unfähiger werden, ihre Bedürfnisse aufzuschieben. Mäßigung, Zurückhaltung, Genuß, kultivierte Bedürfnisbefriedigung und Spiel werden unmöglich. Der Zusammenhang von Störungen in der Persönlichkeitsentwicklung und Spielstörungen wird auch hier sichtbar. Die formalen Kennzeichen des Spiels sind als Kategorien brauchbar, um die Spielfähigkeit und die Spielbedingungen von Kindern und Erwachsenen zu beobachten.

(3) Die Scheinhaftigkeit des Spiels

„Spiel ist nicht das ‚gewöhnliche' oder ‚eigentliche' Leben. Es ist vielmehr das Heraustreten aus ihm in eine zeitweilige Sphäre von Aktivität mit einer eigenen Tendenz.Schon das kleine Kind weiß genau, daß es ‚bloß so tut', daß alles ‚nur zum Spaß' ist" (Huizinga 1972:15). Dennoch ist dieses Scheinhafte für die Spielenden nur in vollem Ernst aufrechtzuerhalten. Sobald der Schein mit äußeren Zwecken verbunden wird, ist er nicht mehr Schein, sondern Betrug (z.B. der Falschspieler). Schiller verweist auf den Doppelsinn des Wortes „Schein": „Es versteht sich wohl von selbst, daß hier nur von dem ästhetischen Schein die Rede ist, den man von der Wirklichkeit und der Wahrheit unterscheidet, nicht von dem logischen, den man mit derselben verwechselt", von dem Schein also, den man „liebt, weil er Schein ist, und nicht, weil man ihn für etwas besseres hält. Nur der erste ist Spiel, da der letzte bloß Betrug ist" (Schiller, in: Scheuerl 1977:84). Der Ernst im Spiel ist nicht von äußerer Verantwortung begleitet. Das Kind wird im Spiel „Vater" oder „Mutter", ohne deren wirkliche Verantwortung zu übernehmen; der spielende Mensch ist nicht vom Schein und Ernst ergriffen, sondern von den zugrundeliegenden Bildern, welche den erinnerten Erfahrungen entnommen werden. Der Mensch fühlt sich von den vorhandenen und aufsteigenden Bildern beeindruckt und wird von ihnen bewegt. Die Fähigkeit, sich ein Bild von etwas zu machen, etwas darzustellen und sich davon bewegen zu lassen, ist ein wesentliches Moment des Spiels und der Kunst (vgl. Gadamer 1960:101–110). Das Fehlen solcher inneren Bilder beeinträchtigt die Spielfähigkeit des Menschen. Buytendijk verweist darauf, daß wir immer mit Bildern spielen, die mit uns spielen: „Was wir hier ‚Bild' nennen, ist die Erscheinungsweise der Dinge und Geschehnisse in ihrem pathischen (bildhaften, Anm. d. Verf.) Charakter. Ein Gegenstand ist nur insofern Spielobjekt, als er Bildhaftigkeit besitzt. Die Sphäre des Spiels ist die Sphäre der Bilder und damit die Sphäre der Möglichkeiten und der Phantasie" (Buytendijk Stuttgart 1973:95).

Einerseits brauchen die Spielgegenstände und -inhalte genügend Bildhaftigkeit, damit sie dem Spiel zugänglich werden; andererseits muß der spielende Mensch Bilder verinnerlicht haben, damit er sich im Spiel dem Vertrauten und Unvertrauten nähern kann. Diese Bilder entstehen nicht nur durch zweck- und zielorientierte erzieherische Interaktionen, sondern auch durch zweckfreies, freiwilliges Handeln mit Natur und Kultur im Spiel.

„Der Spieler deckt die gegenwärtige Wirklichkeit beständig ab und kann doch nicht verhindern, daß sie immer wieder in die Sphäre seines Spiels hereinscheint. So steht er, indem er zwischen dem Hervorbringen von Phänomenen und dem Sich-Hingeben an sie, zwischen Binden und Gebundensein steht, zugleich auch ständig zwischen Schein und Realität" (Scheuerl 1977:92). Das Spiel bleibt auf der Bilderebene, ohne die faktische Welt der Bedürfnisse und Pflichten zu beeinflussen, es schwebt mit dem ihm eigenen Ernst über dem Leben, ohne in ihm aufzugehen (vgl. Scheuerl: 1977:87). Das Kind genießt das: Es ist autonom, entscheidet selbst und erlebt Ambivalenz und Spannung zugleich. Im Spiel entzieht es sich der Pflicht und dem erzieherischen zweckorientierten Handeln, seine Entwicklung läßt sich nicht in operationalisierbaren Lernprozessen fassen. Das spielende Kind macht sich sein Bild von der Welt. Wenn wir ihm diese Erfahrung vorenthalten, kann es seine Eindrücke nicht ausreichend verarbeiten: „Wer vom Wesen, einem Ding, einem Geschehnis sagt ‚es spielt', der sagt formal nichts anderes aus, als daß es nicht entschieden festgelegt sei" (Scheuerl,1977:93). Nicht-Festgelegt-Sein ist eine wichtige Erfahrung im Rahmen der Entwicklung und Bildung einer jeden Persönlichkeit.

Freiheit, Scheinhaftigkeit und Ambivalenz im Spiel sind Lebenshilfen für das Kind. Es erhält auf diese Weise die Möglichkeit, das Schwere leicht und das Leichte schwer zu machen. Im Spiel strukturiert das Kind seine Lebenswelt, was ihm nicht ohne bildhafte Mitteilung, Bewegung und Darstellung gelingen kann. Die Kompensation seiner Unterlegenheit spielt dabei nur die geringere Rolle.

(4) Geschlossenheit und zeitlich-räumliche Begrenzung

Spiel ist in sich geschlosssen und zeitlich-räumlich begrenzt. Anfang und Ende, Freiheit und Schein werden ohne diese Geschlossenheit nicht erkennbar. Spiel kann ohne das Erkennen seiner Grenzen nicht wahrgenommen werden. Versteck- oder Fangenspielen, Wettkämpfe oder kooperative Spiele verlieren jede Spannung, wenn Zeit- und Raumgrenzen nicht festgelegt werden. Als Raum kann der geschlossene, der gedachte Raum, das Spielbrett, der Spieltisch, die Bühne, die Projektionswand, der sakrale Raum oder der Spielplatz gelten. Zeit ist Vereinbarungssache der SpielerInnen. Auch spontan erfundene neue Spiele brauchen die Formalisierung in Zeit und Raum. Andernfalls gibt es kein formales Ende und keine Wiederholbarkeit, weil die Gestalt des Spiels nicht erkennbar wird. Spiel, das sich in geschlossener Form von Raum und Zeit ereignet hat, bleibt in Erinnerung, wird Element der Kultur und wiederholbar. „Diese Wiederholbarkeit ist eine der wesentlichsten Eigenschaften des Spiels. Sie gilt nicht allein vom Spiel als ganzem, sondern auch von seinem inneren Aufbau" (Huizinga 1972:17).

Die Wiederholbarkeit des Spiels ist darüber hinaus für die kathartischen Prozesse, für das selbstinitiierte Lernen, für die Freude an der Bewegung und für die Spannung wichtig.

Wiederholbarkeit und Geschlossenheit sind nicht nur auf Zeit und Raum bezogen, sondern auch auf die Geschlossenheit der Gruppe, für die bestimmte Spiele Erkennungszeichen sind und auf diese Weise verdeutlichen, wer dazu gehört und wer nicht.

(5) Die Ordnung und die Regeln

„So schließt alles Spielen Grenzsetzung ein. Achtung vor dem Schein ist nur ein anderer Ausdruck für diese Begrenzung" (Scheuerl 1977:94). Die Grenzsetzung ist kein Widerspruch zur Freiheit. Schiller weist darauf hin, daß das Spiel immer nur innerhalb seines Maßes frei, unbestimmt, undeterminiert ist. Es ist „frei und im höchsten Grade frei von allem Zwang, aber keineswegs frei von Gesetzen".

„Nur weil Spiel seinem Wesen nach weder ‚anom' (gesetzlos) noch bloß ‚subjektiv' ist, kann es Formen entwickeln, die sich in eigener Tradition ohne alle schriftlichen Fixierungen durch Jahrhunderte weitervererben können (Scheuerl 1977: 95, 97).

Zeitlich-räumliche Begrenzung ist ein Teil der Ordnung im Spiel. Ein weiteres Ordnungselement sind die Regeln, an deren Einhaltung man beobachten kann, ob das Spiel „in Ordnung" ist. Sobald die Regeln überschritten werden, beginnt die Störung bzw. Zerstörung des Spiels. SpielleiterInnen oder SchiedsrichterInnen unterbrechen das Spiel, um die Ordnung des Spiels wiederherzustellen.

SpielerInnen, die nicht gelernt haben, sich an eine vereinbarte Ordnung und die damit verbundenen Regeln zu halten, können mit ihrer Freiheit nicht umgehen sowie die innere Unendlichkeit und Scheinhaftigkeit des Spiels nicht aushalten. Sie sind meistens mißtrauisch und sind nicht in der Lage, ihren Erfolg oder Mißerfolg zu verarbeiten. Immer wieder gelten solche Menschen als SpielverderberInnen oder FalschspielerInnen: Der Spielverderber widersetzt oder entzieht sich den Regeln. Damit zerstört er die Freiheit, die Grenzen, den Schein und damit das Spiel. Die Spielgruppe reagiert auf solche SpielerInnen meist durch Ausschluß, weil sie den Schein zerstören (vgl. Huizinga 1972:18).

FalschspielerInnen erkennen die Regeln dem Scheine nach an. Sein „Geschick" stößt in der Spielgruppe nicht nur auf Ablehnung, sondern auch auf klammheimliche oder gar offene Bewunderung. Deshalb reagiert die Gruppe auch nicht so schnell mit harten Sanktionen wie bei SpielverderberInnen (vgl. Huzinga 1972:18,19). Der Umgang mit FalschspielerInnen und SpielverderberInnen verlangt eine auf die jeweilige Person abgestimmte erzieherische Intervention.

(6) Spannung und Geheimnis

Spannung und Geheimnis begleiten das Spiel. Spannung entsteht durch das Zusammenspiel von Zufall und Regel. Die Regeln beziehen sich auf die formalen Voraussetzungen des Spiels (z.B. Einsatz, Teilnehmerzahl, Dauer etc.), sie sollen den Zufall im Spiel ordnen.

Der Zufall ist Element des Glücksspiels, wobei die Spannung dadurch entsteht, daß niemand wissen kann, wen das Glück treffen wird. Ohne Regeln entsteht keine Spannung, Regeln informieren über Möglichkeiten und Verbote. In der Polarität von Dürfen und Nicht-Dürfen, von Ge- und Verboten, von Zufall und Berechnung, von Aktivität und Passivität entsteht Spannung. Sie tritt besonders im Wettkampf, aber auch in kooperativen Spielen auf.

In Wettkämpfen geht es nicht um die Person der Teilnehmenden, sondern um etwas Drittes, das nichts mit der Persönlichkeit zu tun hat. Häufig wird allerdings der schmale Grad, der zwischen dem Kampf um ein Ziel und dem Bekämpfen des Gegners liegt, überschritten.

Das Geheimnis im Spiel enthält einen verborgenen Sinn. Es entsteht im Spannungsverhältnis von Wissen und Nichtwissen, von Aufgabe und Lösung (Erlösung); das Geheimnis gibt Rätsel auf. Geheimnis ist ein Element des Spiels für die SpielerInnen, aber auch ein Phänomen für die Beobachter des Spiels, die „von außen" nicht verstehen können, was im Spiel geschieht.

Spannung und Geheimnis sind auf Grenzen, Regeln, Ordnung, Schein und Freiheit angewiesen. Die Märchen und Mythen sind eindrucksvolle Belege für die bildhaften Vorstellungen, die die Menschen entwickelt haben, um die Geheimnisse der Natur zu entdecken und um die Geheimnisse der Natur im Spiel auszudrücken. Dasselbe ist auch heute zu beobachten, wenn man die Mythen des technischen Zeitalters – Science-fiktion-Erzählungen – hört oder liest. In ihnen kann sich der Mensch den trotz allen technischen Fortschrittes immer noch existierenden Geheimnissen dieser Welt nähern, ohne sich von ihnen wirklich bedroht zu fühlen.

Auch wenn Huizinga die bislang umfassendste Theorie über das Spiel entwickelt hat, vernachlässigt auch er wesentliche Aspekte, beispielsweise das Glücksspiel.

Caillois schließt sich in seiner Beschreibung Huizinga an und weist darauf hin, daß kaum ein Spiel alle wesentlichen Merkmale, die Spiele charakterisieren, enthält. Caillois hat seinerseits vier elementare Kategorien für die Einteilung von Spielen entwickelt, ohne mit ihnen den Anspruch auf Vollständigkeit zu erheben:

– Wettkampfspiele (agòn), z.B. Schach, Rätsel, Fußball etc. Im Spiel wird Chancengleichheit durch Übereinkunft hergestellt.

– Zufallsspiele (alea), z.B. Lotto, Würfelspiele etc. Privilegien werden durch das Zufallsprinzip aufgehoben;

– Maskenspiele (mimikry), z.B. Räuber, Ritter, Faust, etc. Sie ermöglichen es, sich vorübergehend anders darzustellen bzw. eine andere Welt zu betreten.

– Der Rausch (ilnix), z.B. Tanz oder andere Bewegungsformen, in denen vorübergehend ein Verwirrungszustand bzw. ein Zustand des Außer-sich-Seins gesucht wird (vgl. Caillois 1960:19 f.).
Auch diese Kategorisierung zeigt wenig Trennschärfe, ist allerdings wegen ihrer Schwerpunktkennzeichnung von praktischem Nutzen.
In den dargestellten Theorien wird versucht, Spiel zu definieren. Demgegenüber wäre es auch einmal interessant, Spiel als selbstverständlich anzunehmen und zu definieren, was nicht Spiel ist. Die Frage was Spiel ist, ist in phänomenologischer Sicht also nicht abgeschlossen. Bislang stehen lediglich Theorieansätze von sehr unterschiedlicher Reichweite mit ihrer Bedeutung für die sogenannte Spielpädagogik zur Verfügung.

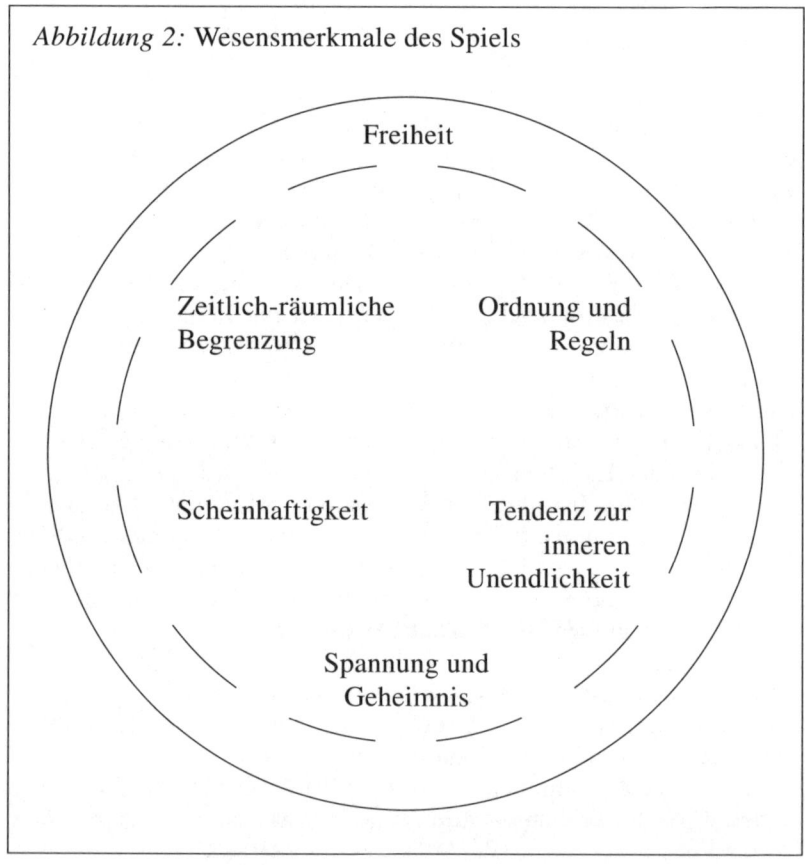

Abbildung 2: Wesensmerkmale des Spiels

Freiheit

Zeitlich-räumliche Begrenzung

Ordnung und Regeln

Scheinhaftigkeit

Tendenz zur inneren Unendlichkeit

Spannung und Geheimnis

Weiterführende Literatur:

Huizinga, J.: Homo ludens. Vom Ursprung der Kultur im Spiel. Reinbeck 1963

Horn, A.: Spielen lernen. Spielen als existenzielles Grundphänomen und Möglichkeiten einer Spielerziehung im Sportunterricht. Weinheim 1987

Scheuerl, H.: Das Spiel. Untersuchungen über sein Wesen, seine pädagogischen Möglichkeiten und Grenzen. Weinheim/Basel [10]1977

1.2.5.1 Exkurs: Zur Sinnhaftigkeit von Spiel, Kult und Fest

(1) Spiel und Kult

Menschliches Leben unterliegt einer gewissen Periodik. Es gibt die Lebensphasen – Kindheit, Jugend, Erwachsensein, Alter –, die Jahreszeiten – Frühjahr, Sommer, Herbst und Winter –, und die Zeitabschnitte – Tage, Monate, Jahre. Der Mensch hat auf diese Periodik keinen Einfluß, er ist von ihr abhänigig und bleibt ihr – trotz des naturwissenschaftlichen Fortschritts – auch ausgeliefert. Die Naturverfallenheit des Menschen hat aber nicht nur bedrohliche Seiten, sie vermittelt dem Menschen auch Sicherheit, Verläßlichkeit: Hoffnung auf die neue Ernte, auf den neuen Tag, auf das nächste Jahr, das neben allen Unwägbarkeiten auch mit berechenbaren Erwartungen verbunden ist. Feste sind ein fester Bestandteil in diesem Kommen und Gehen; wie Spiele wiederholen sie sich, ohne je mit den vorigen Festen gleich zu sein.

Glück und Leid wurden in früheren Zeiten als Gottesurteil oder Schicksal betrachtet. Die Menschen versuchten, die Götter, die sie in der Sonne und im Mond, in den Sternen, im Wind und im Wasser, in den Bergen und Pflanzen vergegenständlicht sahen, durch Opfer, Spiel, Rituale und Kulthandlungen freundlich zu stimmen: „Was einmal wortloses Spiel war, nimmt nun dichterische Form an. In der Form und in der Funktion des Spiels, das eine selbständige Qualität ist, findet das Gefühl des Eingebettetseins des Menschen im Kosmos seinen ersten höchsten und heiligen Ausdruck. Nach und nach dringt die Bedeutung einer heiligen Handlung in das Spiel ein. Der Kult pfropft sich auf das Spiel auf, das Spielen an sich aber war das Primäre" (Huizinga 1972:25). Kult und Zeremonien, Rituale und Riten sind die ursprünglichen Erscheinungsformen des religiösen Spiels.

Die Begriffe „Kult" und „Ritual" wurden häufig konkurrierend benutzt. Inzwischen überwiegt die Auffassung, „Kult" als Oberbegriff für die Ritualhandlungen zu benutzen, die von kollektiven Vorstel-

lungen geprägt sind. Kult ist quasi institutionell verankert und gehört in diesem Sinne auch zum rituellen Repertoire der Religionen. Riten hingegen werden in größeren Einheiten geordnet und zu Zeremonien zusammengefügt (Lang 1993:474 ff.). Lang schlägt in diesem Zusammenhang folgende Sprachregelung hinsichtlich der Begriffe Kult, Ritus, Ritual vor: „Unter Kult versteht man das gesamte rituelle Leben einer bestimmten Religion und spricht dementsprechend vom Kult der antiken römischen Religion, vom Kult der katholischen Kirche etc. Ein Ritual ist ein kultischer Handlungskomplex, der aus einem bestimmten Anlaß durchgeführt wird; Beispiele wären etwa die katholische Messe und die christliche Taufe. Als Ritus bezeichnet man den kleinsten Baustein eines Rituals, z.B. das dreimalige Übergießen des Täuflings mit Wasser oder das Zeigen der Hostie nach der ‚Wandlung' in der katholischen Messe" (Lang 1993:475). Das kultische Leben vieler Religionen hat seinen Höhepunkt in Festen, die verschiedene Funktionen haben, wie z.B.:
– Altes abzulegen, was von einer gedrückten Stimmung begleitet wird, z.B. der Aschermittwoch;
– sich entleeren und zu reinigen, z.B. die Fastenzeit mit dem Karfreitag als Höhepunkt;
– sich erneuern, was an Ostern durch Freude und Fülle, Jubel und Erlösungstimmung ausgedrückt wird.
Diese Bestandteile sind nicht nur in christlichen, sondern auch in anderen Religionen zu finden: „Wenn wir heute sagen, daß wir ein Fest be-gehen, so ist dies der letzte Nachklang der Tänze des kosmischen Geheimnisses. In alten romanischen und gotischen Kirchenschiffen kann man manchmal noch Galerien finden, die zu einem rituellen Rundgang in einer bestimmten Schrittfolge oder Gehweise gedient haben (…) Der Schritt, die Art des Gehens, stammt vielleicht von dem rituellen Rundgang um Dolmen und Menhire ab. Diese uralten Steindenkmäler haben in den Hinkelsteinen von Obelix ein würdiges Denkmal bekommen. ‚Hinkelstein' ist keine Erfindung der Autoren des Gallier-Comics, sondern kommt von ‚hinkeln', jener eigentümlichen Schrittweise bei solchen Tänzen. Diese Tänze brauchen einen Spielraum, denn sie sind endliche Spiele (…) mit dem Tanz entsteht ein Spielraum und in dem Spielraum spielen Rituale" (Baatz 1993:18).
Daß die Welt und das Leben als Spiel zu begreifen sind, ist in allen Religionen zu finden: „Die jüdische Überlieferung von der ‚spielenden Weisheit Gottes' hat sich dann in der christlichen Tradition mit der antiken Philosophie verbunden. Nachdem Clemens von Alexandrien die griechische Philosophie mit dem christlichen Glauben

40

versöhnt hatte, ist das Bild vom spielenden Kind, das die Welt erschaffen hat, wie es bei Heraklit heißt, zum christlichen In-Bild geworden. Der Weise – der christliche Weise – spielt. Er ist selbst zum Kind geworden. Für die Kirchenväter wird das Tanzsspiel zum Bild der himmlischen Vollendung, und noch lange, bis ins Mittelalter hinein bleiben Singen und Tanzen Bilder, die das Geheimnis der Auferstehung ausdrücken. Spiel- Singen und Tanzen – nimmt als Bild die endgültige Verwandlung von Himmel und Erde vorweg" (Baatz 1993:6). Auch im Hinduismus ist der sakrale Tanz die Verkörperung der Präsenz Gottes, und zugleich sind es die Götter, die tanzen. Ähnliche Zusammenhänge gibt es in der islamischen Mystik der Sufis, in der Tanz als ein Weg der Vereinigung mit Gott betrachtet wird. „Das Kultspiel vergegenwärtigt das Walten der Götter und deutet dieses ‚Walten' als eine über-menschliche Herrschaft oder übermenschliche Arbeit; und in beiden Deutungen kommt Herrschaft und Arbeit in eine erstaunliche Nähe zum Spiel, vor allem durch die Züge der Mühelosigkeit, der Grundlosigkeit, Wiederstandslosigkeit" (Fink 1960:192).

Kultformen findet man etwa auch in säkularisierten oder sich als atheistisch bezeichnenden Gesellschaften und Gruppierungen. Auch sie entwickeln festliche Formen der Selbstdarstellung, Erinnerungsfeiern, Jubiläen, Aufmärsche, Tänze und rituelle Sprachformen etc. Kulte beinhalten wertorientierte Vorschriften und geben Sicherheit bis in den Alltag hinein, wie wir an Aufsteh- und Einschlafritualen, Bekleidungs- und Hygieneritualen beobachten können. Für Kinder, deren Vorstellungsvermögen noch naiv ist, ordnet sich die Natur durch die Jahreszeiten, die Kultur durch die Festzeiten, die mit Kulten verbunden sind. Kinder können den Sinn vieler Kulte nicht erfassen; sie spielen die Zeremonien und Rituale nach, um sie durch nachvollziehendes Handeln zu begreifen und die in den Zeremonien immanenten Sinngehalte zu erfahren bzw. zu erleben.

Riten sind Formen des Spiels, die sich in symbolischen Handlungen zeigen und Sinnträger werden. Rituale regeln den Festablauf, sie sind heilig (z.B. im Gottesdienst) und an bestimmte Zeiten gebunden. Die Einhaltung der rituellen Vorschriften und die Ernsthaftigkeit ihrer Anwendung wird als Voraussetzung für ihre Wirksamkeit gehalten. Die Strenge ihrer Handhabung kann auch zur Verfestigung führen, so daß die Form wichtiger wird als der im Ritual (Symbol) immanente Sinn. Im Extremfall bleiben „Traditionshülsen" übrig, die sich verselbständigt haben und deren Sinn nicht mehr bewußt ist. Rituale können sich wandeln, verändern, wenn der ihnen zugrundeliegende Sinn die Menschen wirklich bewegt.

(2) Spiel und Fest

Kultische und rituelle Handlungen sind häufig mit Festen verknüpft. Das Fest erscheint als zweckfreies, unproduktives Spiel. Feste zu feiern gehört zu den guten Gewohnheiten, die Halt geben und Orientierung, Hoffnung und die Erfahrung von Verläßlichkeit ermöglichen. Feste zu feiern ist Bestandteil einer ganzheitlichen Erziehung, die sich nicht in Lernzielen einbinden läßt, weil diese Festlegung das Fest seiner Freiwilligkeit und seiner Zweckfreiheit berauben würde.

Voraussetzungen und Merkmale des Festes

(a) Die Teilnahme an einem Fest muß freiwillig geschehen. Erzwungene Feste sind keine Feste, so wie ein Spiel ohne Freiheit kein Spiel ist (vgl. Phänomenologie des Spiels);

(b) Feste zu feiern ist nur möglich, wenn die Feiernden sich sich auch darüber freuen können. Mißtrauische oder depressiv verstimmte Menschen haben mit dem Feiern häufig große Mühe. Feste und Spiele können sich nur in dem Maße frei entfalten, in dem die TeilnehmerInnen deren Existenz bejahen.

(c) das Fest ist die Ausnahme. Nicht jeder Tag kann ein Festtag sein. Bei einem Fest treten wir mit einer gewissen zeitlich-räumlichen Begrenzung aus dem Alltag heraus, weil nur dann die dazugehörige Spannung zu erzeugen ist. Ein Fest braucht seine Zeit – Hast und Unruhe verhindern die Entfaltung der Sinne in angemessenen Formen: „Die Zeit des Festes ist von sich selbst erfüllt und nicht auf ein Ziel- oder Zweckhaftes bezogen" (Gadamer 1977:69). Freiheit von äußeren Zwecken gehört gleichermaßen zu Spiel und Fest.

Eine Inflation von Festen tritt dann ein, wenn die Intervalle zu kurz werden und der Alltag nicht mehr vom Festtag zu unterscheiden ist. Es ist ein weit verbreitetes Mißverständnis, daß nur der Mangel an Sinn Feste verhindern oder gar zerstören kann. Gerade der Überfluß im Sinnangebot kann die Fähigkeit zu feiern und zu spielen beeinträchtigen.

(d) Feste müssen vorbereitet werden, und wenn sie gelungen sind, brauchen sie Zeit zum Nachklingen. Wenn wir von einem Ereignis erfüllt sind, wirkt es weiter in unseren Alltag hinein und läßt uns noch ein wenig „schweben". Sowohl Kinder als auch Erwachsene machen die Erfahrung, daß es manchmal schwer fällt, aus dem schönen Schein des Festes in den Alltag zurückzukehren. Feste, die durch kultivierten Genuß und durch einen heiligen Ernst in den Zeichen und Formen, gekennzeichnet sind, wecken in den Menschen das Bedürfnis, die Zeit anzuhalten, den Augenblick auszudehnen und zur Unendlichkeit werden zu lassen. Feste haben – wie das Spiel – die Tendenz zur inneren Unendlichkeit.

(e) Ein Fest braucht einen Anlaß, der „gestiftet" wird. In der Wiederholung wird der Anlaß dem Vergessen entzogen. Bei den individuellen Festen – z.b. den Geburtstagen – wird die eigene Geschichte erinnert, sie kann auch neu entstehen und bewußt werden. Menschen und Gesellschaften, die ihre Geschichte ablehnen oder verdrängen, verlieren auch die Anlässe zu feiern. Dadurch reduziert sich auch die Möglichkeit, etwas hoffen zu können und sich auf etwas zu freuen. Ein Fest verhilft dazu, seinen Anlaß bewußt zu halten, erneuert seinen Sinn und schärft das Bewußtsein individuell und gemeinsam erlebter Geschichte, was in Spielformen und Symbolen seinen Ausdruck findet.

(f) Ein Fest stiftet und erneuert Gemeinschaft und deren Sinn (Gadamer 1977:69). Es ist ein soziales Ereignis, das Isolation, Ausgrenzung, soziale Unterschiede, Resignation, Traurigkeit vergessen lassen kann und Verbundenheit ermöglicht. Gemeinschaft wird in der Vorbereitung und Durchführung erfahren, sie erfordert die Auseinandersetzung mit dem Festanlaß. Auf diese Weise entsteht eine Wechselwirkung von individuellem Bewußtsein und Gruppenbewußtsein.

(g) Das Fest erträgt keine Unbeteiligten und keine Distanz. Distanzierung wirkt auf Spielende und Feiernde voyeuristisch, sie gefährdet den heiligen Ernst. Die ZuschauerInnen oder ZuhörerInnen müssen zu den Beteiligten gehören, wenn sie die Symbole erschließen und deren zugrundeliegenden Sinn bejahen können.

(h) Symbole ermöglichen in Fest und Spiel, den Sinn gemeinsam auszudrücken bzw. darzustellen. Die Symbole „weisen über sich hinaus, sie haben einen Bezug in die Vergangenheit, in dem sie an ein wichtiges Geschehen erinnern und in die Gegenwart hineinhelfen, sie weisen auf die Zukunft hin, in dem sie das Erhoffte schon zeichenhaft vorwegnehmen" (Betz 1987:285).

Kindern muß deshalb mehr als nur die äußerlichen Fest- und Spielformen vermittelt werden. Sinnleere Zeremonien und Rituale werden die Ebene formaler Konventionen kaum überschreiten, ihnen mangelt es an innerer Überzeugungskraft. Der sonntägliche Gang zur Eucharistie beispielsweise bleibt bei rein äußerlicher religiöser Erziehung eine „Vorführung", eine nicht überzeugende Demonstration der Form, der das Zeugnis, die Bejahung des Sinnes fehlt.

(i) Fest ist Verleiblichung von Sinn. Nicht nur der Geist und die Seele des Menschen sind am Fest beteiligt, auch der Leib wird bewegt. Gesten, wie z.B. das Knien, das Händefalten, das Auflegen der Hände und die Segensgeste lassen den Körper als Ausdrucksmittel augenfällig werden. Die symbolische Bedeutsamkeit dieser Gesten kommt aber nur dann zur Geltung, wenn sie auch mit Ernst betrachtet werden. Die leibliche Teilnahme am Fest umfaßt alle Sinne – das Sehen, Riechen, Hören, Schmecken, Berühren, Erstaunen etc. – und regt sie auch schon in der Vorfreude auf das erwartete Ereignis an.

(j) Feste brauchen einen unverwechselbaren Rahmen und sinnbezogene Ausdrucksmittel. Die Gestaltung des Rahmens beginnt z.B. mit der Dekoration des Raumes: Kerzen, Blumen, Tischschmuck und Musik erfüllen den Raum; der Mensch reinigt und schmückt sich, um seine Zustimmung zu diesem Ereignis auszudrücken. Symbolische Darstellungen – die bildende und die darstellende Kunst – verweisen darüber hinaus auf den Sinn des Festes, geben der Trauer oder der Fröhlichkeit ihren Ausdruck.

Die kategoriale Unterscheidung nach weltlichen, politischen oder religiösen Festen scheint wenig sinnvoll, weil weltliche Feste auch einen religiösen Hintergrund und religiöse Feste auch politische Aspekte haben können, selbst wenn dieser Zusammenhang nicht mehr beabsichtig ist.

(k) Feste leben von der Fülle leiblicher Genüsse, Bilder und Eindrükken. Um sie genießen zu können, bedarf es auch der Erfahrung des Gegenteils, also der Erfahrung des Mangels und Verzichts. Zur Kultur des Festes gehört also auch die Kultur des Verzichts. Verzichten kann aber nur, wer auch besitzt.

In sozialpädagogischen Handlungsfeldern begegnet man immer wieder Menschen, die Bedürfnisse nicht aufschieben, nicht verzichten können, weil sie nie die Erfahrung eines stabilen Besitzes gemacht haben. Das Gefühl, immer zu kurz zu kommen, verhindert die Genußfähigkeit. Diese Menschen haben oft die Schwierigkeit, die befreiende Wirkung eines Feste zu spüren. Oft fühlen sie sich besonders schlecht, wenn es ihnen gut geht, und reagieren dann mit überzogener Kritik oder mit Mißtrauen, weil sie meinen, Enttäuschungen auf diese Weise verhindern zu können. Der beglückenden Erfahrung schöner Feste wollen sie entgehen, weil sie dem Glücksgefühl nicht trauen wollen oder trauen können.

Fülle und Überfluß sind auch Voraussetzungen für das Utopische und das Verheißene von Spiel und Fest. Eingespielte Rollenerwartungen können aufgegeben werden; je nach Festanlaß ist ein ernstes, gemessenes und stilles Verhalten, oder eben ein fröhliches und „ausgeflipptes" Verhalten angesagt. Feste haben also eine gewisse Ventilfunktion, man „schlägt über die Stränge". An Fasnacht z. B. beginnen die Kulthandlungen oft mit der „Entmächtigung". Die Narren übernehmen die Herrschaft. Äußere Zeichen, wie z.B. das „Flecklehäs" (ein

Narrengewand) der alemannischen Fasnacht, weisen auch auf die religiöse Symbolik hin, da das „Flecklehäs" den befleckten und sündhaften Leib repräsentiert. Der „Überfluß" der Sünden führt schließlich zum Ende des Fasnachtsfestes, das mit dem Reinigungsritual der Fasnachtsverbrennung schließt und in eine Zeit der Reinigung, des Verzichts, in die Fastenzeit übergeht (vgl. Leibbrand 1980:139 f. u. Heers 1986).

Kaum ein Fest enthält mehr utopischen Gehalt als Fastnacht, die zeitlich begrenzte Utopie des gesetzlosen Zustands: Freiheit und Gleichheit werden in den Spielen der Kinder, Jugendlichen und Erwachsenen dargestellt.

Die christliche Theologie setzt an die Stelle der Utopie als etwas Unerreichbarem die Verheißung und Hoffnung auf Erlösung. Guardini verweist z.B. auf das liturgische Spiel, das als Vorspiel des himmlischen Gottesdienstes zu betrachten sei und das auf die Erlösung durch Gottes Sohn verweise. Der Mensch lasse die Welt hinter sich und wird von der Mühe des Alltags befreit. Im Spiel könne etwas erahnt werden von der Köstlichkeit des Paradieses, das weder Pflicht noch Arbeit kennt. Liturgie ist für Guardini göttliches Spiel, in dem die Gläubigen zwecklos und heiter zugleich vor Gott stehen und für ihn ihre Zeit „verschwenden" (vgl. Guardini 1991:89–105). Christliche Theologie deutet menschliches Spiel nicht als Vorübung, Übung oder pflichtgemäßes Handeln, sondern als Reflexion und Transzendierung der Frage nach dem Ursprung und dem Sinn des Seins. Im Spiel vollzieht sich aus dieser Sicht die Begegnung mit dem DU, also auch mit dem göttlichen Du, in der der Mensch seine Identität, sein Heilsein sucht. Im Spiel sucht er Heilung und Erlösung, die nicht wirksam wird, ohne den Ernst des Glaubens. Spiel und Fest ermöglichen also im weltlichen Sinne die scheinbare Realisierung gesellschaftlicher Utopien, im christlich-theologischen Sinne die Vorwegnahme göttlicher Verheißung, Heilung und Erlösung. So wird in Fest und Spiel die Einheit von Geist und Körper, von Idee und Symbol, von Unsichtbarem und Sichtbarem bewahrt (vgl. Rahner 1990:48–49).

Als Kriterium für die Gestaltung eines Festes kann die Übereinstimmung von Sinn und Form gelten. Doch auch dieser Zusammenhang ist eher ein Idealtypus, der den Zweifel und die menschliche Ambivalenz gegenüber Sinnangeboten und deren Ausdrucksformen nicht berücksichtigt.

In Festen werden Spielbedürfnisse sinnbezogen ausgelebt.Sie brauchen eine Ordnung und müssen geplant werden, ohne einerseits dem Perfektionismus zu verfallen oder andererseits durch allzu viel Improvisation oberflächlich, beliebig oder sinnleer zu werden.

In der Pädagogik haben Feste als besondere Form des Spiels einen hohen Stellenwert, weil sie bei Kindern und Jugendlichen Erinnerungen auslösen können und das Gemütsleben erweitern. Feste sind Zugangsmöglichkeiten zu transzendentalen Erfahrungen, zur Darstellung und Wahrnehmung von Sinn bzw. Sinnangeboten. Feste können auch Halt geben und Halt erneuern. Wer seine Sinne nicht dem Sinn, dem Du zuwendet, nimmt am Fest, am Spiel nicht teil, weil er seine Sinne den Formen und dem Sinn verschließt.

Ein Fest stellt immer einen Höhepunkt in einer Kette von Arbeitstagen dar, es läßt die Arbeit besser aushalten. Die Gemeinschaftserfahrungen, die in der Vorbereitung und Durchführung eines Festes gemacht werden, führen zu einem Gruppenbewußtsein, durch welches alle Beteiligten ihre Bedeutung für die Gemeinschaft erfahren. Diese Gemeinschaft wird eine Gemeinschaft des Erinnerns und des Erzählens, eine Gemeinschaft der Ideen, eine Sinngemeinschaft.

Daß Feste häufig auf historische Ereignisse oder auf sehr frühe Mythen zurückgehen, ist in sozialpädagogischen Arbeitsfeldern, in der Behindertenhilfe und der Altenpflege sowie in Rehaeinrichtungen ein wichtiger Aspekt, weil sie die Kulturgeschichte bewußt machen.

Anlässe für Feste gibt es genug; erzieherisch betrachtet erscheint es notwendig, Anlässe für ein Fest zu erkennen oder gegebenenfalls zu stiften. Auch hier gilt es wieder das richtige Gleichgewicht zu finden zwischen einer inflationären Festkultur und ihrem Verfall.

Diese Erfahrung erfordert einen sehr sensiblen Umgang mit dem Sinn des Festes und dem Sinn des Verzichts. Sinn läßt sich nur bereitstellen, aber nicht aufdrängen.

Sinn im Spiel und Sinn im Fest verlangen von den einzelnen, daß sie sich annehmen und daß sie die Gemeinschaft annehmen. Wer nicht annehmen kann, kann nicht spielen und nicht feiern. Bejahen und Annnehmen kann nur, wer diese Erfahrungen bereits gemacht hat. Ansonsten verhindern Mißtrauen, Unsicherheit, vorbeugender Angriff die Möglichkeit, sich frei und ungezwungen auf ein Fest und Spiel einzulassen. Obwohl Spielen und Feiern von Festen vielen Menschen in sozial- und heilpädagogischen Handlungsfeldern schwerfällt, benötigen gerade diese Menschen die Erfahrung des persönlichen Festes, um zu erleben, daß ihre Person für andere bedeutsam ist – selbst dann, wenn es ihnen schwerfällt, das Fest anzunehmen.

Abbildung 3: Spieltheorien im Überblick

Psychoanalytische Theorien

Spiel ist eine Möglichkeit der Triebe und Alternativbefriedigung, der Angstabwehr und Bearbeitung unbewältigter Erfahrungen, sowie der Möglichkeit der Tarnung, Regression und Flucht vor der Wirklichkeit.

Im Spiel können belastende, traumatische Erfahrungen symbolisch wiederhergestellt und evtl. immer wieder neu in Szene gesetzt und solange wiederholt werden, bis sie seelisch gemeistert sind (katharsische Funktion des Spiels).

In der Beobachtung liegt die Möglichkeit, Spiel unter diagnostischen Gesichtspunkten zu betrachten.

Spiel und Sozialisationstheorie

Die Spielentwicklung als Teil der Persönlichkeitsentwicklung ist abhängig von den Sozialisationsbedingungen, unter denen ein Kind aufwächst. Sozialisationsdefizite können als Störungen in der Spielentwicklung (Persönlichkeitsentwicklung) führen.

Um diese Defizite zu beheben oder auszugleichen, wird Spiel instrumentalisiert. Erzieherische Interventionsformen für Spiel und Spielprogramme werden entwickelt, um die Störungen, Beeinträchtigungen, Deprivationen zu beheben und den gesellschaftlichen Integrationsprozeß zu fördern.

Neuere Ansätze orientieren sich nicht mehr nur am einzelnen Kind oder Jugendlichen, sondern beziehen das Sozialisationsfeld in die Programme mit ein.

Spiel und Phänomenologie

Spiel ist eine freiwillige Handlung, in räumlich-zeitlichen Grenzen, mit verbindlichen Regeln. Spiel hat keine Bindung an äußere Zwecke, Spiel ist begleitet vom Gefühl der Spannung. Es geschieht im Bewußtsein des Andersseins als gewöhnliche Leben.

Spiel und kognitive Entwicklung bei Piaget

Spiel ist in erster Linie Vermittlung von unterschiedlichen Erfahrungen zwischen Welt und Ich. Spiel kann nicht isoliert in der kindlichen Entwicklung betrachtet werden, sondern nur im Gesamtzusammenhang mit der Entwicklung des kindlichen Denkens. Piaget unterscheidet Spielarten (Übungs-, Symbol- und Regelspiel), die der Entwicklung der Stadien der kognitiven Entwicklung zuzuordnen sind:

1. Stadium der sensomotorischen Intelligenz
2. Stadium des vorbegrifflichen Denkens
3. Stadium des anschaulichen Denkens
4. Stadium der konkreten Operationen
5. Stadium der formalen Operationen

Spiel und Rollentheorie

(kritisch-emanzipatorischer Ansatz)

Spiel ist Probehandeln in künftigen sozialen Rollen, im Spannungsfeld von gesellschaftlich festgelegten Rollen und individuellen Bedürfnissen.

Rollenspiel ist modellhaftes Darstellen von Rollen und deren biographischen Determinanten, um sie der Reflexion zugänglich zu machen. Ziel ist der Aufbau von autonomem Rollenverhalten, der Ideologie- und der Systemkritik (politisch-emanzipatorischer Zweck).

Weiterführende Literatur:

Martin, G.M.: Fest und Alltag. Bausteine zu einer Theorie des Festes. Stuttgart 1976
Pieper, J.: Zustimmung zur Welt. Eine Theorie des Festes. München 1963
Guardini, R.: Vom Geist der Liturgie. Freiburg 1991
Rahner, H.: Der spielende Mensch. Einsiedeln/Freiburg [10]1990
Moltmann, J.: Die ersten Freigelassenen der Schöpfung. München 1971

1.3 Das Problem der Instrumentalisierung des Spiels

Spiel als Pflicht geschieht zu einem bestimmten, außerhalb des Spiels liegenden Zweck und beeinträchtigt die Freiheit im Spiel.

Sowohl in der schulischen als auch in der außerschulischen Erziehung wird Spiel als „Transportmittel" für Bildungs- und Erziehungsinhalte verwendet. Spiele sollen Lernbedürfnisse auslösen, erzieherisch wertvolle Lernprozesse initiieren.

Der zweckorientierte Einsatz des Spiels führte zur Entwicklung von Spielcurricula (vgl. Daublebsky 1974), wodurch das Spiel auf eine zielorientierte, erzieherisch gelenkte und organisierte Lernform reduziert wird, die auf die Persönlichkeit der Menschen einwirken soll. Für die Spielenden bedeutet das, daß ein Spiel zu dem Zeitpunkt inszeniert wird, an dem die PädagogInnen, ErzieherInnen oder Pfleger es für sinnvoll halten. Man spielt also, weil man spielen soll, und nicht, weil man spielen will.

Die Freiheit und Entwicklungsmöglichkeit, die dem Spiel eigen sind, werden durch diese Instrumentalisierung beeinträchtigt, weil die geistigen Impulse auf außerhalb des Spiels liegende, teilweise fremddefinierte Ziele gerichtet sind. Das freie Spiel der Kinder und Jugendlichen beinhaltet im Gegensatz dazu die Chance, sich selbst ein Bild von der Welt zu machen, sich „einzubilden", wie diese ist, wie man sie sich wünscht. Zuzulassen, daß Kinder sich im Spiel ein eigenes Bild von der Welt machen, erfordert Respekt und Zurückhaltung im Urteil. Der Eindruck, keine Zeit zu haben, verstärkt bei Eltern und ErzieherInnen häufig das Gefühl, Einfluß zu verlieren. Statt Vertrauen in die Selbstentfaltungskräfte entwickelt sich eine Bemächtigungshaltung.

Wenn Arbeit und Spiel nicht mehr zu unterscheiden sind, werden die wesentlichen Möglichkeiten elementarer Spielerfahrung gefährdet,

48

z.B. das Handeln, was keine Folgen hat, ohne bewußte Absicht geschieht u.ä. Nicht die Arbeitenden oder Spielenden entscheiden dann, ob sie spielen oder arbeiten, sondern sie erledigen Spiel als Pflicht, was dann „spielerisches Erarbeiten" genannt wird. Vokabellernen spielen läßt z.B. ganz andere Spielmöglichkeiten und Spielhandlungen zu als „spielerisch" Vokabeln für die richtige Schule zu lernen. Englische Worte in Spiel müssen nur englisch klingen, nicht richtiges Englisch sein. Beim „spielerischen" Lernen soll das Lernen an sich unterhaltsamer werden, es gliedert sich an sich in den Lernzielkatalog der Schule ein, ist also fremdbestimmt.

Kinder und Jugendliche werden mißtrauisch, wenn ihnen Arbeits- oder Lernaufgaben als Spiele verkauft werden. Freiheit und Selbstbestimmung sind dann nicht mehr erfahrbar. PädagogInnen, die ihre Intentionen und methodischen Vorgehensweisen als Spiel deklarieren, ignorieren das Selbstbestimmungsmoment des Spiels.

Zielorientierte „Spiele" sind ihrem Wesen nach Übungen, die im Rahmen einer Quasi-Realität bestimmte Dispositionen im Hinblick auf die Wirklichkeit trainieren. Entspricht es aber nicht dem menschlichen Bedürfnis, auch einmal etwas zu tun, ohne nach der Nützlichkeit zu fragen?

Nicht mehr fragen oder reflektieren zu müssen, frei über Zeit zu verfügen, entspannt. Der spielende Mensch braucht sein Spiel nicht dauernd reflektieren, um spielen zu können. Die im Spiel immanenten kathartischen Kräfte sind wirksam, ob wir das Spiel verstehen bzw. reflektiert haben oder nicht.

Die Einstellung und Gemeinschaftserfahrung verändert sich, je nach dem ob es sich um eine Spiel- oder Lerngruppe handelt.

Zu spielen, um in manipulativer Absicht den Aufbau zwischenmenschlicher Beziehungen zu beschleunigen, entmündigt die SpielerInnen und fördert Mißtrauen, weil hinter jedem angebotenen Spiel eine bestimmte Absicht vermutet werden kann. Häufig signalisieren Spielleiter mit dieser Vorgehensweise auch, daß sie die SpielerInnen nicht so akzeptieren wie sie sind. Durch das angebotene Spiel sollen sie so werden, wie die Spielanbieter sie sich vorstellen.

Begegnungsformen, die den Versuch voraussetzungsloser Bejahung des Menschen auch im Spiel berücksichtigen, sind für die Entwicklung deshalb so bedeutsam, weil der Wert des Menschen dann nicht von seinem Nutzen und von seiner Leistung abhängig gemacht wird. Der Mensch wird im Spiel nicht für andere Zwecke benutzt, sondern kann sich und die Gemeinschaft im Spiel als wertvoll erleben.

Kinder, die etwas auf dem ungeliebten Instrument vorspielen sollen, damit die Eltern in ihren Erziehungsbemühungen Anerkennung finden, werden mißraucht. Dasselbe gilt für Situationen, in denen Eltern und ErzieherInnen durch „Lernspielangebote" möglichst unauffällig ihren persönlichen Ehrgeiz befriedigen wollen.

Positive Beziehungserfahrungen gehen dem Spiel voraus und werden im Spiel vertieft.

Wenn mit einem Spiel etwas erreicht werden soll, was mit dem Spiel eigentlich gar nichts zu tun hat, können wir von einer Täuschung sprechen. Die Folge sind Enttäuschungen. Deshalb ist auch eine sprachliche Klarheit im zwischenmenschlichen Umgang notwendig. Spiel zu sagen und Pflicht (Arbeit) zu meinen, führt zu einem Verlust an Glaubwürdigkeit und zu unklarer Kommunikation. Im Spiel sollten sich Kinder, Jugendliche und Erwachsene frei von äußeren Zwecken und quasi gleichberechtigt begegnen können.

(1) Spiel und Lernen sind nicht nur dann gut, wenn sie Spaß machen

Freies Spiel und notwendiges Lernen können beide gleichermaßen anstrengend sein. Lernen muß nicht per se Unlust auslösen, Spiel nicht per se Lust machen. Beides kann spannend, langweilig, aufregend oder noch etwas ganz anderes sein.

In der konkreten Situation kann gar nicht immer geklärt werden, ob ein Spiel oder das Lernen Spaß machen. Oft kommt der Spaß – sowohl beim Lernen als auch beim Spielen – wenn die gestellte Aufgabe bewältigt ist. In Spiel- und Lernsituationen können aber auch andere Formen des Ergriffenseins entstehen, die mit Spaß, egal welcher Art, nicht vergleichbar sind (z.B. staunen, trauern, sich wundern etc.) Mit Ausnahme früher, diffuser körperbezogener Funktionsspiele ist mit hoher Wahrscheinlichkeit anzunehmen, daß dem Spiel Lernen vorausgeht. Zum Beispiel muß ein Kind die Gegenstände greifen lernen, mit denen es spielen will, es muß Symbole erkennen lernen, um mit Symbolen spielen zu können und zählen lernen, um sich an Würfelspielen beteiligen zu können etc. (vgl. das Kapitel über Spiele und die kognitive Entwicklung).

Während Lernen sich als Form der Informationsverarbeitung bezeichnen läßt, ist das Spiel eher eine Informationsverwandlung. Das Spiel bestätigt primär nicht die Realität der Erwachsenen, sondern verwandelt sie unter Berücksichtigung der Wünsche, Interessen und Handlungsmuster der SpielerInnen. Lernprozesse verlaufen eher determiniert, Spielprozesse in der Regel spontan und offen. Und genau das macht manchen Erwachsenen Sorge. Im Spiel entwinden die Kinder sich der Einflußnahme; sie wollen ihre eigenen Erfahrungen machen und sich ihre eigene Wirklichkeit schaffen. „Daher entsteht der Wunsch der Erwachsenen (und vieler Pädagogen), Spielen und Lernen so miteinander zu verbinden, daß etwas ‚Nützliches' von den Kindern gelernt werde" (Fritz 1993:129).

Möglicherweise ist die Versuchung, das Spiel als intentionalen Lernprozeß zu initiieren auch deshalb so groß, weil es scheinbar die Möglichkeit eröffnet, Macht- und Herrschaftstendenzen in erzieherischen (spielerischen) Handlungen zu verstecken. Auch lustorientierte Handlungen und eine freundliche Atmosphäre im „Spiel" können eingesetzt werden, wenn dadurch ein erzieherischer Einfluß ausgeübt werden soll.

Auch wenn Spiel als geplanter und zielorientierter (intentionaler) Lernprozeß gestaltet wird, muß dies keinerlei sichtbare Konsequenzen nach sich ziehen. Ob Verhaltensweisen, die im Spiel gelernt und eingeübt werden – beispielsweise die Fähigkeit, beim Verlieren auch fair zu bleiben –, auf den Alltag übertragbar sind, darf bezweifelt werden (vgl. Flitner 1974:119 ff.). Wie und wann die im Spiel erworbenen Kenntnisse, Fähigkeiten, Fertigkeiten im Alltag verankert werden, liegt allein in der Entscheidung und dem Willen der SpielerInnen.

(2) Was kann das Kind beim Spielen lernen?

Es lernt beispielsweise geschickt zu sein oder zu improvisieren; und es lernt, sich in dem Sozialsystem zu bewegen, welches durch die jeweilige Spielanordnung erforderlich ist: „Es wird heimisch in einer Lebensform, die für die Humanität, für die Behauptung des Menschen innerhalb von Systemzwängen unentbehrlich ist und die ihm in einer Welt der Leistung und der Zweckhaftigkeit Räume der Freiheit und des Glücks zu erhalten vermag (Fink 1957; Rahner 1961; Moltmann 1971). Wenn man das Spiel als eine humane Grundfähigkeit anzusehen bereit ist, bedarf es kaum weiterer Rechtfertigungen; es zu lernen und sich darin zu Hause zu fühlen, es über die Kindheit hinaus zu bewahren, ist ein hinreichend bedeutendes Ziel" (Flitner 1974:119,120).

Flitner weist darauf hin, daß im Spiel eine Reihe von Teilfähigkeiten gefördert werden: „das sensomotorische Können, Auffassung und Geschicklichkeit; die inhaltliche Beherrschung des Spiels und seiner Regeln; die Ausdrucksfähigkeit und spielerhaltende Erfindung; die Erfassung der kognitiven Aufgaben und Elemente; die Beherrschung der sozialen Anforderungen des Spiels" (Flitner 1974:120).

Sein Förderungsbegriff bezieht sich auf die Fähigkeit zu spielen, auf eine funktionale Wirkung (Förderung im Spiel) sowie auf die Förderung der Spielfähigkeit; was er (Flitner) nicht impliziert, ist das Spiel, was fördern soll (Förderung durch Spiel). Wenn durch das

Spiel eine Förderung intendiert wird, so werden Ziele angestrebt, die außerhalb dessen liegen, was das Charakteristikum des Spiels ist. Es handelt sich also um Übungen, die bestenfalls als spielerisch zu bezeichnen sind. Sie können durchaus das Einüben eines Spieles oder den Erwerb von Kenntnissen und Fertigkeiten, die für ein Spiel benötigt werden, einschließen (vgl. Scheuerl 1977:188). Menschliches Spiel setzt demnach ebenso Lernen voraus wie menschliche Arbeit. Spiel und Lernen bilden hier also keine Gegensätze. Das Spiel erprobt und variiert das Verfügbare und bereits Angeeignete, es vollzieht sich im Wechsel zu den Phasen selbst- und fremdbestimmten Lernens. Spiel ist nicht Pflicht, nicht Arbeit, es unterliegt dem freien Willen. Darüber hinaus kann natürlich nicht alles, was zu lernen ist, im Spiel gelernt werden: z.b. handwerkliche Präzision in der beruflichen Ausbildung.

Für die Spielpädagogik ergeben sich daraus folgende Aufgaben:
(a) die Umwelt sollte für Kinder spielanregend gestaltet werden;
(b) es sollte Orte geben, an denen Kinder Jugendliche und Erwachsene – auch ErzieherInnen – Kinder treffen können, um gemeinsam mit ihnen zu spielen;
(c) die Schaffung von Spielmöglichkeiten, die dem Entwicklungsstadium körperlich, seelisch und geistig behinderter Kinder gerecht werden, damit sich ihre Spielfähigkeit als Teil ihrer Entwicklungsfähigkeit entfaltet;
(d) die Behandlung der Ursachen und Symptome von Beeinträchtigungen und Behinderungen durch Förderungs-, Übungs- und Therapiemaßnahmen, die nicht nur die Klienten, sondern auch das erzieherische Umfeld berücksichtigen. Die Behandlung soll nicht nur dazu dienen, die Arbeitskraft wiederherzustellen, sondern auch die Spielfähigkeit.

Teil 2
Spielformen und die Spielentwicklung des Menschen

2.1 ZUR KLASSIFIKATION VON SPIELFORMEN

Um erzieherisch auf die Spiel- und Entwicklungsbedürfnisse von Kindern und Jugendlichen eingehen zu können, sind differenzierte Kenntnisse über die Bedeutung des Spiels und der Spielformen notwendig. Das Wissen darüber, welche Spielformen mit bestimmten Phasen der menschlichen Spielentwicklung korrespondieren, kann ErzieherInnen dabei unterstützen, entwicklungsspezifische Spielprojekte zu planen und bestimmte Spielaktionen und -konzepte vorzubereiten.

Wenn man die Fülle der Spiele beobachtet und von der Spielpraxis ausgeht, um Spielformen oder Spieltypen zu ordnen, wird man feststellen, wie schwierig es ist, ein konkretes Spiel einer bestimmten Spielform zuzuordnen. Ein Spiel kann beispielsweise als Rollen- und Wettkampfspiel aufgefaßt werden, es enthält darüber hinaus vielleicht sensomotorische Elemente und symbolische Darstellungs- und Handlungsformen. Die Beschreibung allein reicht also zur Klassifikation nicht aus.

Wenn wir die Spieltheorien als Ausgangspunkt zu Hilfe nehmen, wird es auch nicht einfacher: Alle Theorieansätze betrachten das Spiel, wie wir gesehen haben, jeweils unter ganz bestimten Blickwinkeln, und folglich sind die daraus abgeleiteten Spielformen in der Regel auch nur ein Abbild der begrenzten Aussagemöglichkeiten der jeweiligen theoretischen Grundlagen. Das gleiche gilt für die Entwicklungspsychologie, deren begrenzte Modelle auch nur eine begrenzte Kategorisierung ermöglichen sowie für die soziokulturelle Einteilung: „Man kann nur die Fakten psychischer oder objektiv geistiger Art, die dem Spiele zugrunde liegen, nicht aber die Spielerscheinungen selbst gliedern" (Scheuerl 1977 142).

Die nun folgende Darstellung wird das Dilemma der systematischen Klassifikation von Spielformen nicht aufheben. Sie ist ein Versuch, die Spielentwicklung am Beispiel von Spielformen praxisorientiert zu beschreiben.

2.2.1 Das sensomotorische Spiel

Mit dem Übungsspiel (Piaget) bzw. Funktionsspiel (Bühler) beginnt die Entwicklung der sensomotorischen Intelligenz beim Menschen. Die Sensomotorik betrifft alle Vorgänge, bei denen die Sinnesorgane und Muskeln zusammenwirken und die Wahrnehmungseindrücke mit den entsprechenden motorischen Handlungen verbunden werden. Das Spiel des Kindes kreist um seinen Körper. Es spielt, ehe wir sein Tun als Spiel erkennen. Sein Spiel besteht zuerst in der Erforschung durch Wiederholung sinnlicher Wahrnehmungen, kinästhetischer Sensationen, Lautgebungen etc. „Als nächstes spielt das Kind mit erreichbaren Menschen und Dingen. Es kann spielerisch schreien, um festzustellen, welche Tonhöhe die Mutter am ehesten veranlaßt, wieder auf der Bildfläche zu erscheinen, oder es widmet sich experimentierenden Ausflügen über ihren Körper und die Vorsprünge und Vertiefungen ihres Gesichts" (Erikson 1968:215). Ayres zufolge beginnt die Entwicklung mit der Bewegung, mit der Überwindung der Schwerkraft, d.h. mit dem Übergang aus dem liegenden in den stehenden Zustand (vgl. Ayres 1984:21). Die Entwicklung des Ich vollzieht sich parallel zum Erwerb des aufrechten Ganges. Während dieses Prozesses werden die Funktionen des Körpers erfaßt, geübt, erkannt und Teil der Identität. „Was wir sind, sind wir durch unseren Körper. Der Körper ist der Handschuh der Seele, seine Sprache das Wort des Herzens. Jede innere Bewegung, Gefühle, Emotionen, Wünsche drücken sich durch unseren Körper aus. Was wir Körperausdruck nennen ist Ausdruck innerer Bewegungen. Wir nehmen uns selbst, und unsere Umwelt durch unseren Körper wahr" (Molcho 1983: 20,21.) Was am Beginn des Lebens nur Motorik ist, wird durch die Erfahrung mit dem Selbst und der Umwelt zur Psychomotorik. Dieser Prozeß beginnt mit der Erfahrung des eigenen Körpers und seiner Funktionen, die zunächst zweckfrei (d.h. im Sinne eines Spieles) und später dann angewandt werden, wenn ein bestimmter Nutzen erreicht werden soll.

Das Funktionsspiel verläuft zunächst absichtslos – nur aus Freude an der Bewegung. Im Funktionsspiel gibt es weder Symbole, Fiktionen noch Regeln; es bezieht sich zunächst nur auf die Funktionsmöglichkeiten des eigenen Körpers, später dann auf Gegenstände. Insbesondere bewegliche Gegenstände geben dem Kind eine Gelegenheit, sich auf sie zuzubewegen. Mit dieser Bewegung sind noch keinerlei Vorstellungen verbunden (vgl. Piaget 1969:147). Das Funktions-

(übungs)spiel kennzeichnet die verschiedenen Stadien vorverbaler Entwicklung und ist getragen von der Freude an der Funktion und dem Spaß, Ursache, bzw. Verursacher zu sein. Den eigenen Körper und greifbare Gegenstände anzufassen sind die frühesten Spielformen. Das Kind übt Sensorik, Motorik und kognitive Funktionen. Die motorischen Abläufe sind zuerst materialunabhängig. Mit Beginn des Greifens (etwa im 4. Monat), das mit optischen, taktilen und akustischen Sinneswahrnehmungen gekoppelt ist, werden Gegenstände in das funktionale Spiel einbezogen. Schütteln, Schlagen, Reiben, Stoßen, Ziehen, Werfen, Aneinanderschlagen und schließlich Aneinanderhalten, Aus- und Einräumen werden nacheinander als Fertigkeiten erworben und dann aus Lust an der Funktion wiederholt. Die Hand wird Werkzeug des Denkens, das Kind beginnt zu be-greifen. Es beginnt die Vorstellung zu entwickeln, daß die Gegenstände unabhängig von eigenen Handlungen und Wahrnehmungen vorhanden sind (Objektpermanenz).

Die Bezugspersonen spielen in der frühen Entwicklung eine besondere Rolle. Ansprache und Zuwendung, die das Kleinkind von Anfang an erhält, führen schließlich dazu, daß das Kind lernt, die Bezugsperson von anderen Personen (etwa im 8. Lebensmonat) zu unterscheiden. Damit geht die zunehmende Reaktion auf sprachliche Äußerungen einher; die Stimme wird auch im sensomotorischen Sinne eingesetzt, aus der Lust an der Funktion der Laute. In dieser Phase wird das Kind von seinen Emotionen bewegt, die im Umgang mit vertrauten Personen und Gegenständen entstehen: Es strampelt, greift zu den Gegenständen, die ihm angeboten werden etc. Das Spiel ist die Brücke zwischen ihm und den Erwachsenen. Eltern versuchen die Bewegung und das Bewegtsein des Kindes durch Lachen, Schaukeln, Singen oder Sprechen auszulösen. Begegnungsformen dieser Art werden durch Körperkontakte – z.B. Hoppe-hoppe-Reiter-Spiele, einfache Fingerspiele, Kitzeln, Streicheln u.v.m. – hervorgerufen. Körpersprachliche Dialoge werden zum festen Bestandteil alltäglicher Kommunikation. Durch die Erweiterung der motorischen Fähigkeiten (Kopf anheben, Greifen, Sich-mit-den-Armen-Abstützen, Umdrehen, Sitzen, Robben, Krabbeln, Aufstehen, Gehen) verändern sich die Spielmöglichkeiten und der Spielraum des Kindes: Alles, was erreichbar ist, wird untersucht, mit allem wird experimentiert, alles wird angefaßt und fallengelassen. Kinder unterscheiden in diesem Alter nicht zwischen Spielzeug und anderen Gegenständen. Es ist die Zeit der ersten Verbote. In diesem Entwicklungsabschnitt ist es wichtig, daß Kinder in ihrem Entdeckungsdrang nicht sinnlos gebremst oder verunsichert werden, der Bedeutungsgehalt der Gegenstände wird ihnen nur dann bewußt, wenn sie sie auch bewegen dürfen. Jetzt beginnt das Kind gezielt nach vertrauten Gegenständen zu suchen. Es erkennt Hindernisse, die es dann zu überwinden gilt. Die fortschreitende motorische Entwicklung ermöglicht ihm schließlich, sich aufzurichten und zu laufen. „Selbstachtung, Selbstkontrolle und Selbstvertrauen entwickeln sich in dem Bewußtsein, daß der Körper als ein zuverlässiges sensomotorisches Gebilde existiert, und rühren von einer guten Integration des Nervensystems her" (Ayres 1984:86).

Berührungsreize, Körperkontakt, sprachliche Zuwendung und Pflege der Bezugspersonen signalisieren dem Kind Akzeptanz. Die Motorik wird schon sehr früh mit erfahrenen Emotionen verbunden; sie wird auch Ausdruck dessen, was das Kind bewegt (Psychomotorik). Das Funktionsspiel ist also zunächst eine frühe, diffuse Spielerfahrung; in seiner Weiterentwicklung wird es zentraler Bestandteil des vorverbalen sensomotorischen Stadiums menschlicher Entwicklung. Die kindlichen Erfahrungen werden im Laufe der Zeit mit immer differenzierteren motorischen Fähigkeiten und mehr oder weniger verläßlichen Erfahrungen der Begegnung mit Menschen, Räumen und Dingen verbunden. Teil dieser Differenzierung ist auch die Entfaltung der Sprache.

Die reinen Lautbildungen (Lallmonologe) entstehen meist in ruhigen Wachzuständen des Kindes als reines Funktionsspiel. Das Kind bildet auch dann Laute, wenn es etwas haben möchte. Ab dem 3. Lebensmonat reagiert es auf menschliche Stimme mit Antwortlauten und Lächeln. Zwischen dem 3. und 6. Lebensmonat dienen Laute dazu, Kontakt herzustellen. Um den 8. Lebensmonat herum entstehen Lautbildungen als Signal des Wiedererkennens. Wenn das Kind laufen lernt, spricht es die ersten Worte. Dann reagiert es bereits auf die Intonation der Sprache (hart, weich, wohlklingend, schrill etc.) und „versteht", ob es angenommen oder abgelehnt wird. Durch die Intonation von Worten und/oder Geräuschen werden nicht nur Signale und Begriffe bzw. Bezeichnungen vermittelt, sondern auch Gefühle, Haltungen und Einstellungen. Spiele und Spielanregungen sollten diese Gesichtspunkte berücksichtigen und die Kinder beispielsweise durch Reizüberflutung nicht überfordern. Erwachsene sollten sich auch bewußt machen, daß ihr eigenes Zuwendungsbedürfnis (Spielbedürfnis) an kleine Kinder nicht immer den aktuellen Bedürfnissen dieser Kinder entsprechen muß. Und kleine Kinder brauchen im Umgang mit Kleinstkindern Vorbilder und manchmal Anleitung (Schenk-Danzinger 1977:57 f.).

Weiterführende Literatur:

Stuckenhoff, W.: Das Verhältnis von Spielaltern und Spielformen als
Basis für eine Spielförderung. In: Kreuzer, K.J.: Handbuch der Spiel-
pädagogik, Bd. 1. Pädagogische, psychologische und vergleichende
Aspekte. Düsseldorf 1983
Schenk-Danzinger, L.: Entwicklungspsychologie. Wien [12]1977
Piaget, J.: Nachahmung, Spiel und Traum. Stuttgart 1969

2.2.2 Das Rollenspiel

Während im Übungs- und Funktionsspiel die reine Handlung, d.h.
die funktionelle Assimilation im Vordergrund steht, gewinnt im Rollenspiel die symbolische Darstellung bzw. die darstellende Assimilation zunehmend Bedeutung (vgl. Piaget 1969:157 f.). Diese Darstellung ermöglicht dem Kind, die äußere Welt dem Ich zu assimilieren.
Vom Beginn des systematischen Spracherwerbs an (1. Lebensjahr) ist
eine zunehmende Differenzierung der Verwendung von Symbolen zu
beobachten (vgl. Piaget 1969:160 f.).
Das Kind generalisiert in symbolischen Darstellungen und Handlungen Erfahrungen und Verhaltensweisen und stellt sie zum Schein dar.
Es spielt laufen, springen, schlafen etc. Diese symbolischen Handlungen und Eigenschaften werden auch anderen Personen oder Dingen zugeschrieben bzw. angetragen – z.B. den Puppen. Sie korrespondieren mit den Vorbildern und sind in der Regel auch Spiegel
gesellschaftlicher Verhaltenserwartungen (Rollen), die fiktiv nachge-
ahmt bzw. reproduziert werden. Deshalb kann in diesem Zusammenhang auch vom Beginn des nachahmenden Rollenspiels gesprochen
werden. Die Nachahmungsformen sind am Beginn dieser Entwicklung Imitationen von (Rollen-)Vorbildern und nicht Nachahmung des
eigenen Rollenrepertoires. Das Kind imitiert zunächst andere Menschen und kann nicht sich selbst imitieren. „Um Lebens- und Welt-
verständnis ringend findet es seine Form der Selbstverwirklichung in
einer eigenen symbolisch konstruierten Welt" (Röhrs 1981:34). Das
Kind bestimmt folglich, welche Bedeutung die Dinge haben, die es
zur Hand nimmt. Was es be-handelt, spricht sein Gefühl an. Das be-
wegte Gefühl wird zum Gestaltungstrieb, der sein Tun bestimmt und
zur Wiederholung, zur Nachahmung anregt. Mit der Nachahmung
will das Kind aber nicht immer dasselbe erreichen wie sein Vorbild.
Es verfolgt mit der Nachahmung keinen Nutzen, sondern kreist um
die Gehalte des Nachgeahmten (vgl. Moor 1973:50 ff.). Die Nachah-

mung des Kochens dient z.B. nicht der wirklichen Nahrungszubereitung, sondern der Erfahrung, Koch oder Köchin zu sein. Gegen Ende dieses Entwicklungsstadiums sind dann Dialoge zwischen dem Kind und seinen Spielgegenständen (Puppen, Autos etc.) zu beobachten (Beginn des 3. Lebensjahres). Kinder spielen in dieser Zeit scheinbar in Gruppen. Beobachtet man sie genauer, wird man aber feststellen, daß keine wirkliche Kommunikation zwischen ihnen stattfindet, sondern Gruppenmonologe oder Einzeldialoge zwischen Kind und Spielgegenstand. Manchmal sprechen sich die Kinder sogar gegenseitig an, ohne eine Antwort zu erwarten. Noch können sie nicht selber spielen und sich gleichzeitig Gedanken zur Rolle der MitspielerInnen machen, deshalb passen sie sich in ihren Geräuschen und Bewegungen an. Während sie nebeneinander herspielen, „denken sie laut". Ihre Einbildungskraft ist zu dieser Zeit ungeheuer stark.

Die Erfahrung des begrenzten Könnens und Wollens, des noch unsicheren Ichs versucht das Kind durch Rollenwechsel zu kompensieren. Es identifiziert sich mit den Gestalten, die in seiner Phantasie leben und läßt sie lebendig werden. Auf diese Weise können Schwächen und Unterlegenheitserfahrungen ausgeglichen werden. Das symbolische Darstellen und Handeln ermöglicht ihm, das Unmögliche möglich, das Schwere leicht, und das Leichte schwer zu machen. So können sich Kinder zumindest vorübergehend gegen das triumphierende „Ich hab es Dir ja gleich gesagt" der Erwachsenen immunisieren.

Zwischen dem 4. und 7. Lebensjahr entwickeln sich die Symbole immer mehr zur Kopie der Wirklichkeit. In dieser Zeit haben Kinder auch Freude am Wissen und Freude an der Leistung (Beginn des Wettkampfspieles und Konstruktionsspiels). An Kinder in dieser Phase richtet sich beispielsweise das Angebot von Playmobil, das – wie manche Lego-Angebote auch – die Kinder dazu einlädt, an den Ereignissen der wirklichen Welt teilzunehmen und damit genau auf ihr altersspezifisches Bedürfnis trifft: Es gibt die thematisch festgelegten Spielpackungen Baustelle, Polizei, Müllentsorgung, Krankenhaus, Schule, Skifahren, Zirkus, Safari, Piratenschiff etc.

Das vielfältige Angebot von Playmobil trifft auf Kinder, die in zunehmendem Maße von einer reizarmen, normierten und funktionsorientierten Umwelt umgeben sind. Da die Abenteuerbedürfnisse durch die Medien wie z.B. Fernsehen, Kassetten Filme etc. befriedigt werden, wollen die Kinder die darin auftretenden Helden und Ereignisse nachspielen und variieren. Playmobil bietet in diesem Zusammenhang eine Produktpalette von Figuren und Zubehör an, das nahezu allen Darstellungsbedürfnissen gerecht wird. Wenn sich das Figurenangebot für die Kinder erweitert, werden diese vermehrt durch die Rollenspielthemen der Kinder gestaltet und eingesetzt. Dennoch bleiben natürlich Phantasie und Erlebniswelt der Kinder an die Figuren und deren Darstellungsmöglichkeiten gebunden. Eine Anbindung des Spiels an die konkret erfahrbare Wirklichkeit ist also nur begrenzt möglich.

Kindliches Rollenspiel beinhaltet einerseits die Darstellung der Rollen, wie sie das Kind erfährt – z.b. Vater, Mutter, Bauarbeiter, Polizist – sowie Rollen, die die Innenwelt des Kindes widerspiegeln und seine Ängste und Größenphantasien symbolisieren – z.b. Großwildjäger, Ritter, Weltraumfahrer. Bei Kindern zwischen dem 4. und 7. Lebensjahr ist der Wunsch zu beobachten, die verwendeten Symbole der Wirklichkeit immer ähnlicher werden zu lassen. Diesem Bedürfnis kommen Playmobilprodukte entgegen.

Nicht nur das Aussehen, sondern auch die Funktion der Spielzeuge werden von den Kindern dieses Alters geprüft und als Qualitätsmerkmal wahrgenommen. Daß etwas aussehen muß „wie in echt" ist für sie selbstverständlich. Die gebauten Hütten bekommen nun Fenster und Türen, auch die Einrichtung wird der Wirklichkeit abgeguckt. Die verwendeten Werkzeuge müssen „echt" sein, der Müllwagen, die Raumfahrtstation, die Feuerwehr und das Piratenschiff sollen der vermeintlichen Wirklichkeit möglichst nahe kommen.

Die Symbolik und die Spielinhalte werden im Zusammenspiel der Kinder kollektiviert. Ihre Dialogfähigkeit ist von der sprachlichen, bzw. sozialen Entwicklung abhängig, wobei ihre „Dialoge" Monologe in Gruppen bleiben. Nun werden aber nicht mehr nur einzelne Ereignisse dargestellt, sondern ganze Geschichten konstruiert, so daß es während des Spiels zur Umformung von Symbolen kommt. Dies erfordert Rollenpräzisierung, -differenzierung und Ordnung in den Spielhandlungen und -inhalten. Eine weitere Folge ist der für diese Spiele notwendige Gruppenzusammenhalt. Der Organisationsgrad der Spiele erweitert sich. Die Kinder ordnen und regeln das Spiel. Dazu behalten sie die fiktive Ebene sprachlich bei. Ein häufig verwendetes sprachliches Ritual ist z.B.: „Du würdest jetzt die Mutter sein", oder „Du würdest jetzt die Verletzten versorgen." Mit fortschreitender Sozialisierung beschleunigt sich die Umformung des Symbols in Richtung objektiver Nachahmung der Wirklichkeit. Dieses Stadium des Rollenspiels kann als soziales Rollenspiel bezeichnet werden: Kooperation, Erweiterung des Rollenrepertoires, Rollenpräzisierung und der Versuch der Annährung an die soziale Wirklichkeit sind wichtige Aspekte dieser Entwicklungsphase.

Die Bedeutung des Rollenspiels als Kompensationsmöglichkeit und als kathartisches Erlebnis bleibt von dieser Entwicklung unberührt und ist Teil des Rollenspiels.

Ab dem 8. Lebensjahr verstärkt sich das Bedürfnis des Kindes, die Dinge so darzustellen, wie sie in Wirklichkeit sind. Besonders interessant werden jetzt Technik, Geschichte, Musik, und die Welt der Erwachsenen, an der man sich selbst jedoch nur beschränkt beteiligen kann und darf. Kinder machen u.a. die Erfahrung, daß ihre Stellung von der Präsentation der Statussymbole (Waren) abhängt. Viele Familien bleiben nicht von der Diskussion verschont, daß man sich ohne bestimmte „Edelmarken" in der Schule nicht mehr sehen lassen könne. Die symbolische Ebene reicht nicht mehr aus. Auch hier reagierte die Spielzeugindustrie sehr früh. Die Barbie-Puppe ist dafür ein beredtes Beispiel. Sie kommt einerseits dem Wunsch entgegen, sich zu schmücken, schön zu sein, bewundert und anerkannt zu werden, andererseits ist sie ein Spiegelbild der Konsum- bzw. Statusabhängigkeit der Erwachsenen: Insbesondere vorpubertäre Kinder träumen sich mit diesen Puppen in die simulierte Welt eines scheinbar erfolgreichen Lebens, mit dem sie andere beeindrucken können, hinein. Die Puppen sind Projektionsobjekte für Kontakt und Bewunderung, nicht für Geborgenheit und Wärme. Barbie und ihr gesamtes Zubehör sind ein Modell: Alles ist vom Feinsten und so beschaffen, daß es Bewunderung auslösen soll. Es geht um Haben, um zu scheinen, nicht um Haben, um zu sein. Allem, was Barbie hat, muß man „nachlaufen". Im Spiel mit Barbie wird zum einen die Erfahrung verarbeitet, daß menschliche Beziehungen, die auch Mangel und Fehler ertragen, Probleme schaffen, zum anderen wird der Traum von absoluter Schönheit und Vollkommenheit ein Augenblick lang wahr.

Die Frage, ob ein Mädchen durch dieses Spielzeug automatisch die repräsentierte Frauenrolle übernimmt, ist wohl kaum eindeutig zu beantworten. Wahrscheinlich simulieren Mädchen mit diesen Puppen Aspekte ihres Frauseins, die durch andere Erfahrungen wieder infrage gestellt werden. Ebensowenig ist zu erwarten, daß Jungen, die mit Gewehren, Pistolen und Soldaten spielen, später aggressiver und weniger friedfertig sind als Jungen, denen diese Spiele verboten wurden. Die Erfahrungen der Kinder und Jugendlichen, die sie mit dem Konsum-, Status- und Agressionsverhalten der Erwachsenen machen, haben auf ihr späteres Verhalten einen wesentlich größeren Einfluß als diese Spiele.

In der gerade beschriebenen Entwicklungsphase sucht das Kind also Modelle der Wirklichkeit, die es dann im Spiel aufnimmt. Die Attribute des Rollenspiels sollen der Wirklichkeit entsprechen. Das Kind will im Spiel die Dinge nicht mehr simulieren, sondern wirklich können. Der Trichter aus der Küche reicht nicht mehr, um Trompete zu spielen, es muß schon eine richtige Trompete her. Kinder dieser Altersstufe sind bereit zu lernen, um spielen zu können. Das Spiel wird also nicht mehr durch Symbolik an das Ich assimiliert, sondern das Ich paßt sich zunehmend der Wirklichkeit an. Das Kind weiß, daß es lernen muß, für manche Spiele Voraussetzungen zu erarbeiten, bevor es spielen kann, was es möchte.

In dieser Entwicklungsphase bekommt das Theaterspiel, in dem Rollen nicht nur im Sinne der Nachahmung dargestellt, sondern in der Phantasie „angelegt" und durch gedankliche Auseinandersetzungen mit dem Stück erarbeitet werden, seinen Reiz. Das darstellende Rollenspiel hat viele Variationsmöglichkeiten: vom Stegreifspiel – Rollen werden spontan aufgegriffen und ohne Dialogvorgaben dargestellt – bis zum Theaterspiel mit vager Rahmenhandlung, das die spontane Interaktion mit dem Publikum einschließt. Jugendliche sind in der Lage, sich bei den Proben gedanklich so von ihrer Rolle zu distanzieren und sie so lange zu variieren, bis ihre Rollendarstellung die Kommunikation mit dem Publikum ermöglicht.

Pubertierende Jugendliche behalten die zuvor gepflegten Formen des sozialen Rollenspiels noch lange Zeit in kaschierter Form bei, wobei die Erwachsenen manche Formen des Rollenspiels gelegentlich etwas vorschnell als Jugendprotest interpretieren. Bis die Formen des Rollenspiels der Erwachsenen – Kleinkunst-, Tanzgruppen etc. – als selbstverständlich und als die eigene Form erlebt werden, richtet sich das Interesse auf den Protest gegen die Spielformen der Erwachsenen oder auf alternative Inszenierungen. In der pubertären Entwicklung gerät die Interaktion zwischen dem Denken, Wollen, Fühlen und Handeln einer Person und ihrer dinglichen und sozial-kulturellen Umwelt ins Ungleichgewicht, was durch die neu entstehenden Gefühle, Körperkräfte, Motivationslagen und geistigen Fähigkeiten der Jugendlichen verursacht wird (vgl. Spanhel 1/1985). Im Spiel versuchen Jugendliche, assimilatorisch ihre Idealwelt zu realisieren oder Widerstand gegen nicht erfüllbare Rollenerwartungen auszuleben; in akkomodorischen Prozessen hingegen versuchen sie sich den Rollenerwartungen der Umwelt anzupassen. Das Theaterspiel ist eine Möglichkeit, eigene Rollenvorstellungen und gesellschaftliche Rollenerwartungen zum Schein und/oder wirklich darzustellen. Wer etwas darstellen und mitteilen will, braucht ein Publikum, vor dem beispielsweise die selbst inszenierte alternative Lebenswelt ins Spiel gebracht werden kann. Um das zu erproben, brauchen Jugendliche Entwicklungsräume und ein Publikum, das mitspielt, und auf die Inszenierung reagiert, ohne daß ihnen die Illusion ihrer Inszenierungen ständig als lächerliche Wirklichkeit vorgeführt wird. Umgekehrt ist es allerdings auch wichtig, daß nicht jede Protestform als Spiel im Sinne eines zweckfreien Handelns verharmlost wird. Die Bereitstellung von Spielräumen und -materialien, um dem jugendlichen Protest eine Bühne zu verschaffen, würde von Jugendlichen allzuschnell als pseudopädagogische Veranstaltung entlarvt. Zu der Notwendigkeit des Spiels, als selbstgewählte und freie Möglichkeit, sich und seine Ideale zu inszenieren, gehört die Beteiligung an der Verantwortung und Gestaltung in Spiel und Wirklichkeit ebenso wie das Ernstnehmen des inszenierten Spiels und des inszenierten Protests.

Weiterführende Literatur:

Kochan, B.: Rollenspiel, als Methode sozialen Lernens – Ein Reader. Königstein/Ts. 1981
Wegener-Spöhring, G.: Interaktion im Rollenspiel. Initiierung, Prozesse, Analysen. In: Kreuzer, K.J. (Hrsg.): Handbuch der Spielpädagogik, Bd. 3, Spiel als Erfahrungsraum und Medium. Düsseldorf 1984:55–69
Yablonski, L.: Psychodrama. Die Lösung emotionaler Probleme durch Rollenspiel. Stuttgart 1978
Zapotoczky, B.: Konfliktlösung im Spiel. Soziodrama, Psychodrama, Kommunikationsdrama. Wien/München 1974

2.2.3 Das Rezeptionsspiel

Der Begriff Rezeptionsspiel stammt von Bühler (vgl. Bühler 1928). Er umfaßt die passiven Formen des Spiels – das Betrachten (Ausstellungen, Aussichten, Dinge), das Zuschauen (Theater, Fernsehen Kino), das Vormachen (Zeichnen, Bauen) und das Hören (Geschichten, Musik, Verse). Die aufnehmenden Spiele, wie sie auch genannt werden (vgl. Hetzer 1950:75 f.), sprechen die Phantasie an, die die Fiktion, den Schein, ermöglicht. Häufig ist damit auch die Vorstellung des Menschen als Schöpfer verbunden. Buber spricht in diesem Zusammenhang vom Urhebertrieb des Menschen. Er vermeidet den Begriff des Schöpfertums, der, wie er meint, Gott vorbehalten bleiben soll. Den Urhebertrieb kann man wohl als die menschliche Variante des göttlichen Spiels (der Schöpfung) begreifen. Durch ihn entsteht etwas, was es vorher noch nicht gegeben hat und was dennoch nicht aus dem Nichts kommt, also nicht Schöpfung ist. Urhebertrieb

Abbildung 4: Entwicklung des Rollenspiels (vgl. Götte 1984:36)

1. Nachahmungs-spiel	2. Einfaches Rollenspiel	3. Kollektives Rollenspiel	4. Soziales Rollenspiel	5. Darstellendes Rollenspiel
Nachahmung von Handlungen ohne sich in die Rolle nachgeahmter Personen versetzen zu können. Mit der Nachahmung der Bewegung ist die Nachahmung der Gefühle verbunden.	Nachahmung einer Rolle und damit verbundener Handlungen, Handlungsfolgen und Gefühlen. Rollendarstellung wird mit Monologen begleitet.	Das Spiel der Kinder entwickelt sich räumlich und thematisch aufeinander zu. Kinder sprechen sich an, ohne eine Antwort zu erwarten (kollektive Monologisierung des Spiels).	Das Spiel enthält zunächst einen konkreten Dialog im Rahmen eines gemeinsamen Spielthemas. Schwerpunkt am Anfang ist das Handeln, nicht das Reden, über Gefühle und Gedanken wird noch nicht gesprochen. Mit der Zeit differenzieren sich Handlung und Inhalt, so daß Erklärungen, Begründungen, Absprachen (Regeln) notwendig sind	Das Spiel erfolgt einzeln oder in Gruppen vor Zuschauern. Körpersprache, verbaler Monolog und Dialog werden zu Interaktions- und Kommunikationsmitteln mit den Zuschauern (Rezipienten)
Voraussetzung: – Beobachtungsfähig-keit – Nachahmungsfähig-keit von Bewegung und Geräusch	Voraussetzung: – Differenzierung der Beobachtung – Differenzierung der Ausdrucksfähigkeit von Gefühlen – Fähigkeit Handlungsabläufe logisch zu gliedern (z.B. zeitlich, räumlich, inhaltlich)	Voraussetzung: – Wahrnehmung anderer Kinder während des eigenen Spiels – Abstimmung von Bewegung und Gefühl mit dem Spiel anderer Kinder	Voraussetzung: – Kooperationsfähigkeit – Mitschwingungsfähig-keit – Zuhören, verstehen, antworten können – Einigungs- und Kompromißfähigkeit – Konfliktlösungs-fähigkeit	Voraussetzung: – Sinnliches Erfassen von Texten und Spielvorlagen – „Ganzheitliches" Erleben von Spielinhalten – Simulationsfähigkeit menschlichen Verhaltens und Fühlens – Reflexionsfähigkeit

im Sinne Bubers wird nicht zur Begierde, „weil er gar nicht auf ein Haben, nur auf ein Tun aus ist; der unter allem nur ins Leidenschaftliche, nicht ins Süchtige erwachsen kann; der unter allen nicht zum Eingriff in den Bereich anderer Wesen verführen mag; hier die reine Gebärde, die nicht Welt sich zurafft, sondern sich ihr äußert" (Buber 1986:15–18). In seinem Urheberdrang entwickelt der hörende und schauende Mensch nicht nur die Idee als Grundlage seiner Handlungen – beispielsweise Konstruktionen, Produkte –, sondern auch die träumerische, visionäre Phantasie mit der er sich eine mögliche Wirklichkeit vorstellt oder die bestehende Wirklichkeit aufnehmend verarbeitet.

Während der Urhebertrieb in der Literatur häufig vernachlässigt wird, verdienen die Rezeptionsspiele im allgemeinen heute etwas mehr Beachtung. Kinder und Erwachsene sind in zunehmendem Maße Sinneseindrücken ausgesetzt, die sie aufnehmen und verarbeiten sollen, der Informationswert von Bildern ist im Gegensatz zu den verbalen Informationen gestiegen, und die Informationsmengen insgesamt sind so groß geworden, daß einem manchmal schwindelig werden kann. Sehen und Hören sollen bei Kindern angeregt werden, ohne daß die Wahrnehmung wiederum durch festgelegte Erziehungsziele präformiert werden soll.

Die Vorformen des Rezeptionsspiels sind schon beim Kleinstkind zu beobachten, das mit seinen Augen und Ohren die Welt aufnimmt. Das Kind wird herumgetragen, die Welt beginnt, sich ihm zu vermitteln, die Bezugsperson hat daran aktiven Anteil, in dem sie dem Kind die vermittelten Dinge bezeichnet. Mit der Entwicklung des begrifflichen Denkens und der Symbolfähigkeit kann sich das Kind abwesende Gegenstände vorstellen und sich ein Bild von ihnen machen. Während bis dahin die Herstellung eines Zusammenhanges zwischen einem Bild in einem Bilderbuch und dem abgebildeten Gegenstand in der Wirklichkeit noch schwer war, nimmt nun die Vorstellungskraft des Kindes zu. Es lernt zuzuhören (gehorchen) – vorausgesetzt die Beziehung, beziehungsweise die Wahrnehmung zwischen ErzählerIn und Kind ist nicht durch negative Erfahrungen gestört. Eine geglückte Verbindung zwischen Beziehungs- und Inhaltsebene sowie die adäquate Berücksichtigung der Entwicklungssituation des Kindes ermöglicht es, dem gemeinsamen Schauen, Zuhören geistig zu folgen und sich von den vermittelten Eindrücken bewegen zu lassen. Das Anschauen und Betrachten von Dingen und Abbildungen ist eine Möglichkeit, Worte vorauszuahnen und Ansichten zu haben. Zum Prozeß des Begreifens gehört auch die Einbildungskraft.

Die Bedeutung des Rezeptionsspiels soll am Beispiel von erzählten Geschichten veranschaulicht werden. Literatur, Theater, Film, Musik, Malerei, Bildhauerei etc. berichten ebenso wie die Erzählungen von Eltern oder Großeltern von den Dingen des Lebens, von verlorenen Paradiesen, von Wünschen, Hoffnungen, von Helden, von Ängsten, von schweren Prüfungen, von Glück und Unglück, Schuld, Versöhnung und Erlösung. Erzählte Geschichten berichten nicht nur von Ereignissen, sondern auch von der Sichtweise der ErzählerIn, die mit den anderen Menschen geteilt werden kann. ErzählerInnen und ZuhörerInnen erfahren auf diese Weise, daß sie mit ihren individuellen Erfahrungen nicht alleine sind. Das Zuhören bietet die Chance, sich selbst, d.h. die eigenen Gedanken und Bilder zu entdecken. Auf diese Weise entstehen Vorstellungen über das Verhältnis zur Welt. Es sind die Spuren bewußt oder unbewußt erfahrenen Lebens, die so Teil des Selbstbewußtseins bzw. der Identität werden. Geschichten zu haben, etwas erzählen zu können und Bilder zu haben, gehört zur Entwicklung der Persönlichkeit. Ohne Erzählen gäbe es kein Erinnern, kein Hoffen, keine Gewißheit. Geschichten sind also auch Sinnträger bzw. Anlaß zur Besinnung auf das vergangene, gegenwärtige und künftige Leben. In der Erzählung strukturiert sich das Erlebte und das Fiktive, werden Ansichten zur Sprache gebracht, Orientierungs-Deutungsmuster und Sinnfragen erkennbar (vgl. Kaiser 1/1990:13 ff.).

Kinder ab dem 2. Lebensjahr bezeichnen nicht nur Dinge mit Begriffen (Haus, Baum etc.), sondern lernen auch langsam Zusammenhänge begreifen. Sie beginnen, Verben in ihren Wortschatz zu integrieren. Das Wiedererkennen von Dingen und Handlungsabfolgen gewinnt an Bedeutung. Schauen, Betrachten, Hören und Wiedererkennen verstärken die kindliche Neugier. Dieser Entwicklungsfortschritt kann auch beobachtet werden, wenn man mit Kindern Fotoalben anschaut: Ab dem 2. Lebensjahr wird auch die eigene Geschichte bildhaft wahrgenommen. Das gemeinsame Betrachten von Fotos fördert und vertieft das Vertrauen des Kindes in das Bild, in die Erzählung (das Buch) und die ErzählerIn.

Mit der Entwicklung des Symbolverständnisses erhält das eigene Wünschen und Wollen eine besondere Bedeutung. Ein Kind verlangt z.B. vom Vater, er möge ihm die Geschichte erzählen, in der es mit dem Fahrrad zum Kindergarten gefahren sei, obwohl es weder ein Fahrrad besitzt noch zum Kindergarten geht. Es schafft sich auf diese Weise die Möglichkeit der Identifikation oder der Ablehnung, und es kann einzelne Episoden selbst vorschlagen und beeinflussen. In diesem Spannungsverhältnis entsteht dann das Interesse und die Freude an weiteren Geschichten (3.–5. Lebensjahr etwa). Mit Beginn des

6. Lebensjahres vergleicht das Kind das Wissen und Können der in den Erzählungen handelnden Personen und der ErzählerInnen mit seinen eigenen Möglichkeiten. Die Bilder des Bilderbuches werden immer mehr durch die Buchstabenbilder ersetzt, je flüssiger das Kind lesen lernt. Es ist nun auf die inneren Bilder, die es bereits entwickelt hat, angewiesen, wenn es künftig abstrakte Aufgaben lösen soll. Die Erzählungen müssen jetzt zumindest das verfügbare Wissen der Kinder enthalten. Zwischen dem 7. und dem 12. Lebensjahr interessieren sich die Kinder für Abenteuererzählungen und Sachbücher, die von Phantasien begleitet werden, die das rationale Interesse an der Sachinformation überlagern. Das Sachbuch vom Weltraum ermöglicht, sich selbst auch als Raumfahrer zu „träumen".

Mit Beginn der Pubertät enthalten die Geschichten (wie bereits im Kapitel über das Rollenspiel beschrieben) in verstärkter Weise Erzählungen vom Ideal-Ich und einer visionären Ideal-Welt. Auch politische, naturwissenschaftliche und geschichtliche Themen können zu Rezeptionsspielen anregen, da sich die LeserInnen dieser Altersstufe mit den politischen oder naturwissenschaftlichen Experten in ihren Sachbüchern identifizieren und in ihrer Phantasie sich selbst in dieser Rolle sehen, vielleicht sogar im Gegensatz zu ihren schulischen Möglichkeiten in den naturwissenschaftlichen Fächern.

Rezeptionsspiele bieten in allen Alters- und Entwicklungsstufen auch die Möglichkeit, die Not des Lebens darzustellen und zu erzählen; sie zeigen aber auch einen Ausweg, wie der Not der Wirklichkeit zu entgehen ist und haben deshalb heilende Wirkung. Das Erzählen oder Lesen kann lebensrettend werden: Wenn der Mensch alleine ist, wird das Buch zum „Gesprächspartner" (vgl. Frankl 1977:12).

Wie lebensnotwendig das Rezeptionsspiel ist, zeigt sich nicht nur in den erzählten, erfundenen und wirklichen Geschichten, sondern auch im Erinnern – Bilder, Gestalten, Worte, Töne, Geschmäcke und Gerüche ermöglichen Erinnern und „erzählen" von Erlebtem und vom Wünschen.

In den ersten Lebensjahren sind Kinder für solche Eindrücke besonders aufnahmefähig und entwickeln besonders intensive eigene innere Bilder. Rezeptionsspiele in dieser Entwicklungsphase sollten dem Kind angeboten werden, ohne damit ein bestimmtes Ziel, eine bestimmte Absicht zu präsentieren, um so dem Kind zu ermöglichen, die bedeutsamen Eindrücke und Inhalte zu behalten. Wenn einem Kind vorgeschrieben wird, was es aus der Geschichte lernen soll, besteht die Gefahr, daß es die Geschichte (das Spiel) des Erzählers bleibt und nicht zur eigenen Geschichte (Rezeptionspiel) wird. Rezeptionsspiel kann die Erzählung nur dann werden, wenn das Kind sie hören will (Freiheit im Spiel). Die AdressatInnen sollen über das Angebot selbst entscheiden. Wird es Spiel, entzieht sich das Ziel dem Einfluß des Erzählers.

Die Wirkung der Rezeption bzw. des Rezeptionsspiels auf das Lernen ist kaum nachweisbar. Leser- und HörerInnen werden kaum alle bereits rezipierten „Ansichten" aktualisieren (können). Oft werden sie – je nach Bildungsstand und Erfahrungsbereich – differierende, eigene Ansichten unterlegen, viele „Unbestimmtheitsstellen" unbewußt ausfüllen bzw. darüber hinweggleiten (vgl. Beinlich 1980:101). Weil Spiel keine äußeren Absichten – z.b. Bildungsziele – verfolgt und eine Lernzielkontrolle nicht zwingend vorgeschrieben ist, werden die realistischen Bilder und die Fiktionen Geheimnis der aufnehmenden SpielerInnen bleiben. Bildende Wirkungen des Rezeptionsspiels sind schwer nachweisbar und einer empirischen Untersuchung nur schwer zugänglich, weil nicht alle Einflußfaktoren erfaßbar sind, was die Literaturdidaktik vor besondere Probleme stellt. Dahrendorf schreibt dazu: „Absolut gültige, mit dem Anspruch allgemeiner Anwendbarkeit auftretende Ergebnisse wurden bisher nicht erbracht. Das kann (…) auch gar nicht anders sein; wer anderes erwartet, müßte es für möglich halten, alle Wirkfaktoren kommunikativer Prozesse derart in der Griff zu bekommen, daß Wirkung berechenbar wird (Dahrendorf 1980: 276–80). Doch gerade in der Abgegrenztheit des Spiels gegenüber den Nicht-Spielenden liegt eine gewisse Spannung und das Geheimnis des Spiels. Im Reich der Phantasie Erfahrungen zu machen, die sich der Beschreibung und Bewertung durch Andere entziehen, ist eine Spielform, die für die Entwicklung einer individuellen Persönlichkeit besonders wichtig ist, weil diese Erfahrungen den Nützlichkeits- und Zweckmäßigkeitserwägungen der Umwelt widerstehen können.

Weiterführende Literatur:

Hurrelmann, B. (Hrsg.): Kinderliteratur und Rezeption, Schriftenreihe der Deutschen Akademie für Kinder- und Jugendliteratur Volkach e.V. Baltmannsweiler 1980
Ellwanger/Grömminger: Märchen – Erziehungshilfe oder Gefahr. Freiburg 1977
Ebner, H.: Kinder- und Jugendliteratur als Spiegel der Gesellschaft. Ein Rückblick. In: Unsere Kinder 5/1989
Schenda, R., Von Mund zu Ohr. Bausteine zu einer Kulturgeschichte volkstümlichen Erzählens. Göttingen 1993
Moor, P.: Das Spiel in der Entwicklung des Kindes. Entfaltung des Unbewußten im Spielverhalten. Ravensburg 1973

2.2.4 Das Regelspiel

Das Regelspiel als eine eigene Spielform auszuweisen, ist nicht ganz unproblematisch, weil alle Spielformen mit Regeln funktionieren und nur durch sie aufrechterhalten werden können. Es macht dennoch Sinn, weil es Spiele gibt, bei denen die Regel zum Spielinhalt wird oder zumindest stark in den Vordergrund rückt, und weil die Fähigkeit des Kindes, Regeln (Verhaltenserwartungen) zu erfassen und einzuhalten, für seine Entwicklung von entscheidender Bedeutung ist. Das Regelspiel setzt die Gruppenfähigkeit der Kindes voraus, d.h. das Kind muß bereit sein, nicht nur neben, sondern auch mit anderen zu spielen und Verpflichtungen zu übernehmen. Es muß bereits einen Sinn für Regelmäßigkeit entwickelt haben. Die Spielgemeinschaft ist jetzt mehr als die Summe der Einzelnen: Regelspiel setzt Normenbewußtsein voraus. Die Regeln müssen als zeitlich befristete soziale Übereinkünfte wahrgenommen, eingehalten und mit individuellen Bedürfnissen abgestimmt werden können. Diese Fähigkeiten entwickeln sich im Übungsspiel. Darin werden die erworbenen sensomotorischen Fähigkeiten mit selbstauferlegten Regeln versehen, d.h. die Kinder beschränken ihre Möglichkeiten im Spiel, akzeptieren Regeln, für die sie sich entscheiden, und definieren so ihre Freiheiten. Sie versuchen z.b., während sie bestimmte Schrittlängen einhalten, die Betonfugen eines Gehwegs nicht zu betreten. Dieses Spiel hat einen selbstverpflichtenden, aber noch keinen sozial-kooperativen Wettkampfcharakter.
Eine weiteres Charakteristikum des Regelspiels ist die Nachahmung. Bei Fingerspielen und Konstruktionsspielen, sowie beim kindlichen Zeichnen und Malen, bei Kinderreigen und Kreisspielen spielt sie eine wichtige Rolle.
Zwei- bis Fünfjährige sind von der gemeinsamen Bewegung besonders angesprochen. In den Reigenspielen lernen Kinder zunächst gemeinsam dasselbe zu tun, später machen sie es dann abwechselnd, z.B. Hervortreten und Vormachen.
Im Alter von 6 Jahren, also mit der Schulreife, entwickelt sich auch die instrumentelle Fähigkeit des Kindes, die eigenen Fähigkeiten hinsichtlich eines gemeinsamen Zieles einschätzen zu lernen. Jetzt kommt eine klare Aufgabenteilung ins Spiel (z.B. Versteckspiel). „Die Forderungen an die SpielerInnen sind hier ungleich höher. Sie müssen sowohl die Gesamtaufgabe erfassen und auch ihre einzelne Rolle selbständig wahrnehmen und dabei die eigene Spontaneität mindestens soweit eingrenzen, daß sie in das Spiel einmündet" (Fritz 1993:41).
Mit der Schulreife entsteht bei Kindern eine Freude am eigenen Können, auch in Konkurrenz zu andern. Das Erlebnis der Leistungsfähig-

keit sollte einerseits nicht durch einseitige Negativierung der Freude an Leistung und Vergleich oder andererseits durch unnötige Leistungsmotivation und Leistungsdruck beeinträchtigt werden. Spiel sollte also nicht zur Abhärtung für künftige Konkurrenzsituationen in der Gesellschaft erzieherisch mißbraucht werden.

Sechs- bis achtjährige Kinder freuen sich an Wettkämpfen, deren kämpferischer Aspekt jedoch nur beschränkt ausgeprägt ist, z.b. an Hüpf-, Geschicklichkeits- und Abgrenzungsspielen, in denen Gruppen gegeneinander antreten (z.b. durch Geheimnisse, geheime Plätze). Bei Mannschaftsspielen läßt sich beobachten, daß Kinder dieses Alters noch wenig Strategieverständnis aufbringen. Das Kämpfen mit dem Gegenspieler ist oft noch weniger beabsichtigt als die Rollenidentifikation mit berühmten Vorbildern. Manche Kinder verlieren dabei manchmal sogar noch die Orientierung; bei fünf- und sechsjährigen Fußballspielern kann es durchaus vorkommen, daß sie z.b. die Tore verwechseln, auf die sie spielen sollen.

Zwischen dem achten und dem zwölften Lebensjahr nehmen die akkomodorischen Fähigkeiten zu. Die Kinder passen sich den Erfordernissen des Spiels schneller an und beginnen, sich taktisch zu verhalten. Kooperation und Geschicklichkeit werde im Training geübt und im Spiel angewandt, häufig jedoch in der Hitze des Wettkampfes genauso schnell wieder vergessen.

In der Pubertät entwickelt sich dann die Fähigkeit, die aktuelle Spielsituation distanziert wahrzunehmen, kooperative und taktische Elemente während des Spiels zu variieren und quasi auf einer Metaebene die Gewinnchancen oder Lösungsmöglichkeiten zu kalkulieren.

Die Lebenswelt wird im Regelspiel durch die Notwendigkeit, das Spiel kollektiv zu organisieren, reflektiert. Die Einzelnen vergleichen ihr Leben, entdecken Unterschiede und Gemeinsamkeiten, unternehmen Anpassungsversuche und erkunden die Grenzen gemeinsam festgelegter Regeln. Die Spielregeln sind zumindest auf der symbolischen Ebene mit den Regeln des Lebens vergleichbar, sie unterscheiden sich aber von den erzieherisch vorgegebenen Regeln, weil die Einzelnen sich frei für sie entschieden haben. Das Einhalten der Regeln ist Ausdruck der Selbstbestimmung und Selbstbeherrschung. Im Regelspiel sind, je nach Entwicklung der Spielenden, sanktionsorientierte und selbstbestimmte Anpassungsformen zu beobachten. Gefordert werden Selbst- und Fremdkontrolle, um sich, je nach Situation, kooperativ oder konkurrent zu verhalten.

Sowohl die Intensität des Konkurrenzverhaltens als auch die des Kooperationsverhaltens sind von den Erfahrungen der Kinder, ihrer Persönlichkeit, den Spielinhalten, der Spielleitung, und den Rahmenbedingungen des Spiels (Zeit, Raum, Mittel) abhängig. Regelspiele mit Wettkampfcharakter beeinflussen die Kinder positiv: Das Sich-Messen findet in einem Rahmen statt, der verhindert, daß der Gegner als Person bekämpft wird. Die Freude an der eigenen Leistung stabilisiert das Ich, das im Schulalter und darüber hinaus immer wieder infrage gestellt wird. Diese Stabilität wird weniger in den Regelspielen erworben, die Glücksspiele und damit vom Zufall geprägt sind, sondern in Regelspielen, die aufgrund des eigenen Könnens und der eigenen Anstrengung zum Erfolg führen.

Die Faszination und Spannung, die in solchen Spielen entstehen kann, wird häufig durch ein Umfeld zerstört, dem es nicht um den Sieg im Wettkampf geht, sondern um den sekundären Nutzen, der nach dem Spiel aus dem Sieg gezogen werden kann (z.B. Häme gegenüber den Verlierern, Pflege von Feindbildern u.ä.). Dann haben es Kinder und Jugendliche schwer, Siege als das zu feiern, was sie sind: als Erfolg für den einzelnen oder für die Mannschaft.

2.2.4.1 Exkurs: Computerspiele

In diesen Zusammenhang möchte ich noch kurz auf die Video- bzw. Computerspiele eingehen.

Viele Computerspiele fallen deshalb in die Kategorie der Regelspiele, weil in ihnen, ähnlich wie auf dem Spielbrett, Figuren bewegt werden. Mit dem sog. „Joystick" werden die Figuren auf dem Bildschirm beeinflußt. Das Spielgeschehen auf dem Bildschirm ist nicht, wie beim Brettspiel, statisch, sondern befindet sich in ständiger, teilweise rasanter Bewegung. Das Programm schreibt die Regeln vor, denen sich die SpielerInnen anpassen müssen. Manche Programme bieten auch Regelvarianten an, die vor Beginn des Spiels gewählt werden können. Außerdem regeln die Programme den „Zufall", auf den die SpielerInnen reagieren müssen. Manche Computerspiele ähneln Trick- oder Spielfilmen, deren Ablauf zum Teil beeinflußbar ist. Die SpielerInnen haben einen „elektronischen Gegner" und werden am Bildschirm durch einen „elektronischen Stellvertreter" dargestellt. Letztlich geht es in vielen Spielen immer wieder um das Überleben im Spiel, einzelne Szenarien werden teilweise nur in Ausschnitten dargeboten, in die die SpielerInnen sich durch elektronische „Befehle" einmischen können. Hohe Konzentrationsleistungen, schnelle Auffassung und schnelle Reaktion sind die Voraussetzungen für das „Überleben". Im Verlauf dieser Spiele findet eine projektive Identifizierung statt, deren Reiz abnimmt, wenn die „Todesgefahr", die Gefahr „vernichtet" zu werden, nicht mehr vorhanden ist. Wenn die SpielerInnen das „Überleben" gelernt haben, wird das

Spiel langweilig. Die Spiele beeinflussen, ohne daß es für den statt-findenden Datenabgleich oder für die Reaktionen des Computers irgendeine Rolle spielen würde, massiv die Gefühle der SpielerInnen. Die erforderliche Reaktionsfähigkeit, Konzentration, Kombinationsfähigkeit und Phantasie lösen Emotionen aus, in einige Spiele sind positive und negative Verstärkungsmechanismen eingebaut. Auf diese Weise wird die Leistungsmotivation und der Ehrgeiz gefördert. Was dem Computerprogramm an Emotionalität fehlt, wird durch die Reaktionen aus der Innenwelt der SpielerInnen ergänzt. Die Vielfältigkeit der Beeinflussungsmöglichkeiten des Spiels erhöht die Identifikationsmöglichkeit. Die visuellen Ereignisse werden mit akkustischen Signalen gekoppelt, die die Spannung steigern sollen. Inhaltlich sind die Spiele an den Lebenswelten der Zielgruppen orientiert. Im Videospiel spiegelt sich nicht nur der technologische Stand der Industrienationen wider, sondern auch die Innenwelt der „Videonauten": ihre Ängste, Sehnsüchte, Wünsche, Gefühle, Wertvorstellungen, Normen und Lebensorientierungen. Im Videospiel kann das Leistungsvermögen und die Fähigkeit, sich in fremden Welten zurechtfinden, unter Beweis gestellt werden, die SpielerInnen entwikkeln Überlegenheitsgefühle, haben Macht und Einfluß und stehen Situationen durch, zu denen sie sonst keinen Zugang haben. Die Spiele sind von den „Gesetzen des Marktes" diktiert, paßgenau auf die Erwartungsstrukturen der SpielerInnen abgestimmt (denn nur diese Spiele verkaufen sich). Sie verbinden die Technologie (den Stand der technologischen Entwicklung) mit der Innenwelt der Menschen und fädeln die Erwartungsstrukturen der Menschen in die technologischen Strukturen ein (vgl. Fritz 1989:170,171).

Ob die vielfach befürchtete soziale Isolierung durch den Gebrauch der Computer- bzw. Videospiele eintritt, ist zu bezweifeln. Viele Videospiele sind auch für kleinere Gruppen konzipiert: Entweder wurden sie von vornherein für zwei SpielerInnen entwickelt, oder sie werden von den Kindern und Jugendlichen jeweils nacheinander gespielt, und man vergleicht dann die Ergebnisse. Die Gefahr der sozialen Isolierung durch Computerspiele scheint allerdings bei den Kindern und Jugendlichen gegeben, die Beziehungs- und Kontaktprobleme haben. In diesem Falle ist jedoch nicht das Spiel an sich das Problem, sondern die Disposition der SpielerInnen und in der Folge die erzieherischen Antworten, die gegeben werden.

ErzieherInnen sollten sich dennoch über die Spiele informieren. Bereits Kinder verfügen teilweise über „Computerspiele", die politische Propaganda enthalten – z.B. nationalsozialistisches Gedankengut verbreiten –, menschenverachtende „Spielinhalte" im Bewußtsein der

SpielerInnen verankern sollen oder sexistisch sind. Der Zeitraum bis zum möglichen Verbot dieser Spiele ist meist so lange, daß jede Menge Raubkopien auf dem Markt sind und das Verbot nicht mehr greift. Darüber hinaus gibt es noch Computerspiele, die von Firmen vertrieben werden, welche Kinder und Jugendliche anregen sollen, sich mit ihren Produkten zu identifizieren. Auch das Bundesverteidigungsministerium wirbt mit kostenlos abgegebenen Computerspielen um Soldaten. An diesen Beispielen wird die Problematik des Lernspiels deutlich sichtbar.

Sie sind für manche Kinder nur eine oberflächliche und kurzfristige Herausforderung, vermitteln aber keine Erfahrungen, die den lebensweltlichen Horizont erweitern. Kinder können durch einen geringen eigenen Energieaufwand ihrer Langeweile entgehen. Die aktivierte Software ersetzt die Selbstbestimmung des Kindes durch Befehlsaufforderungen. Langeweile muß nicht mehr ausgehalten und durch die angestrengte Aktivierung eigener Energie überwunden werden.

Viele dieser Spiele sind banal, thematisch äußerst schlicht angelegt, ihre Bilder von schlechter ästhetischer Qualität bis ekelerregend. Die Darstellung der Figuren (Menschen) und der Natur ist oft verzerrt, der psychologische Ansatz der Spielhandlung ist unsinnig.

Neben einer Mehrzahl an schlechten Spielen gibt es auch einige gute, faszinierende Spiele, die einen tatsächlichen Unterhaltungs- und Informationswert für die Kinder besitzen.

Ähnlich wie bei Brettspielen läßt sich auch hier beobachten, wie Kinder manche Spiele nach zwei- oder dreimaligem Gebrauch nicht mehr benutzen.

Die derzeit angebotenen Computerspiele zeigen in etwa folgende Typologie:

Geschicklichkeits- u. Sportspiele (z.B. Autorennen, Klettern, Tennis, Golf usw.)

Schießspiele („Umlegen", „Abknallen" ist die Hauptattraktion, auch dort wo Strategien angewendet werden müssen, dienen diese letztlich nur dem effektiveren Töten.)

Fantasy- bzw. Abenteuerspiele (z.B. Sience fiction-Themen, Eroberer, Entdecker, Horrorszenarien usw.)

Plan- u. Strategiespiele (z.B. Bundesligamanager, wo nach den Regeln der Bundesliga Mannschaften aufgebaut, Vereine finanziert, Spieler verkauft werden können, oder Sim City, ein Spiel in dem die Infrastruktur einer Stadt aufgebaut werden kann. In beiden Spielverläufen gibt es sogen. Zufallsereignisse, welche die eingeschlagene Geschäfts- oder Politikstrategie wieder infrage stellen.)

Brett-, Karten-, Würfelspiele, Roulette usw. die auf dem Bildschirm gespielt werden können.

Die Computerindustrie verweist häufig auf den Dialog des Menschen mit dem Medium Computer. Der Gebrauch der aktuell verfügbaren Computerspiele läßt schnell erkennen, daß fragwürdig ist, ob es sich bei der Interaktion zwischen Software und Spieler tatsächlich um einen Dialog handelt, der dem Dialog zwischen Menschen gleich ist. Ist es nicht eher so, daß das Programm die Befehle erteilt und der Spieler, die Spielerin folgen muß. Von dieser Tatsache ist auch auszugehen, wenn man die neuere Hard- u. Software benutzt, die im Zusammenhang mit Spiel Anwendung findet.

Weder der Superrechner „Deep Blue", der gegen Schachspieler der Weltklasse antritt, noch die Cyberspacetechnologie, die eine virtuelle Welt wie echt erleben läßt, oder die Tamagotchis, können wirkliche Beziehungserfahrungen im Spiel mit Menschen und wirkliche Spielerlebnisse in der Natur ersetzen.

Mit dem Tamagotchi, einem etwa armbanduhrgroßen Plastikei, scheint eine neue Dimension des elektronischen Kinderspiels angebrochen zu sein. Das „Ei" hat drei Knöpfe und ein LCD Display. Hat man es eingeschaltet, läßt es sich nicht mehr abschalten. Auf dem Bildschirm sieht man dann ein Küken, das aus dem Ei schlüpft, piepst und den Spieler nun ganz fordert.

Es will gefüttert, geputzt, zu Bett gebracht werden, will spielen, kurz es will, daß man sich um es kümmert und seine Ansprüche steigen mit seinem Lebensalter. „Kümmert" man sich nicht genügend, wird es erst blaß, dann krank und schließlich stirbt es. Ein Tamagotchi-Fan hat im Internet einen „Tamagotchi-Friedhof" eingerichtet, wo man sein Tamgotchi begraben und wenn man möchte, das Grab auch wieder besuchen kann.

Das Tamagotchi-Fieber hat also auch die Erwachsenen erfaßt. Nicht nur Kinder, auch Jugendliche, Studenten, alte Menschen sind infiziert. Erziehende streiten nun über den Sinn oder Unsinn dieses Spielzeugs. Die Einen befürchten suchtartige Abhängigkeiten von diesem Ding, die Andern sehen darin eine ausgezeichnete Möglichkeit Verantwortung zu lernen, sich z.B. am Tamagotchi zu bewähren, wenn Kinder ein echtes Haustier haben wollen. Die Lehrer befürchten bzw. haben bereits Probleme im Unterricht. Ein häufiges Argument gegen das Spielzeug ist die Abhängigkeit, die angeblich ausgelöst wird.

Kinder, die damit spielen, versuchen zunächst das Ding so lange wie möglich am Leben zu erhalten. Inzwischen haben manche Kinder zu wetten begonnen, wer sein Tamgotchi am schnellsten sterben lassen kann. Handelt es sich hier um eine kindliche Lösung, sich von dem Ding nicht beherrschen zu lassen, sondern es selbst zu beherrschen?

Der Superrechner „Deep blue" z.B. käme auf diese Idee gewiß nicht von selbst. Durch dieses und andere Spiele wird die Ersetzbarkeit menschlicher Beziehung durch die Maschine suggeriert. Die Maschine hat „Gefühle" bekommen, die Verselbständigung ihres „Geistes" scheint realisierbar. Macht über eine Sache zu haben bedingt die Entwicklung kreativer Intelligenz. Die Vision von der kompletten „Vermenschlichung" der Maschine wird suggeriert, in absehbarer Zeit jedoch nicht wirklich eintreten.

Daß dieses Spiel sich massenhaft verkaufen läßt, führt zu Fragen. Was fehlt Menschen (Kindern, Jugendlichen, Alten), wenn dieses Spiel so fasziniert? Soll die Maschine Beziehung ersetzen, die nicht ausreichend oder nicht zuverlässig verfügbar ist? Ist das Interesse an dem Ding eine Reaktion auf enttäuschte zwischenmenschliche Beziehungen, eine Möglichkeit der Einsamkeit zu entgehen, oder das Gefühl des Gebrauchtwerdens zu erleben?

Wie lange wird dieses Produkt am Markt existieren? Wird es ein „Longseller" wie Barbie oder ein vorübergehender Kassenschlager wie der Rubik-Würfel?

Wir können wohl damit rechnen, daß das Tamagotchi bald veraltet und „bessere", raffiniertere Versionen zu kaufen sein werden.

Der Markt elektronischer Spielzeuge entwickelt sich in ungeheurem Tempo. Produkte antworten auf menschliche Bedürfnisse, ohne Gewähr dafür, daß durch den Erwerb und Gebrauch des Produkts die versprochene Bedürfnisbefriedigung gewährleistet ist.

ErzieherInnen sind an der Entwicklung solcher Spielwaren kaum beteiligt. Ihnen bleibt meist nur das Re-agieren auf neue Entwicklungen und die Reaktionen der Kinder (und Eltern) auf neue Produkte auf diesem Sektor. Das verursacht Beurteilungs- u. Handlungsdruck, der dazu führen kann, das Medium Computerspiel vorschnell abzulehnen. Die Kinder gehen mit einer Technologie um und verständigen sich in einer Sprache, die manchen Eltern und Erziehern nicht verfügbar ist. Das schafft Argwohn und verursacht leicht Ablehnung, weil man sich ausgeschlossen oder gar abgelehnt fühlt oder zumindest nicht versteht, was die Kinder tun.

Um so notwendiger ist es, Interesse an diesen Produkten zu entwickeln, sich selbst zu informieren, damit umgehen zu lernen und den Markt selbst zu beobachten.

Ähnlich wie bei anderen Spielwaren sollten ErzieherInnen nach Möglichkeiten suchen, gemeinsam mit Herstellern und Händlern Qualitätsmerkmale zu entwickeln, die Eltern und Erziehern die Auswahl solcher Spiele erleichtern und elektronisches Spielzeug in Verantwortung gegenüber dem Kind zu entwickeln. Kindern elektronische Spiele zu verbieten verhindert, daß sie lernen, über das Medium im Einzelfall sachlich zu urteilen. Verharren Eltern und ErzieherInnen in ihrer Ablehnung gegenüber dem Medium, werden Vorurteile verfestigt und der Austausch über die Erfahrungen mit dem Spiel eingeschränkt. Das Kind wird möglicherweise über das was es fasziniert nicht mehr sprechen, seine Erfahrungen nicht mehr mitteilen. Im Erfahrungsaustausch zu bleiben ist das Ziel. Das verlangt von den Erziehenden, daß sie sich mit dem Medium selbst auseinandersetzen, eigene und gemeinsame praktische Erfahrungen mit elektronischen Spielen sammeln um die Fragen des Kindes ernst zu nehmen und zu wissen, wovon es Kind spricht.

Weiterführende Literatur:

Alt, Chr., Typologie elektronischer Spiele. In: Dji 1994:421–422
Eschenauer, B., Computer zum Spielen und Lernen für Kinder im Vorschulalter: In: DJI 1994:410–420
Fritz, J.: Computer in der Jugendarbeit. Mainz 1987
Greenfield, P.M.: Kinder und neue Medien. München/Weinheim 1987
Jost, E. u. Mitarbeit von Smidt,T.: Kulturelles Spiel und gespielte Kultur. Bewegungsspiel als Dramatisierung des Lebens. Frankfurt/M. 1990
Knoll, J.H., Kolfhaus, St., Pfeifer, S. Swoboda, W.. Das Bildschirmspiel im Alltag Jugendlicher, Leverkusen 1996
Nitsch-Berg, H.: Kindliches Spiel zwischen Triebdynamik und Enkulturation. Stuttgart 1978
Piaget, J.: Nachahmung, Spiel und Traum. Stuttgart 1969
Spanhel, D.: Jugendliche vor dem Bildschirm. Weinheim 1987

2.2.5 Das kooperative Spiel

Konkurrenz- und Leistungsdenken, erhebliche Defizite im Sozialverhalten von SchülerInnen und die vielfach verbreitete Überzeugung von Eltern, ErzieherInnen und LehrerInnen haben dazu geführt, daß insbesondere die Schul- und Sozialpädagogik Konkurrenzverhalten als Lernziel sehr in Frage gestellt hat. Daraufhin wurde die Kooperationsfähigkeit in den Vordergrund gerückt und das Spiel instrumentalisiert, um diese zu fördern. Die Spiel- und Freizeitindustrie hat dieses Anliegen aufgegriffen und vermarktet: „Den Kindern und damit der Lösung sozialer Verhaltensprobleme ist nicht geholfen, wenn das Spiel durch seine Pädagogisierung und Didaktisierung durch die Schule beherrscht würde. Seine Möglichkeiten würden dann eng auf überprüfbare Lerninhalte reduziert" (vgl. Krappmann 1976:42 f.).

Freies, nicht curricular verordnetes Kooperationsspiel, das auch Regelspiel sein kann, ist nicht primär mit Lernzielen verbunden: „Spiel ist nur Spiel als Spiel und nichts sonst. Ein ‚Spiel', das für etwas anderes da ist – um zu lernen, dies um Informationen zu gewinnen, dies um auf dem Arbeitsmarkt wirksam anzupreisen –, geht fugenlos ein in die endlosen Verweisungen der positivistisch industriealisierten Welt. Das mag dann alles möglich sein, nützlich, fördernd, lernmotivierend, die Chancenungleichheit aufhebend, kreativitätssteigernd und was man sonst noch so sagt heute – nur eines ist es sicher nicht: Spiel" (Spieß 1976:36).

Die Fähigkeit zu kooperativem Spiel, das in jeder Spielform auch enthalten ist, hängt von der (Ich-)Entwicklung des jeweils spielenden Kindes ab. Ob Kinder Spiele mit Wettkampfcharakter (z.b. Straßenfußball) oder sich mit konkurrenzlosen Spielen (z.b. Hüttenbauen) beschäftigen wollen, liegt am Spielumfeld und den aktuellen subjektiven Bedürfnissen der SpielerInnen.

Weiterführende Literatur:

Retter, H.: Kooperative Spiele und prosoziales Verhalten in: Spielmittel: 3/1985
Fritz, J.: Vom Wettbewerbsspiel zum kooperativen Spiel? Argumente gegen eine Entmischung und Reglementierung von Spielorientierungen. In: Spielmitel: 3/1982
Orlick, T.: Kooperative Spiele, Herausforderung ohne Konkurrenz. Weinheim/Basel 1982
Fluegelmann/Tembeck. new games – die neuen Spiele. Soyen 1979
Vopel, K., Interaktionsspiele. Hamburg 1982

2.2.6 Das Konstruktionsspiel

Konstruktionsspiele sind auf ein fertiges Produkt hin ausgerichtet (Knetfigur, Zeichnung, Bauwerk). Die Entwicklung zum Konstruktionsspiel, das von Schenk-Danzinger auch werkschaffendes Spiel genannt wird, hat seinen Ausgangspunkt auf der funktionalen Ebene (vgl. Schenk-Danzinger 1969:12).

Von sensomotorischen Übungen ausgehend – z.B. Zusammenfügen, Zusammenstecken, Auseinandernehmen – gelingt es Kindern im Symbolstadium, wenn sie die Dinge bezeichnen können, etwas herzustellen, was dem Bezeichneten immer ähnlicher wird. Das gebaute Flugzeug ist am Anfang als solches kaum erkennbar, wird aber nach und nach seinem Vorbild immer ähnlicher. Die Kinder wollen jetzt, daß ihre Konstrukte aussehen „wie in echt".

Im Vorstadium zum konstruktiven Spiel benennen Kinder Zufallsprodukte mit ebenso zufälligen Bezeichnungen. Diese Zufälligkeit macht ab dem 3. Lebensjahr mehr und mehr vorausgeplanten Aktivitäten Platz. Die Ähnlichkeit zwischen dem Geplantem und dem Hergestellten wird immer deutlicher. Einfache Materialien, wie z.b. Sand, erlauben schon in diesem Alter geplantes, konstruktives Vorgehen im Spiel.

Schenk-Danzinger klassifiziert diese Vorstufen des Konstruktionsspiels in drei Kategorien:

(1) Die unspezifisch funktionale Stufe, in der Material noch nicht sachgerecht verwendet wird. Das Material wird oral-sensorisch wahrgenommen, dann geworfen, aneinandergeschlagen etc. (1. Lebensjahr).

(2) Die spezifisch funktionale Stufe, auf der Tätigkeiten wie z.b. Einfüllen und Leeren, Rollen, Kneten, horizontales Bauen in vertikales (z.b. Turmbau) übergeht (bis zum 3. Lebensjahr). Steckspiele, in denen Ähnlichkeiten bzw. Verbindungsmöglichkeiten entdeckt werden können, sind bei Kinder dieses Alters sehr beliebt (Konstri, Baufix, Lego-duplo etc.). Das folgende Stadium baut auf dieser Stufe auf.

(3) Das Symbolstadium, in dem die hergestellten Dinge zunächst willkürlich benannt werden; das Kind macht sich ein Bild von einer Sache, kann sie begreifen und hat einen Begriff dafür. Eine weitere Voraussetzung ist die Unterscheidung von Ich und Du und der bewußte Einsatz des eigenen Willens (3. Lebensjahr etwa).

Das Kind beginnt also zunächst mit einfachen, dann mit immer komplizierteren Materialien konstruktiv zu spielen. Die Freude am Tun und an der Betätigung als solche wird in diesem Prozeß sichtlich durch die Freude am Produkt erweitert. Das Kind kann das Produkt vorher benennen, es spielt nach einem vorgefaßten Plan, der auch erfüllt wird.

Besondere Bedeutung hat in dieser Hinsicht das Hüttenbauen, das in allen Kulturen zu beobachten ist und wohl mit dem Bedürfnis nach Geborgenheit, Sicherheit und Schutz zusammenhängt. Die Formen der Hütten werden immer differenzierter, je geübter Kinder im Gebrauch von Werkzeug und Material sind. Aus einfachen Hütten unter Sträuchern werden richtige Baumhütten und Häuser aus Brettern. Ebenso wird aus einfachen Schiffchen und Flugzeugen aus zusammengenagelten Brettchen anspruchsvoller Schiff- und Flugzeugmodellbau.

Die Zeitperspektiven, Zielstrukturen, Ausdauer, Konzentrationsfähigkeit und die Fähigkeit zur Selbstverpflichtung einer Aufgabe gegenüber werden mit dem 8. Lebensjahr vom Kind immer differenzierter wahrgenommen. Parallel dazu entwickelt sich die Arbeitshaltung. Die Anleitung und Übung mit Materialien und Werkzeugen kann diese Entwicklung sehr unterstützen. Eltern und ErzieherInnen sollten sich darum kümmern.

Lowenfeld und Bühler sind der Meinung, daß alle gesunden und normal entwickelten Kinder das Verlangen haben, etwas zu bauen und „daß sich bei Kindern, die in ihrer Kindheit nicht genügend eigene Möglichkeit zum konstruktiven Spiel hatten später zeigt, daß ihr Erfahrungsbereich sehr begrenzt war und ihnen jegliche schöpferische Phantasie fehlt" (Bühler/Lowenfeld 1972:35).

Die Anregung zum werkschaffenden Spiel erfordert von Eltern und ErzieherInnen nicht nur Einfühlungsvermögen in die Vorstellungskraft des Kindes, sondern auch die Fähigkeit, handwerkliches Tun anzuleiten. Dazu sind beispielsweise Werkzeugkenntnisse (Bezeichnung, Anwendungsmöglichkeit, Pflege und Materialkenntnisse) notwendig. Es ist nicht zu empfehlen, billige Sonderangebote aus dem Baumarkt für den „Einmalgebrauch" anzuschaffen. Werkzeuge die nicht funktionieren, ungeeignete Kleber, Farben und Materialien ermöglichen keine sachgerechten Konstruktionen; ihr Kauf drückt auch eine gewisse Mißachtung gegenüber den Anstrengungen der Kinder aus, stört das Vertrauensverhältnis und kann auch die Ausdrucksmöglichkeiten der Betroffenen behindern. Dieser Hinweis sollte besonders bei der Arbeit mit verhaltensauffälligen Kindern und Jugendlichen ernst genommen werden.

Konstruktionsspiele sind nicht nur – wie bisher beschrieben – handwerklicher Natur. Es gibt auch Konstruktionsspiele, die sich im Rahmen der Erlebnispädagogik entwickelt haben. Hier werden z.B. Karabinerhaken, Bergseile, Kombigurte, Schnüre, Taue, Kannister etc. benutzt. Ohne daß dazu eine Notwendigkeit bestünde, konstruieren Jungendliche mit großer Freude Seilbahnen, Schaukeln unter Brükken, Flöße, Baumhütten etc. Häufig betten sie das in Rollenspiele ein; sie fühlen sich dann als AbenteurerInnen, EntdeckerInnen und simulieren die Kunst des Überlebens. In der Natur geschieht dann das, was sich in manchen Computerspielen auf dem Bildschirm abspielt. Die Risiken dieser Spielform sind allerdings höher als bei Computerspielen. Deshalb sollten gute Kenntnisse und Fertigkeiten im Umgang mit Material und Werkzeug, Wissen über Sicherheitsvorschriften und Kenntnisse im Hinblick auf Naturschutz erworben werden, bevor man sich auf diese Spielformen einläßt. Ein falsch angewandter Knoten oder die Anwendung von Material über dessen Belastbarkeit hinaus kann fatale Folgen haben. Konstruktiosnspiele werden auch mit dazu vorgesehenen Bausätzen gespielt: z.b. Lego-Duplo, Lego und Lego-Technik, Fischer-Technik, Märklin Metallbaukästen etc. Insbesondere die Lego-Produktlinien sind an der Spielentwicklung der Kinder und Jugendlichen orientiert; mit dem Spielzeug wird die Welt, wie sie in unterschiedlichen Entwicklungsphasen gesehen wird, nachgebildet. Ein begrenztes System von zusammenfügbaren Bausteinen ist für die teilweise zeitgleiche Realisierung der verschiedensten Spielformen geeignet: für das Funktionsspiel, (werfen, aneinanderschlagen), für das Symbolspiel (Legosteine werden zu Geschirr, zu Waffen etc.) für das Rollenspiel („Männchen" aus Bausteinen) und für die Konstruktionsspiele (Häuser, Burgen, Flugzeuge, Hochhäuser, Bagger, Autos, Raumfahrzeuge, Bahnen etc.). Das Spielzeug ermöglicht den Kindern, sich ein Abbild von der Welt in symbolischer und technisch-konstruktiver Hinsicht zu machen. Es regt die Gestaltungsmöglichkeit an, weil aus wenigen Grundformen vielfältige Formen und Funktionen zu konstruieren sind. Das Spiel ist also nicht festgelegt, aber durchaus geordnet und begrenzt. Die verschiedenen Lego-Produkte sind hinsichtlich der Gestaltungs- und Konstruktionsvariabilität nicht gleich. Während die Grundbausteine eine große Vielfalt an Variationsmöglichkeiten zulassen und die Vorstellungskraft der Kinder gefordert ist, legen die thematisch orientierten Angebote der Lego-technic Reihe die Phantasie nur für kurze Zeit fest. Diese Produktpalette bietet nicht, wie andere Konstruktionsspiele, thematisch nicht festgelegte Baukästen, sondern liefert zu den kindlichen Spielbedürfnissen passend die erforderlichen Bausteine; darüber hinaus wird mit der entsprechenden Werbung bei Kindern ein Bedürfnis nach bestimmten Spielzeugen und -inhalten erzeugt, was dann Kaufbedürfnisse auslöst.

Im Konstruktionsspiel simulieren die Kinder die Realität (der Erwachsenen) in immer wieder neuen Variationen. Dinge werden gebaut, verändert, mit neuen Funktionen versehen. Die Konstruktionserfahrungen fördern nicht nur das Verständnis für kausale Zusammenhänge, sondern beeinflussen die Persönlichkeit. Es wird nicht nur Technik simuliert, sondern Gefühle, Wünsche, Fiktionen und Bedürfnisse, die an den Gegenstand, der konstruiert wird, gebunden bleiben und die MitspielerInnen darin einbinden, werden angesprochen.

Konstruktionsspielzeug muß den Möglichkeiten der Simulation, der Bautechnik und Variation technischer und sozialer Wirklichkeiten entgegenkommen. Thematische Anregungen, vorliegende Pläne und Abbildungen von Konstruktionen fixieren Kinder nicht zwangsläufig in ihren Phantasien. Kinder lassen sich durch diese Vorgaben zumindest nicht auf Dauer beeinflussen und verändern die Vorgaben solange, bis sie ihre eigenen Vorstellung vom Spielgeschehen hinsichtlich Technik und Phantasie verwirklicht haben.

Für das Angebot von Konstruktionsspielen empfiehlt es sich in der Praxis ein Ordnungssystem zu schaffen, wo die Bauelemente sortiert werden können. Die Konstruktionen werden immer wieder in ihre Teile zerlegt, die leicht verlorengehen. Gerade konzentrationsschwache, leicht ablenkbare Kinder lassen sich sehr schnell entmutigen oder sind frustriert, wenn die Bauelemente erst lange gesucht werden müssen, weil sie in wildem Durcheinander in einer Kiste liegen. Unüberschaubare Spielmittel beeinträchtigen die Entwicklung der Spielphantasie und hemmen das Erkennen von funktionalen Zusammenhängen einzelner Konstruktions- bzw. Bauelemente.

Zusammenfassend kann man sagen, daß Konstruktionsspiel sich als sehr vielschichtige Spielform erweist. Sie ermöglicht, technisch-konstruktive Zusammenhänge zu begreifen und zu variieren, mit Phantasie, Gefühl, Rollenvorstellungen zu kombinieren, auf diese Weise die Realität alleine oder mit andern zu simulieren, Werke zu schaffen, Urheber zu sein und dadurch an der eigenen Entwicklung und in simulativer Weise an der Entwicklung der Welt teilzuhaben.

Kritisch ließe sich anmerken, daß durch die von Erwachsenen gemachten Konstruktionsspiele kultur- und gesellschaftsspezifische Inhalte transportiert werden, die auch eine pädagogisch motivierte Verniedlichung der Wirklichkeit darstellen. Diese Tendenz, die auch in den bereitgestellten Spielmitteln mancher pädagogischer Institutionen erkennbar ist, verhindert in der Tat Selbst-Erfahrung. So gibt es z.B. „Werkzeug-Sets", bei denen alles aus Holz ist – selbst der Wasserhahn. Der Herd wird nicht warm, der Wasserhahn bleibt trocken. Es ist ein erheblicher Unterschied, ob ein Kind sich im Spiel entschließt, einen Herd oder Wasserhahn auf einer symbolischen Ebene darzustellen, oder ob ihm das so vorgegeben wird. Kinder haben heutzutage schon früh Umgang mit Technik, was in der pädagogischen Alltagsarbeit kaum berücksichtigt wird. Fahrräder, Computerspiele, Taschenmesser und viele andere Dinge werden teilweise vorschnell ideologisch eingeordnet oder nur unter dem Gefahrenaspekt betrachtet. Anstatt den Umgang mit dieser Technik zu üben und ihren Gefahren vorzubeugen, wird sie erst gar nicht in die pädagogische Arbeit einbezogen. Die Lebenswelt wird auf diese Weise simuliert und das Interesse der Kinder an dieser Welt zu wenig ernst genommen. Die Gefahr einer reaktiv agierenden Pädagogik nimmt damit zu. Sie hält der Entwicklung in der Wirklichkeit und deren Bedeutung nicht stand und verhindert dadurch die Erfahrung dieser Entwicklung. Auf diese Weise entsteht die Gefahr, daß Kinder sich nicht ernst genommen fühlen, weil sie erkennen, daß ihnen zwar Formen angeboten, aber Verantwortung vorenthalten wird. Eine technologiefeindliche Pädagogik ist auch zukunftsfeindlich. Weil es aber auch zukunftsfeindliche Technologien gibt, müssen Kinder auch entwicklungsentsprechende Erfahrungen mit der wirklichen Technik und deren Bedeutung machen, was für das Spiel und das reale Leben gleichermaßen gilt.

Weiterführende Literatur:

Fritz, J.: Spielzeugwelten. Eine Einführung in die Pädagogik der Spielmittel. Weinheim, München [2]1992

Noschka/Kerr: Bauklötze staunen. München 1986

Ofenbach, B.: Spiel als Spiegel des Lebens. Der Mensch spielt auch mit der Technik. In: Spielmittel 4/1985

Schenk-Danzinger, L.: Entwicklungspsychologie. Wien 1977

2.3 Geschlechtsspezifisches Spielverhalten

Im folgenden kann das Problem des geschlechtsspezifischen Spielverhaltens nicht erschöpfend behandelt werden. Es handelt sich hier um eine Zusammenfassung von wesentlichen Untersuchungsergebnissen, die das Interesse am Thema wecken und Anregungen geben soll, sich weiter mit dieser Fragestellung zu beschäftigen.
„Zahlreiche Studien über geschlechterabhängige Unterschiede im Wahlverhalten bei Spielen wurden in den letzten zwanzig Jahren veröffentlicht. Die meisten von ihnen konzentrieren sich auf Arten von Strategien im Spiel. Besonderes Augenmerk liegt auf dem Vergleich des von Frauen und Männern ausgeübten Grades strategischer Kooperation und strategischem Konflikt. In den letzten Jahren sind einige Studien über die bloße Darstellung von Geschlechterunterschieden hinausgegangen. Einige Forscher beginnen das Spielverhalten von Frauen mit unterschiedlichen Orientierungen in der Geschlechterrolle zu vergleichen" (Sapiro 1993:84).
Sapiro faßt die Ergebnisse zahlreicher Untersuchungen wie folgt zusammen. Sie stützen die Behauptung, daß die männliche Welt nur ein Schreckbild ist. „Frauen scheinen eine unterschiedliche Ansicht von

Eigeninteresse zu haben, und ihre Strategie hängt sowohl bei gleichgeschlechtlichen, wie bei gemischgeschlechtlichen Spielen davon ab, ob sie die traditionell abhängige Beziehung von Frauen und Männern akzeptieren oder zurückweisen. Jene, die Abhängigkeit und abhängige Konzeptionen des Selbsts akzeptieren, spielen in defensiver Art und Weise und verwenden Vergeltung in einer möglicherweise sinnlosen Form. Sie konkurrieren mit größerer Wahrscheinlichkeit mit Frauen und mit geringerer mit Männern und nehmen somit an der Aufrechterhaltung von Unterdrückung teil" (Sapiro 1993:93).

Sutton-Smith untersuchte das Spielverhalten von Kindern berufstätiger Eltern in einem amerikanischen Universitätskindergarten unter dem Aspekt der Machtstrukturen im Spiel. Die Kinder, 8 Jungen, 9 Mädchen waren 3 bis 4 Jahre alt.

Hinsichtlich der Beteiligung an den Spielformen „Wetteifern", „Eine-Welt-Aufbauen" und „Soziodrama" ließen sich keine geschlechtsspezifischen Unterschiede feststellen. Auf der individuellen Ebene gab es deutliche Unterschiede, die jedoch nicht geschlechtsspezifisch interpretierbar waren.

Jungen und Mädchen unterschieden sich allerdings darin, wieviel Zeit und Energie sie dazu verwenden, andere SpielerInnen für die eigenen Spielwünsche zu gewinnen, was in dieser Untersuchung „soziales Probieren" genannt wird: Mehrere Jungen verbrachten ein Drittel der insgesamt beobachteten Zeit damit, andere recht offensiv für ihre Interessen zu gewinnen (vgl. Sutton-Smith 1978:148,149), während die Mädchen nicht so für ihre Neigung geworben haben, sondern die anderen, die etwas anderes spielen wollten, eher einfach ausgeschlossen haben.

Diese Ergebnisse decken sich mit anderen Untersuchungen, in denen ebenso eine aggressivere Vorgehensweise der Jungen in und außerhalb des Spiels nachgewiesen wurde. Die Angriffe der Jungen bestanden aus körperlichen, verbalen und strategischen Attacken. Die „Einbeziehungs-Ausschluß"-Verhaltensweisen der Mädchen bestanden aus denselben Verhaltensmodi. „Der Ausdruck körperlicher Aggression verdeckt eine Vielzahl subtiler Einflußversuche, mit denen man danach trachtet, sich einen Platz in einer Gruppe zu sichern" (Sutton-Smith 1978:150,151). Jungen scheinen sich mehr mit Machtbeziehungen zu befassen als Mädchen. Unter Hinweis auf Untersuchungen von Freedman weist Sutton-Smith darauf hin, daß diese Dominanzbestrebungen aber erst ab etwa dem 7. Lebensjahr feste Formen annehmen (Sutton-Smith 1978:151).

Für die Altersgruppe der 5–12jährigen kommt Sutton-Smith zu folgenden Ergebnissen: „Von Jungen bevorzugte Spiele betonen stärker

körperliche Kraft und körperlichen Kontakt, die großräumige Nutzung von Flächen, tatsächliche oder gespielte Konflikte zwischen Gruppen, durch aktives Eingreifen in die Tätigkeiten des Mitspielers erreichte Erfolge, eindeutig bestimmte Ergebnisse, in denen Gewinner und Verlierer klar bezeichnet sind, persönliche Initiative, kontinuierlicher Aktivitätsfluß, motorische Aktivitäten, die den ganzen Körper mit einbeziehen, und das gleichzeitige und gemeinschaftliche Handeln. Zur Illustration dieser Dimension könnte man jede Art von Sport heranziehen. Mädchen hingegen zeigen ein größeres Interesse an Spielen mit geregeltem An-die-Reihe-Kommen, Chorgesang, Liedern und Reimversen, Wortspielen, rhythmischen Aktivitäten, mannigfaltigen aber klar bestimmten Schauplätzen, indirektem Wettbewerb mit Regeln, die jede Bewegung vorschreiben, Beschränkung auf Teile des Körpers, Möglichkeiten der Einzelausübung und Wettbewerb zwischen Individuen statt Gruppen" (Sutton-Smith 1978:144). Neuere empirische Untersuchungen von Spanhel in Deutschland bestätigen im wesentlichen diese Erkenntnisse. Schichtspezifische Unterschiede treten in seinen Untersuchungen eher gering in Erscheinung. Bei Akademikerkindern ist das Interesse an Sportspielen deutlich geringer (19 %, Durchschnitt 37 %). Insgesamt wird festgestellt, daß mehr als 50 % der Jungen zwischen 11 und 23 Jahren Sportspiele, und zwar unabhängig von ihrer Schichtzugehörigkeit, bevorzugen und weniger als 30 % der Mädchen eine Vorliebe für solche Spiele zeigen. Dagegen haben 65 % der Mädchen eine Vorliebe für Brett-, Karten- und Würfelspiele, im Gegensatz zu weniger als 40 % bei den Jungen (vgl. Spanhel 1985 b).
Die Spielmittel und die Freizeitindustrie geht bei der Konzeptierung ihrer Angebote von geschlechtsspezifischen Konsum- und Spielbedürfnissen aus. Käuferzielgruppen und Absatzmärkte bleiben auf diese Weise überschaubar. Damit wird die frühe Rollenfixierung bei Jungen und Mädchen verstärkt. Die Verhinderung geschlechtsspezifischer Rollenfixierung und die Vermeidung von geschlechtsspezifischer Benachteiligung ist eine politische Frage, die durch Erziehung, bzw. politisches Engagement bearbeitet werden muß. Veränderungen in diesem Zusammenhang sollten nicht durch Eingriffe ins Spiel, sondern durch die Veränderung der Wirklichkeit erzielt werden.

Weiterführende Literatur:

Flitner, A. Spielen-Lernen, Praxis und Deutung des Kinderspiels, München 10/1996

Hagemann-White, C. Sozialisation: weiblich-männlich. Alltag u. Biographie von Mädchen (1/1986), Leverkusen 1996

Kooj, R. van der: Empirische Spielforschung. In: Kreuzer, K.J. (Hrsg.): Handbuch der Spielpädagogik, Bd. 1. Pädagogische, psychologische und vergleichende Aspekte. Düsseldorf 1983

Retter, H. Kinderspiel und Kindheit in Ost u. West. Bad Heilbrunn/ Obb, 1991

Spanhel, D.: Das Spiel bei Jugendlichen. Ansbach 1985

Spanhel, D.: Die Bedeutung des Spiels im Rahmen einer biographischen Erziehungstheorie. In: Spielmittel 1/1984

Sapiro, V. (übersetzt v. Wurm, Ch.): Geschlecht und Spiele. Über Unterdrückung und Rationalität. In: Baatz/Müller-Funk (Hrsg.): Vom Ernst des Spiels. Über Spiel und Spieltheorie. Berlin 1993

Teil 3
Spiel und pädagogisches Handeln

In diesem Teil sollen die bisher bearbeiteten spieltheoretischen Fragestellungen mit der Frage des Praxishandelns verknüpft werden. Die lebensweltlich-ökologische Analyse wird zum Ausgangspunkt des pädagogischen Handelns, weil sie die Spielplanung, die SpielerInnen und das Spielgeschehen möglichst ganzheitlich erfassen.

3.1 DIE LEBENSWELTLICHE ORIENTIERUNG DES PÄDAGOGISCHEN HANDELNS

Was ist mit dem Begriff Lebenswelt gemeint? Bollnow geht davon aus, daß der Mensch alles, was ihm in der Welt begegnet, zu verstehen versucht, um handeln und zweckmäßig wirken zu können. Unsere Lebenswelt teilen wir mit den anderen Menschen (vgl. Bollnow 1982:34).

Husserl kennzeichnet das subjektive Erleben von Vertrautem und Unvertrautem als ihre Grunddimension. Das Vertraute wird im allgemeinen gar nicht als fragwürdig wahrgenommen, da der Mensch in seiner Lebenswelt heimisch ist.

Das Unvertraute ist die Grenzzone der Lebenswelt, in der das Verstehen tendenziell erschwert ist und auch unmöglich werden kann. Die Grenzen der uns verstehbaren Lebenswelt sind allerdings nicht fest, sondern können durch unsere Erfahrungen auch weiter gesteckt werden. Das Vertraute zu verlassen, ist allerdings unbequem, zumal das Unvertraute uns fremd erscheint, Abwehr auslösen kann und zur Abgrenzung herausfordert (vgl. Jansen 1976).

Wenn wir uns im folgendem mit der Lebenswelt anderer Menschen auseinandersetzen, dann nicht deshalb, weil wir ihre Lebenswelt durch intentionale, zweck- und nutzenorientierte Spielformen kolonialisieren wollen. Im Gegenteil: Es geht vielmehr darum, nach dem subjektiven Bedeutungsgehalt ihrer Handlungsmuster im Spiel zu fragen, uns davon ansprechen und verpflichten zu lassen. Diese Haltung bringt die fraglos gewordene eigene Lebenswelt in Bewegung. Das eigene Spiel und das fremde Spielverhalten sollen auf dem Hintergrund lebensgeschichtlicher Sinnstrukturen verstanden werden. Die Deutungs- und Handlungsmuster subjektiv erlebter Lebenswelten und die systemisch-ökologische Vernetzung der Menschen sind Ausgangspunkte für eine gemeinsam geplante und realisierte Spielwelt. Besonders multikulturelle Spielgruppen erfordern Einsicht in die jeweiligen Sinnstrukturen und ökologischen Vernetzungen der SpielerInnen.

Die Mitteilung über die Lebenswelt erfolgt verbal und nonverbal, sie ist in Fragen und Erzählungen erkennbar, die es möglich machen, die Erfahrungswelt zu gliedern. Auch die Spiele der Menschen erzählen von deren Lebenswelt, von ihrer Wirklichkeit, wie sie erfahren und erlitten wird, ob sie selbstverständlich erscheint und wie sie von den anderen erfahren wird. Im Spiel wird die Lebenswelt subjektiv und intersubjektiv reflektiert und in immer neuen Varianten konstruiert. Es entstehen Deutungs- und Handlungsmuster, die sich im Spiel und außerhalb des Spiels bewähren können: „Wer sich pädagogisch mit dem Spiel auseinandersetzt, es für wichtig hält, daß Kinder und Jugendliche spielen können, ist zwar zur permanenten Überprüfung der mit dem Spiel gegebenen Möglichkeiten aufgerufen, aber er muß neben der vorsichtigen Zurückhaltung auch zu expressivem Vormachen und Bereitstellen in der Lage sein" (Kreuzer 1983b:18,20).

Vorurteilsfreie Kommunikation, vorbehaltlose Interaktion sind notwendig, um sich mit einer fremden Lebenswelt vertraut zu machen und anderen die eigene Kultur nicht aufzudrängen. Feste und Spiele eignen sich dazu besonders gut. Wenn es den Menschen gelingt, an der Lebenswelt von anderen teilzunehmen, kann Spiel Teil einer gemeinsam erfahrenen Lebenswelt, Teil gegenseitigen Verständnisses und (vielleicht) Verstehens werden.

Pädagogische Praxis benötigt als Ausgangspunkt von Spielplanung und Spielhandlung nicht nur die Sicht einer Lebenswelt, wie sie von den unterschiedlichen Gruppen wahrgenommen wird, sondern auch eine Beschreibung ökologischer Einflüsse auf das Spiel und die Spielenden.

3.2 DIE ÖKOLOGISCHE VERNETZUNG DES SPIELS

Die ökologische Analyse des Kinderspielspiels entspringt dem Bewußtsein, daß der Mensch in seiner Welt nicht isoliert ist, sondern in seiner Interaktion mit Objekten und Personen betrachtet werden muß. Die personal-sozialen, räumlich-materiellen und zeitlichen Bestandteile der Umwelt werden als Spielumwelt definiert.

Die ökologische Sichtweise versucht den Menschen ganzheitlich, d.h. im Zusammenhang seiner Vernetzungen und Abhängigkeiten zu sehen. Die bislang überwiegend personzentriert-ganzheitliche Sichtweise des Spiels, die den Menschen von seiner handelnden, rationalen und emotionalen Seite her zu erfassen suchte und eine einseitige Betrachtung einer dieser Ebenen vermied, wird nun durch die Betrachtung seiner ökologischen Vernetzung erweitert.

Die ökologische Sichtweise wurde durch die Arbeiten von Bronfenbrenner angeregt. Er stellt die Frage, wie Spiel sich in ökologischen Systemen entwickelt, bzw. welche Faktoren der materialen und sozialen Umwelt das Spiel der Kinder beeinflussen (vgl. Einsiedler 1994:44/Bronfenbrenner 1981). Auf dem Hintergrund der Luhmannschen Systemtheorie (1991) ist Spiel als ein sich selbst produzierendes und sich aufrechterhaltendes System zu verstehen.

Schon in den 50er Jahren forderte Helanko eine systemische Betrachtung des Spiels, fand in der Forschung jedoch kein Echo. „Von Spiel kann man nach Helanko nur sprechen, wenn ein System zwischen einem Subjekt und einem Objekt besteht, wobei das Objekt

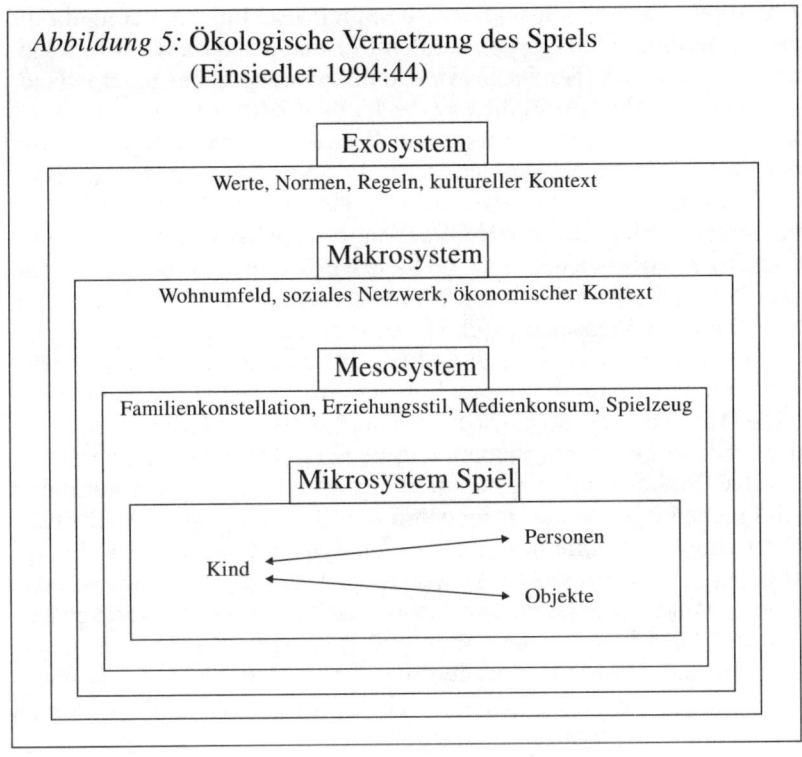

Abbildung 5: Ökologische Vernetzung des Spiels
(Einsiedler 1994:44)

Exosystem

Werte, Normen, Regeln, kultureller Kontext

Makrosystem

Wohnumfeld, soziales Netzwerk, ökonomischer Kontext

Mesosystem

Familienkonstellation, Erziehungsstil, Medienkonsum, Spielzeug

Mikrosystem Spiel

Kind → Personen
Kind → Objekte

(ein Gegenstand oder eine andere Person) frei gewählt sein muß und der Bezug Subjekt-Objekt nicht durch anderweitige Einflüsse gestört sein darf" (Einsiedler 1994:41).

Einsiedler versucht in Anlehnung an Bronfenbrenner ein idealtypisches Modell der systemisch ökologischen Analyse des Kinderspiels darzustellen.

Das Mikrosystem umfaßt die Beziehung Kind-Personen und Kind-Objekte, was sowohl die gewählten Spielformen als auch die Komplexität, Qualität und Intensität des Spielverlaufs betrifft.

Das Mesosystem erweitert das Mikrosystem und berücksichtigt die gegenseitige Beeinflussung zwischen dem Mikrosystem und der Familienkonstellation, dem Erziehungsstil, dem Medienkonsum und dem verfügbaren Spielzeug.

Beide Systeme sind mit dem Makrosystem vernetzt, das die wechselseitige Beeinflussung mit dem Wohnumfeld, den sozialen Netzwerken und dem ökonomischen Kontext berücksichtigt.

Das Exosystem erfaßt die normativen Einflüsse, die Werte und den kulturellen Kontext, die auf die verschiedenen Systeme des Spiels einwirken. Systemisch-ökologische Spielforschung ist also mehr als eine Betrachtung des Spiels auf dem Milieuhintergrund der Spielenden. Sie verändert damit die Forschungsrichtungen der Spielpädagogik (vgl. Treinies/Einsiedler, 1/1987:113–129).

Systemisch-ökologisch orientierte Forschung beschäftigt sich mit der Frage, wie Spielräume entstehen und wie Menschen sich Spielräume erobern und verfügbar machen. Um sich diese zu erschließen, benötigt der Mensch „innere Bilder", die beispielsweise durch Erfahrung in der Wirklichkeit, aber auch medial vermittelt sein können. Mit der Anzahl und Intensität verfügbarer „innerer Bilder" wächst die Fähigkeit des Menschen, sich etwas vorzustellen, sich etwas einzubilden, zu spielen. So korrespondiert die „innere Welt" mit der äußeren. Neben dem unmittelbaren Leben gibt es, infolge der audio-visuellen Medien, das sog. „second hand"-Leben. Medien verführen dazu, Bilder zu verinnerlichen, wie sie bereits von andern abgebildet wurden. So konstituieren sich die Elemente im Spiel nicht nur durch das eigene Leben, sondern auch durch Erfahrungen, wie sie selbst gar nicht gemacht, sondern von anderen dargestellt wurden. Die Fähigkeit, solche Informationen zu verarbeiten, hängt davon ab, wie das Kind durch sein eigenes Tun bewegt ist, d.h. von den verfügbaren „inneren Bildern", die durch unmittelbares Erleben und Handeln entstanden sind. Diese Erfahrungen sind für die Entwicklung sehr wichtig. Durch mediale Kommunikation erworbene Kenntnisse können diese Erfahrungen nicht ersetzen.

Über systemisch-ökologische Einflüsse auf das Spiel liegen bislang wenige Forschungsergebnisse vor. Einsiedler verweist auf Arbeiten von Schneewind/Beckmann/Engfer (1983), die sich mit den komplexen Einflußmustern der Wohnumgebung und dem Erziehungsstil auf das kindliche Fernsehverhalten beschäftigt haben, und auf Treinies/Einsiedler (1987:113–129), die das Verhältnis zwischen häuslichem Spielen, Eltern-Kind-Zusammenspiel und den Spielpräferenzen der Kinder im Kindergarten analysiert haben, wobei häusliche Spielzeugvorlieben sowie die gemeinsame Beschäftigung von Eltern und Kindern ins Blickfeld geraten waren, Wohnumfeldvariablen jedoch nicht berücksichtigt werden konnten (vgl. Einsiedler 1994:43).

In der pädagogischen Praxis geht es darum, die Einflußfaktoren des Ökosystems auf die Lebensbedingungen der Kinder und Jugendlichen und insbesondere auf das Spiel, deren wechselseitigen Beziehungen, Abhängigkeiten und Einflüsse und die dadurch entstehende Dynamik im Ökosystem zu erfassen.

Damit werden auch spielfördernde oder spielstörende Einflüsse erkennbar. Für die Praxis ist das äußerst sinnvoll, weil darauf aufbauend eine spielanregende und spielfördernde Umwelt geschaffen werden kann und Spiele bewertet und eingeschätzt werden können. Kinder und Jugendliche entscheiden sich z.B. für „grausame entwürdigende Spiele", oder sogenannte „Blamierspiele", die gar nicht die Bezeichnung „Spiel" verdienen: Häufig sind sie das Ergebnis von Erfahrungen im ökosozialen System, dessen Auswirkungen in Spielsituationen eine wertende Stellungnahme verlangen.

Der Gedanke, daß der spielende Mensch selbst, zumindest in einem gewissen Umfang, das Ökosystem mitgestaltet oder beeinflußt, sollte in der pädagogischen Praxis des Spiels berücksichtigt werden.

Einsiedlers idealtypische Darstellung systemisch-ökologischer Einflüsse auf das Spiel beschreibt die funktionalen Zusammenhänge zwischen Spiel und Umweltsystemen, sein systemisch-ökologisches Modell ist daran orientiert, die Entwicklung des Spiels zu fördern.

Heimlich definiert Spiel aus ökologischen Ansätzen heraus als „Interaktion mit Objekten und Personen auf verschiedenen Umweltebenen, in deren Verlauf personal-soziale, räumlich-materielle sowie temporale Bestandteile der Umweltebene zur Spielumwelt transformiert werden" (Heimlich 1993:35).

Die sozialen Interaktionen der Spielenden werden durch die Interaktion mit Spielmitteln, Spielräumen und deren Einwirkung auf das kindliche Spiel ergänzt. Sie werden in ökologischen Spieltheorien als zwei Bereiche der Umweltinteraktion angesehen. Spielen wird somit nicht allein als soziales Geschehen begriffen, sondern als umfassende Verknüpfung der Personen mit einem Ausschnitt der sozialen Umwelt – und zwar auch in ihrer dinglichen Qualität. Neben die sozialen treten unter ökologischem Aspekt die sinnlichen und handgreiflichen Beziehungen zur Umwelt.

Da sich der ökologische Ansatz weniger mit der Frage beschäftigt, was Spiel ist, als mit der Frage, wie ökologische Systeme Spiel beeinflussen, ergänzt er die phänomenologische Auseinandersetzung. Wendt hat ein Theoriekonzept entwickelt, das den ökologischen Bezugsrahmen des Spiels an einem phänomenologisch orientierten Konzept der Lebenswelt anschließt (Wendt 1989:11–16). Auch bei Fritz gibt es Annäherungen von ökologischen und phänomenologischen Standpunkten: „Die Ökologie des Spiels wird einem besser verständlich, wenn man sich auch mit den ökologischen Mustern seiner eigenen Spielsozialisation beschäftigt. Der selbstreflexive Aspekt verweist auf den aktionalen: Die Erkenntnisse der Forschung drängen darauf hin, die ökologischen Bedingungen für das Spiel des Kindes entscheidend zu verbessern" (Fritz 1993:102). Die selbstreflexive Auseinandersetzung mit der eigenen Spielsozialisation dient dazu, die systemisch-ökologische Vernetzung der eigenen Spielfreude oder Spielbeeinträchtigung besser zu verstehen. Ökologisch und individuell reflektierte Spielplanung und -gestaltung fördern das Spielverständnis, sind eine Hilfe für pädagogisches Handeln und erleichtern die spielpädagogische Diskussion auf institutioneller bzw. politischer Ebene: „Erst durch ökologische Forschung ist man in der Lage, die Probleme angemessen zu erkennen und daraus Folgerungen (und Forderungen) abzuleiten. Auch die handlungsorientierte Spielpädagogik erfährt durch eine solche Forschung entscheidende Impulse: anstelle einer ‚Spieleingriffspädagogik' erscheint es wesentlich angebrachter, die Spielumwelt so zu gestalten, daß für das Kind förderliche Spielprozesse entstehen können. Mit anderen Worten: In der Ökologie des Spiels können sich Reflexion, Antizipation und Aktion wechselseitig hervorbringen und durchdringen. Das durch ökologische Forschung entstehende Wissen über Spiel ist kritisch (indem es die Mißstände bisheriger Spielumwelten benennt), pragmatisch (durch die Möglichkeit, aus den Forschungsergebnissen Handlungsalternativen herzuleiten) und utopisch (weil jegliche Forschung implizit die Forderung nach einer optimalen Entfaltung des Kindes im spielerischen Verhalten, also ein utopisches, auf eine positive Zukunft gerichtetes Bild, enthält)" (Fritz 1993:102).

Weiterführende Literatur:

Einsiedler, W,: Das Spiel der Kinder. Zur Pädagogik und Psychologie des Kinderspiels. Bad Heilbrunn, 1991
Fritz, J.: Theorie und Pädagogik des Spiels. Eine praxisorientierte Einführung. München/Weinheim 1991
Heimlich, U.: Einführung in die Spielpädagogik. Eine Orientierungshilfe für sozial-, schul-, und behindertenpädagogische Handlungsfelder. Bad Heilbrunn 1993
Retter, H.: (Hrsg.) Kinderspiel und Kindheit in Ost und West. Spielförderung, Spielforschung und Spielorganisation in einzelnen Praxisfelder – unter besonderer Berücksichtigung des Kindergartens. Bad Heilbrunn 1991
Schäfer, G.E.: Spielphantasie und Spielumwelt. Spielen, Bilden und Gestalten als Prozeß zwischen innen und außen. Weinheim/München 1989

3.3 ANFORDERUNGEN AN DIE SPIELLEITERINNEN

Die im folgenden dargestellten Ansprüche an die SpielleiterInnen, die das Spiel ja fördern oder behindern können, sollen nicht als absolut gültiger Tugend- oder Leitungskatalog, sondern als idealtypische Orientierungspunkte dienen.

3.3.1 Spielfreude, Spielfähigkeit und Selbstreflexion

Die wesentliche Voraussetzung für eine gute Spielleitung ist die eigene Freude am Spiel und die Fähigkeit mit-zu-spielen. Die Spielfreude und das Spiel können schnell zu ihrem Ende kommen, wenn entsprechende Material-, Werkzeug- oder andere Sachkenntnisse fehlen. Auch Verhaltenskontrollen und -erwartungen, die mit der Vorstellung vom Spiel als nutzloser und kindlicher Tätigkeit verbunden sind, können die Freude am Spiel hemmen und beeinträchtigen. Ebenso können Form, Qualität und Inhalt des Spiels den eigenen Spielbedürfnissen und Ansprüchen widersprechen. Das Spannungsverhältnis zwischen eigener Spielfreude, dem Spielbedürfnis und der Spielfähigkeit der Kinder muß reflektiert werden, um eine freie Entscheidung für das Spiel mit den Kindern, Jugendlichen, behinderten, auffälligen, kranken, alten Menschen etc. zu ermöglichen.
Das Eingeständnis eigener Bedürfnisse ist die Voraussetzung für Lösungen und Entscheidungen, die die Reflexion ethischer Fragen

durchaus einschließt (z.B. die Frage des Kriegsspielzeugs, der Computerspiele, aber auch in der Frage der Form des Umgangs und der Begegnung mit MitspielerInnen).

Zu dieser Fähigkeit zur Selbstreflexion gehört auch das Eingeständnis eigener Stärken und Schwächen: Bin ich in der Lage, andere zu begeistern? Habe ich die Fähigkeit, andere zum Sport, Theater, Gestalten etc. anzuleiten?

Freude am Spiel, Spielfähigkeit und Selbstreflexionsfähigkeit reichen allerdings für den beruflichen Umgang im Spiel mit behinderten, beeinträchtigen, gestörten, kranken, alten Menschen nicht aus. Spielleitung erfordert auch die Sach- und Sozialkompetenz.

3.3.2 Sach- und Sozialkompetenz

Dazu gehören zunächst Kenntnisse der didaktischen Grundlagen des Spiels, sowie der Spielformen, der Medien, des Werkzeugs und des Materials. Mit Jugendlichen beispielsweise auf Dauer Puppentheater zu spielen, dürfte ohne fundierte Kenntnisse und Fertigkeiten im Hinblick auf geeignete Spielstoffe, Dramatisierung, Puppen- und Bühnentechnik, Material und Werkzeugkenntnisse nicht möglich sein. Wer nicht weiß, wie etwas funktoniert, kann dies auch anderen nicht vermitteln.

Zu den spieldidaktischen und spieltheoretischen Kenntnissen kommen notwendige theoretische und fachpraktische Handlungsgrundlagen des Erzieherberufes, die in bestimmten Planungs-, Durchführungs- und Reflexionsstadien vernetzt werden müssen, hinzu. Einerseits sind SpielleiterInnen also „allround"-Künstler, andererseits ist die Kenntnis und Akzeptanz eigener Grenzen die Voraussetzung, Aufgaben zu delegieren. ErzieherInnen müssen also nicht alles wissen und auch nicht alles können.

Zur Planungsphase gehört auch die Fähigkeit, Spielbedingungen, Spielzeit, Spielraum und Spiele im Blick auf einzelne SpielerInnen, die Gruppe und die Leitung adäquat auszuwählen und vorzubereiten. SpielerInnen sollten an diesem Prozeß ihren individuellen Möglichkeiten und Voraussetzungen entsprechend beteiligt werden.

Die Spielleiteraufgaben umfassen außerdem Verantwortungsbereitschaft, Leitungsbereitschaft und Leitungswillen. Unentschlossenes, zauderndes Verhalten hindert die Entfaltung des Spiels und fördert spielstörende Einflüsse. Auch diese Aufgaben erfordern, die eigenen Grenzen zu kennen.

Zusammenarbeit, Teamfähigkeit, sind also weitere Fähigkeiten, die SpielleiterInnen abverlangt werden.

92

Die Dynamik der Spielangebote sollte dem ausgewählten Spiel und der individuellen Dynamik der SpielleiterInnen entsprechen. Sogenannte „Mogelpackungen" enttäuschen alle Beteiligten. Spielleiterkompetenz (und Inkompetenz) kann dazu führen, daß man sich zu sehr auf die „Improvisationsfähigkeit" verläßt und sich deshalb nicht genügend vorbereitet. Kinder und Jugendliche merken dies meist sehr schnell und empfinden es als eine Geringschätzung ihrer Person oder der Gruppe.

Eine humorvolle Atmosphäre zu schaffen ist eine wichtige Spielleiteraufgabe. Humor regelt Nähe und Distanz, ermöglicht den Verzicht auf Affekte, den Abbau von Hemmungen sowie sachliche und freie Entscheidungen der SpielerInnen und SpielleiterInnen. Humor begünstigt Spiel als herrschaftsfreien Raum.

Das Auftreten der SpielleiterInnen soll echt und kongruent sein. Auf Anbiederungsversuche, überspannten Aktivismus und übertriebene Motivationsbemühungen muß verzichtet werden.

SpielleiterInnen sollten sich einfühlen können und die Lebenswelt der SpielerInnen kennen und sich um deren sozial-ökologische Vernetzung und kulturelle Herkunft bemühen, was für eine multikulturelle Gruppe besonders wichtig ist.

Die Fähigkeit, sich verbal und körperlich einfach, verständlich und ohne Widersprüche auszudrücken, fördert die Orientierungs- und Anpassungsfähigkeit, weil nur so die Regeln begreifbar und die Spielaktion steuerbar wird.

Gelassenheit, Wachheit und Geistesgegenwart sind Eigenschaften, die schnelle und sachbezogene Reaktionen ermöglichen und dafür sorgen, daß der Überblick über Interaktion und Kommunikation der Gruppe nicht verloren geht.

Die Kontrolle der Spielregeln und das Erfassen der Bedürfnis- und Gefühlslage der SpielerInnen gehört auch zur Kompetenz der SpielleiterInnen. Abzuschätzen, wann man sich als SpielleiterIn am Spiel selbst beteiligt und wann nicht, gehört ebenso zu den Aufgaben, wie die Regulierung von psychischer sowie physischer Nähe und Distanz.

Abgeschlossene Spielaktionen sollten ausgewertet werden.

Die Äußerungen von Kindern und Jugendlichen vor, während und nach dem Spiel aufmerksam zu hören und aufzunehmen, gehört zur Reflexion, wobei die Kinder und Jugendliche nicht nach dem Spiel zur gemeinsamen Reflexion des Ereignisses zusammengerufen werden sollten. Aus dem Spiel würde so wieder eine pädagogische Veranstaltung, bei der der Eindruck entsteht, daß gelernt werden soll. Das erinnert an den Schulausflug, der anschließend zu einem Aufsatzthema wird.

Die Gefahr, daß die eigene Spielfreude durch das berufliche Handeln zerstört wird, ist groß. Auch SpielleiterInnen brauchen Regenerationsmöglichkeiten – auch durch Spiel, das nicht mit dem beruflichen Tun assoziiert wird.

Ausgeprägte Spielfreude und Kompetenz führt bei SpielleiterInnen zu der Gefahr, sich mehr am eigenen Anspruch als an den Möglichkeiten der Kinder zu orientieren. Um zu vermeiden, daß die Probleme der SpielleiterInnen die Probleme der SpielerInnen bzw. der Gruppe werden, ist es notwendig, diese Seite des Spiels, bzw. der Spielleiterpersönlichkeit zu reflektieren.

Die hier beschriebenen Zusammenhänge erklären die Notwendigkeit von Supervision, die spätestens dort erforderlich wird, wo vermehrt mit Menschen gearbeitet werden muß, die in ihrer Entwicklung und

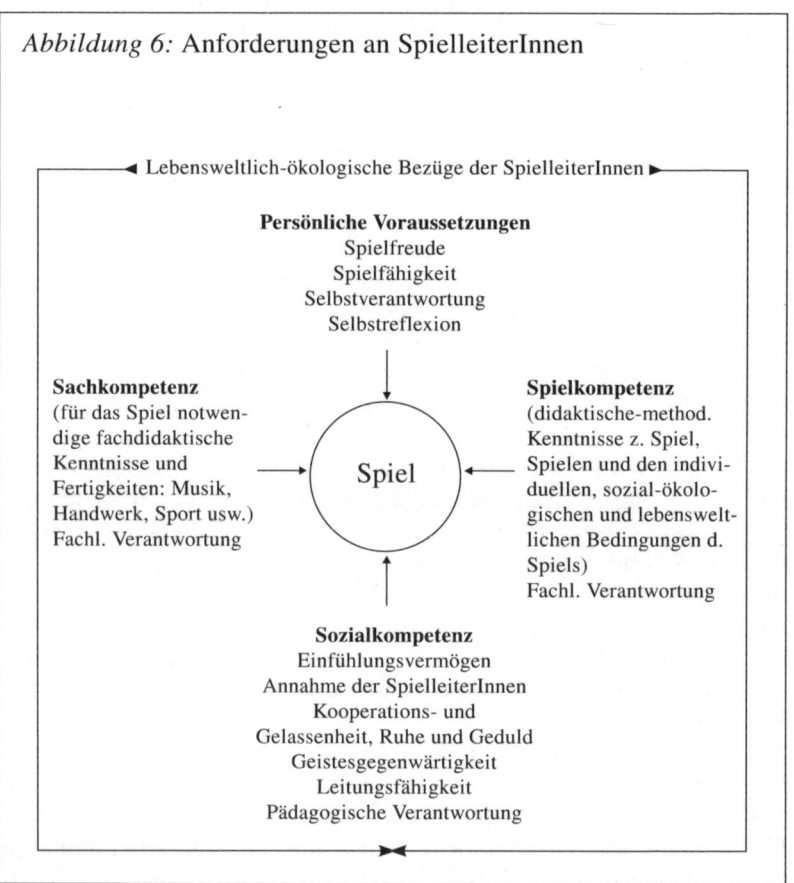

Abbildung 6: Anforderungen an SpielleiterInnen

◄ Lebensweltlich-ökologische Bezüge der SpielleiterInnen ►

Persönliche Voraussetzungen
Spielfreude
Spielfähigkeit
Selbstverantwortung
Selbstreflexion

Sachkompetenz
(für das Spiel notwendige fachdidaktische Kenntnisse und Fertigkeiten: Musik, Handwerk, Sport usw.)
Fachl. Verantwortung

Spiel

Spielkompetenz
(didaktische-method. Kenntnisse z. Spiel, Spielen und den individuellen, sozial-ökologischen und lebensweltlichen Bedingungen d. Spiels)
Fachl. Verantwortung

Sozialkompetenz
Einfühlungsvermögen
Annahme der SpielleiterInnen
Kooperations- und
Gelassenheit, Ruhe und Geduld
Geistesgegenwärtigkeit
Leitungsfähigkeit
Pädagogische Verantwortung

damit auch in ihrem Spielverhalten gestört sind und deren individuelle Not die Selbstheilung im Spiel so stark beeinträchtigt hat, daß sie ohne besondere pädagogische bzw. heilpädagogische Angebote nicht mehr bewältigt werden kann.

Weiterführende Literatur:

Almy, M.: Das freie Spiel als Weg der geistigen Entwicklung. In: Flitner, A.: Das Kinderspiel. München [3]1976:101–113
·Broich, J., Gruppenspiele anleiten, Köln, 2/1997
Lorentz, G.: Freispiel im Kindergarten. Chancen seines bewußten Einsatzes. Freiburg 1983
Daublebsky, B.: Spielen in der Schule. Stuttgart [5]1977
Fritz, J.: Theorie und Pädagogik des Spiels. Eine praxisorientierte Einführung. Weinheim/München [2]1993
Fritz, J.: Vom Verständnis des Spiels zum Spielen mit Gruppen. Pädagogische Hilfen für den Spielleiter. Mainz 1986

3.4 Die Individuallage der SpielerInnen und die Entstehung von Spielgruppen

Spielanreize und Spielangebote treffen bei potentiellen SpielerInnen auf eine jeweils spezifische Individuallage und, falls es sich um eine Gruppe handelt, auch auf situative soziale Bedingungen. Im folgenden geht es zunächst darum, wie individuelle Spielbedürfnisse und die damit verbundenen Motivationen zum gemeinsamen Spielbedürfnis einer Gruppe werden und wie Verwirklichung dieses Bedürfnisses zum Ziel (Durchführung eines bestimmten Spiels) führt.

Die Individuallage ist die jeweils situative, individuelle Verfassung, zu der alle Faktoren gehören, die das Spielen fördern oder auch beeinträchtigen können (z.b. das Entwicklungsalter, insbesondere das der Spielentwicklung, Anlage und Begabungen, Intelligenz, motorische Geschicklichkeit, Anpassungsfähigkeit, Einfühlungsvermögen, aber auch Beeinträchtigungen, wie z.B. Sinnesbehinderungen, emotionale Störungen usw.). Um die Individuallage beurteilen zu können, erscheint es mir sinnvoll, sich an einem entwicklungspsychologischen Modell zu orientieren.

Um Spielbedürfnisse – die in Gruppen oder auch im Alleinspiel befriedigt werden – zu beurteilen, sollte die Individuallage, die Gruppensituation und deren lebensweltlich-ökologische Vernetzung berücksichtigt werden. Der letztgenannte Gesichtspunkt ist besonders wichtig, weil es sich bei immer mehr Spielgruppen um multikulturelle Gruppen handelt (vgl. Rademacher 1991).

Darüber hinaus ist zu bedenken, daß das Spielbedürfnis mancher SpielerInnen größer ist als deren Spielfähigkeit, was manchmal beeinträchtigend wirken kann.

Wenn eine Gruppe entsteht, die gemeinsam spielen will, müssen die Bedingungen (Normen, Spielregeln) ausgehandelt werden, unter denen die jeweiligen Spielbedürfnisse befriedigt werden können. In der Folge ist die Gruppe zunächst damit beschäftigt, Informationen auszutauschen, um sich auf ein Spiel und auf die Regeln zu einigen. Auf diesem Hintergrund wachsen die individuellen und kollektiven Fähigkeiten. Je nach Entwicklungsstand und Alter sind diese auch in der Lage, die Spielbedingungen und -entwicklung zu erkennen, um zu prüfen, ob die Individuallage der Einzelnen mit den Bedürfnissen der Gruppe vereinbar sind, um die Möglichkeiten des Spiels und die Spielhandlungen entsprechend zu fördern. Dieses Verhalten kennzeichnet Leitungsfunktionen im Spiel, die je nach Entwicklungssituation von Gruppenmitgliedern oder Spielleitern übernommen werden.

Das Bedürfnis mit andern zu spielen, kann durchaus individuell motiviert sein (z.b. weil man mit einem betimmten Freund spielen will, weil das in Aussicht stehende Spiel Spaß verspricht, weil man sich wie ein berühmter Basketballspieler fühlen möchte). Es kommt jedoch nur dann zustande, wenn alle MitspielerInnen bereit sind, ihre individuelle Motivation dem gemeinsamen Ziel unterzuordnen und freiwillig eine Rolle übernehmen, was vom Einzelnen Selbstkontrolle und von der Gruppe mehr oder weniger Kompromißfähigkeit verlangt.

Mannschaftsbildung, Rollenverteilung und ähnliche Anfangsbedingungen des Spiels werden häufig durch rituelle Handlungen, die den Zufall regeln (z.b. Abzählverse) vollzogen. Hat man sich auf die formalen Bedingungen geeinigt, besteht immer ein gewisser Grad an Ambivalenz, die die Veränderung der Spielbedürfnisses zur Folge haben können. SpielleiterInnen haben hier die Funktion, den Informationsaustausch zu fördern, damit die Gruppe ihr Ziel erreicht oder modifiziert (z.B. störende Einflüsse beseitigt, Einzelne in die Gruppe integriert, ein anderes Spiel vorschlagen, oder das Spiel abbrechen und die Bedürfnisstruktur neu zu organisieren) (vgl. Mills 1974).

Hier könnte man einwenden, daß die Bedürfnisbefriedigung im Spiel auch ein Zweck darstelle und damit die Zweckfreiheit im Spiel verraten werde. Das Ziel der Bedürfnisbefriedigung liegt aber nicht außerhalb des Spiels, sondern im Spiel selbst. Die Freiheit zu spielen und die Freiheit im Spiel selbst wird also nicht beeinträchtigt (vgl. Scheuerl 1977:69)

Soll durch das Spiel eine Umwelt gestaltet werden, die auf verschiedene individuelle und gemeinsame Bedürfnislagen Antwort geben kann, so ist zu fragen, ob es Kategorien spielauslösender Bedürfnisse gibt, die inhaltlich so geordnet werden können, daß sie sich dazu eignen, als Planungsgesichtspunkte für die Auswahl von Spielen im Rahmen von angeleiteten Spielaktionen und für die Gestaltung eines spielanregenden Reizfeldes zu dienen. Morgenstern spricht von spielauslösenden Bedürfnissen, wie z.B. dem Mitteilungs- und Kontaktbedürfnis, Bewegungs- und Darstellungsbedürfnis, Ruhe- und Konzentrationsbedürfnis (Morgenstern/Renner 1983) Hier handelt es sich nicht um empirisch überprüfbare, aber um praxisbewährte Kategorien. Die spielauslösenden Bedürfnisse liegen in einem Spannungsverhältnis zwischen Mangel und Überfluß, Aktivität und Anspannung, Passivität und Ruhe.

Die Vorstellung dieser Struktur erleichtert in der Praxis, die individuellen und kollektiven spielauslösenden Bedürfnisse zu analysieren, Spielinhalte, -mittel und -formen auszuwählen und die Spielräume und -zeiten mit ihrer Dynamik zu gestalten und zu planen.

Versucht man nun die Individuallage und die Bedingungen der Gruppenentwicklung im Spiel zusammenfassend darzustellen, ergibt sich folgendes Bild.

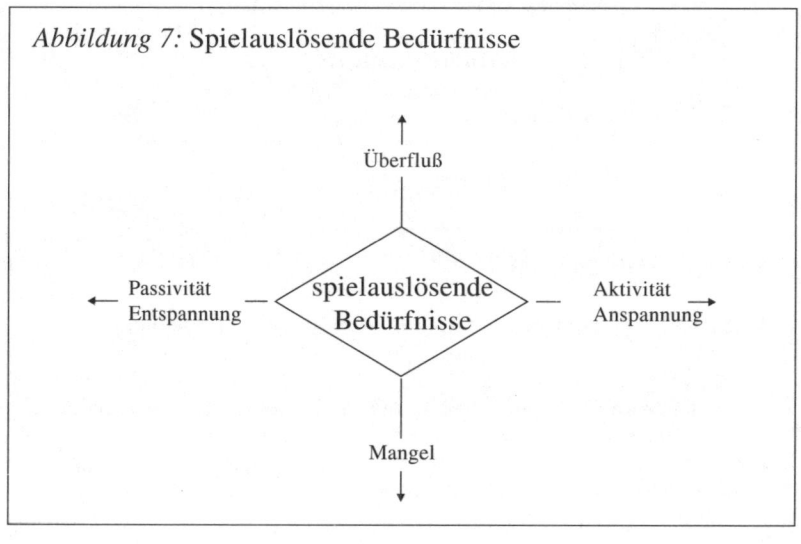

Abbildung 7: Spielauslösende Bedürfnisse

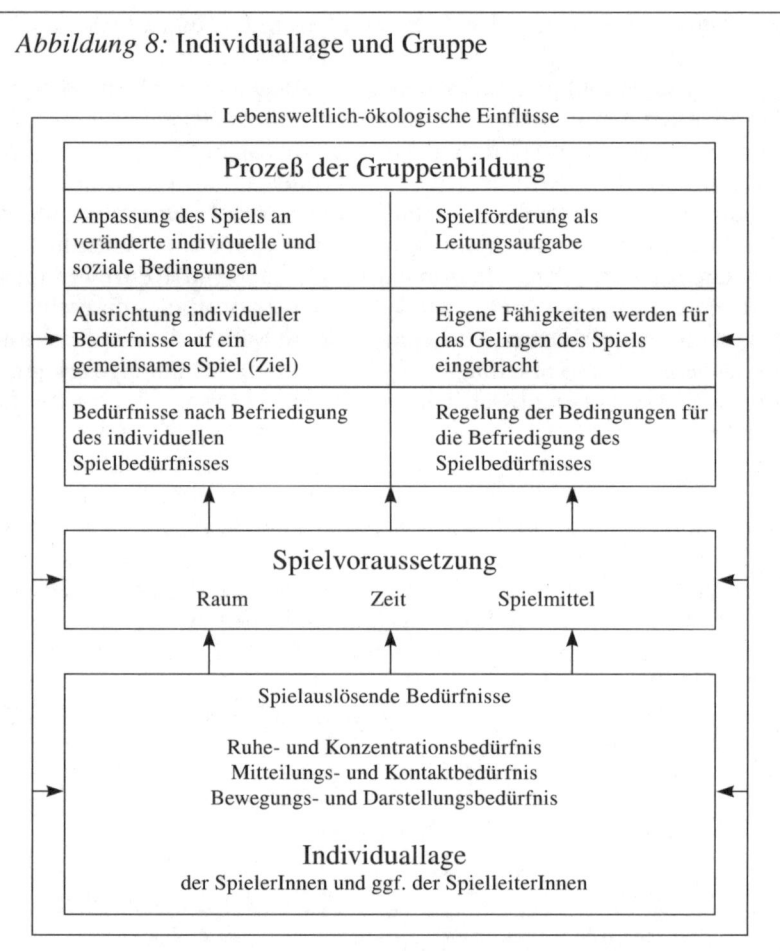

Abbildung 8: Individuallage und Gruppe

Lebensweltlich-ökologische Einflüsse

Prozeß der Gruppenbildung

Anpassung des Spiels an veränderte individuelle und soziale Bedingungen	Spielförderung als Leitungsaufgabe
Ausrichtung individueller Bedürfnisse auf ein gemeinsames Spiel (Ziel)	Eigene Fähigkeiten werden für das Gelingen des Spiels eingebracht
Bedürfnisse nach Befriedigung des individuellen Spielbedürfnisses	Regelung der Bedingungen für die Befriedigung des Spielbedürfnisses

Spielvoraussetzung

Raum   Zeit   Spielmittel

Spielauslösende Bedürfnisse

Ruhe- und Konzentrationsbedürfnis
Mitteilungs- und Kontaktbedürfnis
Bewegungs- und Darstellungsbedürfnis

Individuallage
der SpielerInnen und ggf. der SpielleiterInnen

Weiterführende Literatur:

Mills, Th.M.: Soziologie der Gruppe. Grundfragen der Soziologie. München [4]1974

Rademacher, H.: Spielend interkulturell lernen? Wirkungsanalysen von Spielen zum interkulturellen Lernen bei internationalen Jugendbegegnungen. Berlin 1991

Praxis Spiel + Gruppe. Zeitschrift für Gruppenarbeit. Themenheft: Multikulturelle Gesellschaft. 1/1993

3.5 DIE RÄUMLICH-ZEITLICHE DIMENSION DES SPIELS

Damit Kinder spielen können, benötigen sie Räume, verfügbare Zeit und in erster Linie Kinder, mit denen sie spielen können. Diese Bedingungen haben sich seit dem Ende des Zweiten Weltkrieges stark verändert. Sinkende Kinderzahlen, Zunahme der sog. Ein-Eltern-Familie und andere Faktoren haben zu einem wachsenden Bedarf an institutionellen Betreuungsformen außerhalb der Familie geführt. Hinzu kommen veränderte Wohnbedingungen, große Entfernungen zwischen dem Arbeitsplatz der Bezugspersonen und dem Wohnort bzw. dem Aufenthaltsort des Kindes während der Arbeitszeit der Erwachsenen, was die gesamte Zeitplanung beeinflußt. Spielzeiten sind immer weniger selbstgewählte Zeiten der Kinder, sondern müssen in Abhängigkeit der Zeitinteressen verschiedenster Bezugspersonen gewährt werden. Das Gefühl, keine Zeit mehr zu haben, wird zum Auslöser für aggressive Konflikte in Familien und in pädagogischen Institutionen.

Die Zeit der Kinder zum freien Spiel wird ständig weiter „vermauert". Auch in Tagesstätten, Kindergärten etc. besteht die Gefahr, daß die Einrichtung frei verfügbarer Spielzeiten als pädagogische Aufgabe nicht ausreichend wahrgenommen wird (vgl. Mogel 1991 u. Zeiher 1989).

3.5.1 Spielräume im Haus

„Räume und deren Gestaltung prägen Stimmungen, Gefühle und Verhaltensweisen der Menschen, die sich dort aufhalten dürfen oder müssen. Können wir Räume nach unseren Bedürfnissen bauen oder gestalten, so können wir uns dort wohlfühlen. Wir können mit und in den Räumen entspannt leben und brauchen nicht gegen sie anzukämpfen" (Flosdorf 1988:22). Spiel ist eine elementare Lebensäußerung, die sich in offenen und geschlossenen Räumen, also auch in Wohnräumen vollzieht. Räume sollten in ihrer Gebrauchsmöglichkeit flexibel sein und eine Veränderung ihrer Nutzung schnell und ohne großen Aufwand ermöglichen. Diese Flexibilität ist Voraussetzung dafür, daß sich im Wohnraum Leben entwickeln kann und der Wohnraum den Lebensbedürfnissen, also auch den Spielbedürfnissen angepaßt wird. „Der Raum, der dem Kind zu seinem Entwicklungsspiel angeboten wird, muß, analog der vorgeburtlichen Verhältnisse, seinen Lebensprozessen aufs genaueste entsprechen. Eine bauliche Umplanung ist nur dann kindgemäß, wenn sie Projektion und Provokation seiner Prozesse ist" (Kükelhaus 1979:55).

Spielräume entstehen nicht dadurch, daß „pädagogisierte" Räume von Erwachsenen gestaltet werden, sondern Spielräume werden von den SpielerInnen zu solchen gemacht. Es sind fiktive Räume, die im Spiel real werden. Raumgestaltung in pädagogischen Institutionen muß sich an den Lebensbedürfnissen und der Lebenssituation aller Bewohner ausrichten, sie muß sich also an übergeordnete Gesichtspunkten orientieren, die die unterschiedlichsten Bedürfnisse wie Schutz, Atmosphäre, Kommunikation, Rückzugs- und Bewegungsmöglichkeit, Geborgenheit berücksichtigen. Was die Spielräume von anderen Räumen unterscheidet, ist die Tatsache, daß sie durch die Spieler definiert werden: Spiel findet also nicht immer am dafür vorgesehenen Ort statt, sondern dort, wohin Kinder und Jugendliche sich zurückziehen oder wo sie Spielräume öffnen, erweitern, verkleinern (verdichten), verschieben. Kinder zum Beispiel, die eben noch in der Küche gespielt haben, erweitern plötzlich ihren Spielraum auf die ganze Wohnung, weil nun „der Hotzenplotz" kommt, der durch die ganze Wohnung gejagt werden muß und schließlich im „Spritzenhaus" (der Duschkabine des Bades) eingesperrt wird. „Räume entstehen und verändern sich durch Deutungen. Sie können ihre Dynamik und Form differenzieren. Sie können z.B. verschoben, ausgeweitet, verteidigt, verdichtet werden. Dabei spielt die Nähe eine besondere Rolle. Die Spieler werden nicht von den Entfernungen, sondern von der Nähe herausgefordert. Die Orientierung an den tragenden Raumsymbolen ermöglichen es ihnen, mit dem Raum in Einklang zu bleiben" (Jost 1990:124).

Wenn man die menschlichen (Spiel-)Bedürfnisse berücksichtigen möchte, so wäre der Spiel- mit dem Wohnraum in Einklang zu bringen. Dabei ist die oft zu wenig gegliederte und zugleich in ihren Funktionen und Zwecken altersgemäß festgelegte Raumeinteilung hinderlich. Im Bad zum Beispiel dürfen keine Papierschiffchen erprobt werden, im Wohnzimmer wird nicht gespielt und schon gar nicht genagelt, zum Spielen gibt es ausschließlich das Kinderspielzimmer, das einerseits den Rückzug ermöglicht, andererseits für bestimmte Spielarten die kommunikative und interaktionale Teilnahme und Teilhabe beschränkt.

Mit dem Alter und der sich entwickelnden Mobilität der Kinder erweitern und verändern sich die sozialen Kontakte und damit die Spielräume. Zunächst treffen sich Kleinkinder in den Wohnungen; mit zunehmender Sicherheit werden auch Hausflure, Dachböden, Kellerräume, Garagen zu Spiel- und Begegnungsorten. Zwischenräume zwischen draußen und drinnen (z.B. Fahrradschuppen usw.) werden entdeckt, bevor der Spielplatz oder die Spielräume in der Natur selbständig aufgesucht werden.

Die Umwelt der Kinder ermöglicht zu wenig Partizipation an der Lebenswelt der Erwachsenen, was besonders für die Arbeitswelt gilt. Die Kinder spielen hauptsächlich in den Zeit-Räumen zwischen Kommen und Gehen der Erwachsenen in den Schlaf- und Freizeitgebieten der Städte. Wenn Kinder nicht gerade in ländlicher Umgebung aufwachsen, erleben sie überwiegend die Haushaltsarbeit und deren Versorgungsdienste.

Architektur und Wohnungsbaugesellschaften berücksichtigen zu sehr die Lebensbedürfnisse der Erwachsenen. Räume werden formal und uniform in Grundriß und Einrichtung entworfen. Wie sollen Kinder, Gruppen, Familien da noch Spielräume finden, sich von anderen Menschen, Gruppen, Nachbarwohnungen unterscheiden? Eine Sensibilisierung hinsichtlich der wirklichen Wohnbedingungen scheint sehr angebracht. „Die gebaute Umwelt, die der Ausdruck dafür ist, was wir uns selbst und den Kindern zumuten bzw. zubilligen, kann ein Ansatzpunkt für eine – auch einstellungsmäßige – Veränderung sein. Sie muß offengehalten werden für die notwendigen elementaren Erfahrungen des Kindes, seien es soziale oder dinglich konkrete" (Thomas 1984:631).

In sozialen Einrichtungen stößt die Frage einer Wohnumwelt, die die Befriedigung von Spielbedürfnissen zuläßt, auf dieselben Probleme. Auch dort wird häufig nicht ordnend, sondern prinzipiell reglementiert. Der Umgang mit dem Raum unterliegt fast ausschließlich funktionsorientierten, kontrollspezifischen, hygienischen oder ökonomischen Gesichtspunkten. Der Fernsehraum, der Werkraum, der Tischtennisraum, der Tagesraum in manchen Einrichtungen sind dafür beredte Beispiele. Die Nutzungsfestlegung der Räume und deren Einrichtung verhindert Wandel, Spielmöglichkeiten und kreative Spielentfaltung. Verständnis für die Lebenssituation von Kindern, Jugendlichen, Erwachsenen und alten Menschen ist Voraussetzung dafür, daß die Wohnbedingungen ihren Lebens- und Entwicklungsbedürfnissen wirklich angepaßt werden können. Menschen in sozialen Einrichtungen brauchen Begegnungsräume, in denen man zu gleicher Zeit einzeln, zu zweit und in kleinen Gruppen etwas tun (spielen) kann, ohne sich gegenseitig zu stören. Handwerk und Lesen, Spielen und Lernen braucht sich im selben Raum nicht auszuschließen, wenn dieser nur sinnvoll gegliedert wird. Schon von klein an spielen Kinder in der Wohnung neben den Erwachsenen. Weil sich die Spielformen verändern, entsteht der Eindruck, daß diese Form des „Zu-Hause-Seins" nicht mehr notwendig wäre, daß es genüge, wenn Kinder ein Zimmer haben, um sich zurückzuziehen. Daneben gibt es aber auch das Bedürfnis von Kindern, Jugendlichen und Erwachsenen, im selben Raum Gemeinschaft zu erleben, ohne daß alle dasselbe tun müssen.

Einige soziale Institutionen orientieren sich auch an „Wohnzimmer-idyllen" von Kleinfamilien oder sind nicht in der Lage, den Anstalts-charakter (hohe, hallende, und dennoch enge Räume) zu überwinden. In Räumen wird auch die Geschichte von Individuen und von Grup-pen sichtbar, was häufig mißachtet wird. Neue ErzieherInnen wollen ihrem Gestaltungswillen, ihren individuellen Spielbedürfnissen und ihrer Motivation dadurch besonderen Ausdruck verleihen, daß sie schon bald nach Dienstantritt Räume neu streichen, einrichten, in ih-rer Funktion verändern, ohne nach der Geschichte, die die Menschen mit den Räumen verbindet, zu fragen, oder sie an den Veränderungen zu beteiligen. Es besteht so die Gefahr, daß Kinder, Jugendliche und Erwachsene in ihren Bedürfnissen nicht ernst genommen werden. Auch Einrichtungsträger orientieren ihre Planungsentscheidungen manchmal mehr an der Öffentlichkeitswirkung als an den Spiel- bzw. Entwicklungsbedürfnissen der Menschen, die die Räume benutzen.

Daß es auch anders geht, zeigt unter anderem ein Projekt des Diako-nischen Werks in Bayern, wo die Räume nach den individuellen und sozialen Bedürfnissen der Betroffenen eingerichtet wurden.

Spiel ist nicht an Räume im Haus gebunden, es ereignet sich dort, wo die Menschen sich gerade aufhalten. Es ist deshalb paradox, extra ei-nen Raum zum Spielen einzurichten und es in andern Räumen zu ver-bieten. Auch reine Funktionsräume eignen sich zum Spiel; nur wird sich die Spielweise wahrscheinlich der Funktion anpassen. Kinder entdecken meist von selbst, zu welchen Spielen sich bestimmte Räu-me eignen. Wenn sie beispielsweise in der Küche Ball spielen, ist dies meist weniger als Spielimpuls einzuschätzen, sondern soll die Erwachsenen provozieren. Dennoch kann grundsätzlich jeder Raum seine Bedeutung für das Spiel der Kinder und Jugendlichen erhalten, wenn ErzieherInnen ihre Sorge um Ordnung nicht prinzipiell und nach rein funktionalen Gesichtspunkten wahrnehmen.

Weiterführende Literatur:

Bollnow, O.F.: Mensch und Raum, Stuttgart 1963

Flosdorf, P. (Hrsg): Therapeutisches Millieu – Räumliche Bedingungen und deren Gestaltung. In: Theorie und Praxis der stationären Erzie-hungshilfe, Bd. 2. Feiburg 1988

Kruse, L.: Räumliche Umwelt. Die Phänomenologie des räumlichen Ver-haltens als Beitrag zu einer psychologischen Umwelttheorie. Berlin 1974

Kükelhaus, H.: Unmenschliche Architektur. Von der Tierfabrik zur Lern-anstalt. Köln 1983

Mahlke, W., Schwarte, N.: Raum für Kinder. Weinheim 1985

Von der Horst, R. (Hrsg.), Handbuch Spielraum, alles über „Spiel im öffentlichen Raum", Winsen 1996

3.5.2 Spielräume im Freien

In Erweiterung der bisherigen Gedanken läßt sich auch an den Spielplätzen im Freien aufzeigen, in welchem Dilemma die Schaffung von Spielräumen für Kinder und Jugendliche steckt. Einerseits wissen wir jetzt, daß die Räume zum Spielen sowohl drinnen als draußen von den Spielenden selbst in ihrer Spielfunktion definiert werden, andererseits existiert eine Umwelt, die die Kinder ihrer möglichen Räume beraubt. Gelände ist entweder privat und deshalb oft nicht zugänglich oder öffentliche Verkehrsfläche und deshalb gefährlich – zumindest für kleinere Kinder. Stadtkinder haben zu wenig Gelegenheit, in der freien Natur zu spielen und selbständig deren Gefahren einschätzen zu lernen. Kinder sind besonders neugierig; deshalb lassen sie sich im Spiel nicht auf institutionalisierte Formen der Natur- und Kulturerfahrung festlegen. Sie sind nicht auf Spielplätze zu fixieren, die Erwachsene ihnen zuweisen. Wenn sie dennoch dort anzutreffen sind, muß das nicht an der Qualität der Spielplätze liegen – es kann schlicht und einfach daran liegen, daß sie sonst wenig Plätze in den Straßen gefunden haben. Verkehrsberuhigte Zonen sind in günstigen Fällen der Anfang für die Reintegration kindlicher Spielräume in den Kulturraum der Erwachsenen. Die Symbole und Zeichen der Erwachsenenwelt – Parkplatzmarkierungen, Verkehrsschilder, Bordsteine, Pfosten u.a. – und ihre Gestaltungsformen werden von Kindern und Jugendlichen für ihr Spiel benutzt. „Außerhalb der Häuser brauchen Kinder ‚ungeplante' Freiflächen im Stadtteil, die sie sich selbst erobern und gestalten können, und nicht neue, oft lieblos angelegte Spielplätze, die als Abschiebeplätze dienen und sich zu Kinderghettos entwickeln können, die als Alibi dienen, für die weiter zunehmende Kinderfeindlichkeit des überwiegenden Teils unserer Städte, in denen z.B. die bisher praktizierten Verkehrsberuhigungen von Straßen bisher nur ein erster, ganz kleiner Schritt sind" (Wend 1990). Nicht von ungefähr sind Neubaugebiete, mit Bergen vom Aushub der Baugruben beliebter als Spielplätze, die gartenbauarchitektonischer Ästhetik entsprechen.
In solch pädagogisch unstrukturiertem Gelände gibt es Möglichkeiten zum Spiel für unterschiedliche Altersgruppen. Die Hügel dort werden Reviere, Kampf- und Jagdgebiete für Banden; es gibt Blumen für Haarkränze und Blumenketten. Höhlen, Hütten, Verstecke, eine Strecke zum Mountainbike fahren, Löcher zum Feuermachen und Kochen und manchmal sogar einen kleinen Zoo, einen Friedhof für Haustiere, „Küchen" mit gesammeltem Geschirr, Schnüre zum Fesseln und Verstecke für Dinge, die die Erwachsenen nicht sehen sollen, es gibt

„Mütter" und „Väter", „Geburt, Krankheit und Tod", „Verbrechen"
und „Gerechtigkeit", „Reiche und Arme" etc. In dieser kleinen Welt
kann der Zusammenhang von Natur und Kultur unmittelbar erfahren
werden – Kultur im Sinne Portmanns als eine ins lebensdienliche um-
gearbeitete Natur und als die Gesamtheit typischer Lebensformen einer Gesellschaft, einschließlich der in ihr enthaltenen Norm- und
Wertvorstellungen. Im Grunde läßt sich diese Spielwelt auf zwei Me-
taphern – Haus und Weg – reduzieren, um die sich die beschriebenen
Erfahrungen gruppieren, d.h. auf das Ankommen, das Zu-Hause-Sein,
das Sicher-Sein, Geborgen-Sein, Ausblick-Halten, Sich-auf-den Weg-
Machen etc. Diese „kleine Kultur" kann auf öffentlichen Spielplätzen
mit Standardspielgeräten nicht gelebt und gespielt werden, weil die
Kinder dort vom Leben ausgesondert, ausgegrenzt sind.

Die Defizite dieser öffentlichen Standardspielplätze und deren spielpädagogische und sozialpolitische Reflexion hat sichließlich dazu
geführt, daß Bauspielplätze, Abenteuerspielplätze und City-Farmen
eingerichtet wurden. Sie werden spielpädagogisch betreut. Der erste
Platz dieser Art wurde 1949 in Dänemark als Bauspielplatz eröffnet.
in der Bundesrepublik gibt es Spielplätze dieser Art seit Anfang der
70er Jahre. Es geht bei den meisten dieser Spielplätze nicht nur
darum, Kindern Spielräume zu eröffnen, sondern Lernfelder zu ermöglichen, in denen emanzipatorische Denkweisen, soziale Verhaltensweisen, Demokratie, Konfliktlösungsstrategien, Gemeinschaftserfahrung, Selbstkontrolle, Selbstverantwortung etc. unter pädagogischer Begleitung geübt werden können.

Diese Spielplatzformen sind wegen ihres Kostenaufwandes (Perso-
nalkosten) relativ selten, so daß sie schon fast als exklusiv bezeichnet
werden können. Die Erfahrung selbst gestalteten und wirklich selbst
verantworteten Spiels ist hier wesentlich eher möglich als auf Stan-
dardspielplätzen. Dennoch ist auch diese Form nicht vollständig befriedigend, weil auch hier immer noch zu sehr spielpädagogisch und
zu wenig daran gedacht wird, daß Kinder die Erfahrung machen sollten, sich von etwas frei zu machen oder zu etwas frei zu sein: frei von
der Bedrängung der Erzieher, frei, sich für oder gegen etwas zu entscheiden und dabei die eigenen Ziele und Fähigkeiten, das Selbst, zu
entdecken.

Der Standardspielplatz spiegelt die Haltung zu Kindern wider. Es
wird etwas bereit gestellt, was nützlich ist und Kinder „pflegeleicht"
macht. Die Folge ist Langeweile; Kinder und Jugendlichen erkennen
die Alibifunktion dieses Ersatzangebotes. Sie fühlen sich nicht ernst
genommen und beginnen sich dagegen aufzulehnen (vgl. Thomas
1984: 623 f.).

104

Wenn diese Erfahrung mit anderen Faktoren im Mikro- und Makrosystem zusammenkommt, so wird versucht, den Sinnverlust durch Zerstörung zum Ausdruck zu bringen. Abenteuerspielplätze und andere alternative Spielangebote werden häufig zerstört – oft durch ältere Jugendliche, die mit Neid bei kleineren Kindern Dinge sehen, von denen sie selbst nur geträumt haben.

Wenn Kinder und Jugendliche alles bereits fertig vorfinden und sie keine eigenen Gestaltungsmöglickeiten erhalten, ersetzen sie Sinn durch Zerstörung (vgl. Mitscherlich 1969). Die Alternativen zum Standardspielplatz sind der Beginn einer Veränderung, können jedoch die Diskrepanz zwischen Lebenswirklichkeit und Entwicklungsbedürfnissen von Kindern und Jugendlichen nicht kompensieren.

Eine weitere Form, Defizite an Spielmöglichkeiten auszugleichen und das Bewußtsein der Erwachsenen für die unzureichenden Lebensräume der Kinder zu schärfen, sind die Spielaktionen, die sich Ende der 60er Jahre in den Großstädten entwickelt haben. Mit Schrottautos, Abfallmaterialien, spontanen Spiel- und Malaktionen etc. versuchte man, mit Kindern ins Spiel zu kommen um einen entsprechenden politischen Bewußtseinsprozeß auszulösen. Pädagogik wurde unter politisch-emanzipatorischen Zielen betrachtet.

In München entstand Anfang der 70er Jahre die „Pädagogische Aktion". Aus kleinen Spielstädten, die in den Ferien eingerichtet wurden, entwickelten sich Stadtspiele unter thematischen Gesichtspunkten – die „historische" Stadt, die „Fabrikstadt", die „Film- und Medienstadt". Inzwischen werden solche Aktionen auch in kleinen Gemeinden als Ferienaktion initiiert, an manchen Orten wird das gesamte politische, handwerkliche und Handelsleben der Gemeinde im Spiel lebendig. Es wird mit eigenem Geldkreislauf produziert, verkauft, verwaltet und regiert. Auch hier wirkt der Grundgedanke, daß die Welt der Erwachsenen spannender ist als eine pädagogisch konservierte. Die Stadtspiele haben unterschiedliche pädagogische Konzepte: Während manche Aktionen politisch-emanzipatorische Zielsetzungen verfolgen, geht es anderen darum, Kindern ein geordnetes Feld zum Spielen zu geben, wo nur dann pädagogisch interveniert wird, wenn das Spiel gefährdet ist; im übrigen wird dem Spiel freier Lauf gelassen. SpielleiterInnen regen nur dann Konflikt- und Problemlösungsformen an, wenn die Kinder das wollen (vgl. Grüneisl/ Zacharias 1989).

Eine weitere Spielform sind die Spielmobile, d.h. die mobile pädagogische Betreuung von Spielplätzen. Fahrzeuge, die mit Spielmitteln, Material und Werkzeug und PädagogInnen beladen sind, steuern zu bestimmten Zeiten Spielplätze an und führen Spielaktionen durch.

Die Spielmobilleute sind meistens hauptamtliche SozialpädagogInnen, die mit ehrenamtlichen Kräften zusammenarbeiten. Das mitgebrachte Material und die Spielmittel ermöglichen ein freies, bedürfnisadäquates Spielangebot.

Spielmobilaktionen haben verschiedene Konzepte, die im folgenden idealtypisch beschrieben werden, in der Praxis aber meist in Mischformen auftreten (vgl. Prass-Myschi in: Fritz 1993:115): Das Spielmobil als

(1) Spielplatz: Spielmittel, Spielzeug werden auf Spielplätze gebracht und den Kindern zur freien Verfügung angeboten (Klettergerüste, Bewegungsspielzeug, Bausysteme z.b.);

(2) Spielothek: Spielmaterial, Gesellschaftsspiele u.a. können ausgeliehen werden;

(3) Kinderhaus: Werkangebote, Brett- und Gruppenspiele werden pädagogisch betreut angeboten. Spielmobile sind dabei oft so eingerichtet, daß im Wagen gespielt werden kann;

(4) Programmangebot: Das Programm wird von PädagogInnen gestaltet, die Kinder können freiwillig daran teilnehmen (Zirkus, Theater, Sportspiele etc.);

(5) Projektarbeit: Ein Rahmenthema wird von PädagogInnen ausgewählt vobereitet und vorgestellt und dann mit den Kindern bearbeitet. (Kinderzeitung, Stadtspiele, Ausstellung etc.).

Auch Erwachsene werden häufig in die Aktionen einbezogen. Manchmal steht am Ende des Spielmobil-Nachmittags auch eine Aufführung.

Das Konzept der Spielmobilarbeit hat sich konzeptionell inzwischen soweit modifiziert, daß inzwischen auch von mobiler Kinder- und Jugendarbeit gesprochen wird, die je nach Betreuungsgebiet in großen Städten teilweise stadtteilbezogen und kombiniert mit stationären Einrichtungen wie z.B. Spielehäuser und Jugendhäusern betrieben wird.

Diese, hier auszugsweise beschriebenen, attraktiven, angebotsorientierten Spielformen sind, kritisch betrachtet, vielleicht nur Ausdruck verwalteten Mangels an wirklichen Lebens- und Entwicklungsräumen für Kinder und Jugendliche. Dennoch sind sie häufig unbequem, weil sie mit ihrem Auftreten einen organisierten, oft auf Nützlichkeitsbeziehungen reduzierten, zweckmäßig eingerichteten Lebensraum stören. Ihr Angebot entzieht sich gelegentlich dem Ordnungssinn und Regelungsbedürfnis von Erwachsenen. Wie die Kinder, sind die Abenteuer- und Bauspielplätze, die Stadtspiele und Spielmobile sowie deren BetreuerInnen einerseits „im Weg" und kommen andererseits manchmal „gerade recht". Man kann die Kinder dort vorübergehend abgeben und sich damit entlasten, andererseits stören solche Einrichtungen, weil sie zu laut sind und Unordnung schaffen.

Spielpädagogische Arbeit in diesem Rahmen steht vor verschiedenen Problemen: Zum einen erschöpft sie sich manchmal in der reinen Animation, was für die BetreuerInnen auch einseitig werden kann, zum anderen kann in ihrem Rahmen nicht auf komplizierte Bedürfnisse der Kinder eingegangen werden. Häufig stößt sie auch auf Mißtrauen, da viele Menschen es sich nur schwer vorstellen können, daß jemand – meistens aus öffentlichen Mitteln – nur dafür bezahlt werden soll, um mit Kindern und Jugendlichen zu spielen. Die PädagogInnen geraten dadurch ihrerseits unter Legitimationsdruck, was sie in Gefahr bringt, die Kinder deshalb „spielerisch" zu bedrängen und ihnen damit die Spielräume wieder zu nehmen, die sie gerade ermöglichen wollten.

Viele Reibungsverluste entstehen auch dadurch, daß spielpädagogische Arbeit meint, mit der Konsumindustrie konkurrieren zu müssen, anstatt Voraussetzungen zu schaffen, damit Kinder und Jugendliche eigene Unterhaltungsformen finden können. Zu allem Überfluß wird aus der Diskussion um einen Abenteuerspielplatz oder ein Spielmobil eine politische Debatte, weil den PädagogInnen vorgeworfen wird, sie würden ihre Arbeit politisch funktionalisieren. Solche Debatten erschweren die Möglichkeit der Kinder, einen Freiraum zu erfahren, der ihnen Gestaltungs- und Entscheidungsmöglichkeiten zugesteht, damit sie für eine gewisse Zeit das sein können, was sie sind, und das ausprobieren, was sie sein könnten. Dazu brauchen Kinder und Jugendliche die Natur, eine anregende Umgebung, damit sie deren Reichtum und Bedrohung erleben können.

Weiterführende Literatur:

Grüneisl, G./Zacharias, W.: Die Kinderstadt. Eine Schule des Lebens. Reinbek 1989
Klug/Roth, (Hrsg.): Spielräume für Kinder. Münster 1992
Harms/Mannkopf (Hrsg.): Spiel und Lebensraum Großstadt. Weinheim 1989
Seeger, R.: Spielplatzgeschichte-Spielalltag, Innovationen auf dem Hintergrund einer historischen Betrachtungsweise. In: Spielmittel 5/1985
Thomas, I: Die Bedingungen des Kinderspiels in der Stadt. Stuttgart 1979
Zacharias, W. (Hrsg.): Spielräume für Kinder in der Stadt. München 1984
Ders. (Hrsg.): Zur Ökologie des Spiels. München 1985
Ders. (Hrsg.): Spielraum für Spielräume. München 1987

3.5.3 Spiel und Zeit

Spiele beginnen, wenn die SpielerInnen sich einem gemeinsamen Regelsystem unterwerfen, und sie enden, wenn die Regeln keine Gültigkeit mehr haben sollen. Die Spielzeit wird unterteilt in Halbzeiten, Pausen, Wechsel, Auszeiten, Anstoß, Abpfiff, Startzeit etc. Der zeitliche Abstand zwischen den Handlungen und gemeinsamen Absichten im Handeln bzw. eine übergreifende Idee verbindet polare Aktivitäten wie zum Beispiel Fangen und Gefangen-Werden durch einen Zeitrahmen. Die Spielregeln regeln also wer, was, wie und wie lange tun kann. Die Bewegung wird beim Wettlauf beispielsweise mit der Zeit und der Strecke (dem Raum) kombiniert. Tempo und Zeiterleben sind dabei sehr individuell: „Während die gemessene Zeit aus sukzessiven Augenblicken besteht, schafft die ‚subjektive' Zeit Verdichtungen vergangener, gegenwärtiger und zukünftiger Elemente zu einer Einheit von Bewegungen, die auseinander hervorgehen, sich gegenseitig enthalten" (Jost 1990:32). Merlau-Ponty spricht in diesem Zusammenhang von „Zeitwellen" (vgl. Merlau-Ponty 1966:320). „Die Einheit der Bewegung ist ein Element der ‚subjektiven' Zeit, sie besteht, solange die Bewegung anhält. Und dieses ist nicht die meßbare Dauer, sondern die ‚subjektive' Zeit des Erlebens" (Jost 1990:32). Wenn zwei Kinder auf der Straße sich über eine bestimmte Strecke eine Coladose gegenseitig zukicken, spricht man von einer Zeitwelle, solange die gemeinsame Bewegung andauert und sie eine gemeinsame Intention hat. Die Entfernung selbst spielt dabei keine Rolle, auch nicht die Geschwindigkeit. Die Frage ist, wie SpielerInnen Zeitverläufe in ihren Bewegungen erleben. Die Zeitwelle beginnt zum Beispiel mit dem Einlauf einer Mannschaft ins Stadion oder mit dem Anstoß des Balles, nach dem Anpfiff. Ab diesem Zeitpunkt beginnt der Einstieg in einen sinnvollen Bewegungszusammenhang, vom dem sich die SpielerInnen (und Zuschauer) erfassen und „forttragen" lassen können. Die Zeitwelle kommt zum Stillstand, wenn die Regel die Zeit bestimmt, das Spiel z.B. abgepfiffen wird oder eine Auszeit fällig ist. Bei anderen Bewegungsspielen, die zum Beispiel ausdauerbetont sind, läuft die Zeitwelle aus. Die Zeit wird über das Ziel hinaus ein wenig ausgedehnt, zum Auslaufen beispielsweise, was die Spannung reduziert. Demgegenüber gibt es Möglichkeiten der Spannungssteigerung bei Spielen, in denen der Raum sich ausdehnt oder eng wird, wie z.B. beim Fangenspiel, wo die Raummenge auf eine Entscheidung hinführt und so das subjektive Zeitempfinden beeinflußt: „Jede Zeitwelle hat einen individuellen Spannungsverlauf, der von Individuum zu Individuum unterschiedlich erfahren werden kann. Es gibt fließende, und nicht gefährdet oder bedrohte Bewegungen, die der SpielerInnen in den Raum hinein ausdehnen kann, die er beschleunigen, harmonisieren in ihrem Rhythmus verlangsamen oder auch auslaufen lassen kann" (Jost 1990:33). Mit der Entscheidung, welche die Zeitwelle mit einem „Aus" enden läßt, werden Rollenverteilungen neu strukturiert und Handlungen möglichen gemeinsamen Intentionen neu zugeordnet. Damit kann die Intention wieder in gemeinsame Bewegung und neuen Zeitwellen geordnet werden.

Diese Abläufe stehen nicht im Widerspruch zu Scheuerls phänomenologischer Beschreibung des Wesensmerkmals „Moment der inneren Unendlichkeit". Das Spiel an sich, seine Bewegungen, streben nach möglicher Ausdehnung in der Zeit, welche allein um der Spannung und Dynamik willen zeitlich reglementiert wird. Das Streben des Spiels nach Ausdehnung einerseits und die Reglementierung der Spielzeit lösen die Wiederholung aus, weil auf diese Weise die Spannung erhalten bleibt, die das Spielbedürfnis zu befriedigen sucht (vgl. Scheuerl 1977:76). Auch die Scheinhaftigkeit des Spiels ist zeitabhängig. Kinder können sich im Spiel einerseits in jede beliebige Zeit versetzen, andererseits steht ihnen der Schein der realen Zeit ambivalent gegenüber. Das Bedürfnis, Spielspannung zu erhalten, läßt sie die Zeit zum Schein außer Kraft setzen. Im Rollenspiel sagen Kinder z.B. „ich wäre jetzt schon tot". Auch hier entsteht Bewegung und Bewegtsein mit gemeinsamer Intention im Verlauf von Zeitwellen. Die Ereignisse der wirklichen Welt, deren Zeit und Bewegung steht im Widerspruch zur subjektiven Zeit im Spiel, was zum Ende des Spiels führen kann, weil sich die wirkliche Zeit z.B. durch Müdigkeit oder Hunger bemerkbar macht. Umgekehrt kann die reale Zeit für Kinder so unverständlich sein, so wenig nachvollziehbar sein, daß Spiel gar nicht entsteht, weil das Kind von Ereignis zu Ereignis jagt oder gejagt wird und dabei weder Freizeit im Sinne frei verfügbarer Zeit noch Langeweile entstehen kann. Das Eintreten in Spiel und damit in eine subjektive Zeit, kann so nicht gelingen. „Verplante" überforderte Kinder sind dafür häufiges Beispiel.

Spiel kommt also nur zustande, wenn Kindern Zeit zur Verfügung gestellt wird, über die sie frei verfügen können, und Eltern und Erzieher der Versuchung widerstehen, jedem Anflug von Langeweile gleich durch organisierte Unterhaltungsprogramme zu begegnen, weil sie die Langeweile der Kinder und die damit verbundenen Äußerungen selbst nicht aushalten. Die Zeitvariable, in Bezug auf den Verlauf kindlichen Spiels, ist bislang wenig untersucht worden. Vielleicht liegt dies an der Schwierigkeit, die Frage der subjektiven

Zeit, das Spielende und die Spielbewegung empirisch genau zu erfassen. Hering schlägt vor die Frage der Spielunterbrechung, die durch Interventionen Erwachsener zustande kommt, zu untersuchen. Bisher vorliegende Untersuchungen haben gezeigt, daß die Spieldauer durch solche Einflüsse um die Hälfte gesunken ist (vgl. Hering 1979:102; Heitkämper 28/1975:66–69, Kluge/Oberfrank. In: Kreuzer, Bd.3 1984:659–674). Das bedeutet, daß mit Spielabbrüchen vorsichtig umgegangen werden sollte. Wie Erwachsene mit ihrer Zeit umgehen, sollte auch reflektiert werden. Eigene geordnete Zeitabläufe ermöglichen es, die Kinder rechtzeitig auf das Spielende hinzuweisen, so daß das Kind das Spiel auslaufen lassen kann, um sich dem wirklichen Leben und der wirklichen Zeit wieder zuzuwenden.

Das Kleinkind lebt im Augenblick. Mit der Erfahrung des Tagesrhythmus entstehen die ersten Bezugspunkte. Zukunftsvorstellungen entstehen schneller, als die der Vergangenheit. Dies ist eine Frage der Motivationen, bzw. dessen, worauf das Kind hoffen kann. Zwischen dem 3. und 4. Lebensjahr wird begriffen, was „heute", „morgen" oder „gestern" heißt. In den Anfängen entstehen so originelle Begriffe wie z.B. „Übergestern". „Gestern" ist in diesem Alter etwas, das irgendwann früher stattgefunden hat. Der Tag-Nacht-Rhythmus und die Jahreszeiten, Festtage und die Freude auf geliebte Personen sind die „Zeitmeßeinheiten" des Kleinkindes. Piagets Untersuchungen zeigen, daß der Zeitablauf des vorschulpflichtigen Kindes vor allem durch räumliche Gegebenheiten repräsentiert wird. Es bewertet die Zeitdauer nach dem sichtbaren Effekt. Läßt man zwei Autos, wovon das eine schneller ist, von einer Grundlinie starten und hält sie gleichzeitig an, behauptet das Kind, das Auto, welches weiter gekommen sei, sei länger gefahren. „Vorgestern" und „Übermorgen" wird erst bei 5–6jährigen sicher angewandt. In der zweiten Grundschulklasse werden Uhrzeit, Monats- und Wochennamen etc. gelernt, und im Normalfall verfügen die Kinder dann auch über eine einigermaßen bestimmte Vorstellung vom Jahresablauf. Die richtige Vorstellung von Zeitläufen wird allerdings erst mit Beginn der Pubertät erworben (vgl. Piaget 1955). Diese Gesichtspunkte sind bei der Spielauswahl und der Durchführung von Spielen ebenso zu berücksichtigen wie bei der Planung der Spieldauer, der Festlegung eines Festkreislaufes im Jahresverlauf, beim Erzählen von Geschichten, der Auswahl von Büchern und besonders bei audiovisuellen Medien wie z.B. Film und Fernsehen, wo Kinder bis zum zehnten Lebensjahr teilweise noch erhebliche Schwierigkeiten haben, Zeitraffer bzw. Zeitsprünge kognitiv zu ordnen.

Weiterführende Literatur:

Portmann, A.: Das Spiel als gestaltete Zeit. In: Zeitschrift f. Pädagogik 21/1975
Jost, E./Smidt, Th.: Kulturelles Spiel und gespielte Kultur. Bewegungsspiel als Dramatisierung des Lebens. Frankfurt 1990
Merleau-Ponty, M: Phänomenologie der Wahrnehmung. Berlin 1966

3.6 Spielmittel

Seit Fröbels „Spielgaben", Montessoris „Sinnesmaterial" und der Entdeckung der Kindheit ist das Spiel als elementare Lebensäußerung ins Bewußtsein der Pädagogik geraten. Allerdings wurde es von der Pädagogik zunächst nur unter dem Aspekt intentionalen Handelns in institutionellen Bereichen betrachtet. Seine Bedeutung für den Alltag wurde außer acht gelassen. Auch die Gegenstände, mit denen die Kindern außerhalb der institutionellen Zusammenhänge spielten, wurden nicht zur Kenntnis genommen; Spielmittel wurden zu Bildungs-, Arbeits- und Therapiemitteln u.ä.
Bei den Spielmitteln wird der Versuch, Spiel erzieherisch nutzbar zu machen, besonders deutlich. Je nach Ausgangspunkt ihrer Erforschung stehen verschiedene Fragen im Vordergrund:
(1) Wie wirkt ein Spielzeug auf die Entwicklung des Kindes (z.B. auf die Sprachentwicklung, Sozialentwicklung etc.)?
(2) Wie ist das Spielmittel technisch-funktionell zu bewerten? Wie gut ist das Material,wie sicher ist es?
(3) Für welche Zielgruppen kommen bestimmte Spielmittel besonders in Frage (Werbestrategien)?
(4) Wie wirken gewisse Spielmittel in bestimmten Institutionen (z.B. Schulen, Behinderteneinrichtungen etc.)?
(5) Welche Spielmittel sind eindeutig gesellschaftserhaltend, welche sind gesellschaftskritisch?
(6) Wie wirken bestimmte Spielmittel auf die Haltung der Kinder (z.B. die Diskussion um das sog. Kriegsspielzeug, Fantasiespiele Video- und Computerspiele etc.)?
Untersuchungen, die sich mit diesen Fragen beschäftigen, werden meist unter labor- oder laborähnlichen Bedingungen gemacht. Die Kinder spielen dann selbstbestimmt oder werden durch Erwachsene

111

angeleitet, was natürlich immer eine Verfälschung der Alltagssituation darstellt.

Kinder definieren im Spiel nicht nur Raum und Zeit, sondern Gegenstände als Symbole und als Sinnzeichen. Das heißt, sie deuten Dinge in der Umwelt willkürlich um und geben ihnen einen anderen Sinn. Der Anhänger vor dem Bauernhaus wird unversehens zum Piratenschiff, den Playmobilfiguren werden Flügel angeklebt, damit sie Engel in der Weihnachtskrippe werden können, der abgebrochene Zweig wird zur Spritze beim Doktorspiel, die Baseballmütze wird zum Mannschaftssymbol, der Modellflieger wird zum Abbild der Wirklichkeit und zum Rollenattribut beim Pilotspielen, die Puppe wird das „eigene" Kind. Gegenstände werden, unabhängig davon, ob sie zum Spiel gehören oder eigentlich für etwas ganz anderes bestimmt sind, zum Spielmittel. Mieskes empfiehlt zur Klärung als übergeordneten Begriff die Pädotropika (pädagogische Hilfsmittel), den er wiederum unterteilt in Spielmittel, Arbeitsmittel und „klinische Mittel" (vgl. Mieskes 10/1969:1770).

Wie könnten nun die Mittel des Spiels kategorial gefaßt werden, damit die Gestaltung einer spielanregenden Umwelt strukturiert und reflektiert werden kann? Mieskes Forderung, Spielmittel zu pädagogischen Führungsmitteln zu machen, kann ich mich nicht anschließen, weil nicht alle Spielmittel durch pädagogisch ambitionierte Bereitstellung bzw. Einflußnahme zur Anwendung kommen brauchen. Den Anspruch, alles was die Welt alles Spielmittel bietet, pädagogisch in irgendeiner Weise zu instrumentalisieren, würde zu einer pädagogischen Lenkung aller Lebensbereiche des Kindes führen. Überträgt man diesen Anspruch auf die Spielmittel des erwachsenen und alten Menschen, wird seine Fragwürdigkeit noch deutlicher. Mieskes etwas pathetische Äußerung „Die „Pädagogik der Spielmittel muß gemeinsames Anliegen im Volke werden" erscheint in diesem Sinne als problematisch (vgl. Mieskes,1970:13). Unter Berücksichtigung dieser Einwände erscheint der Begriff Spielmittel als übergeordneter Begriff durchaus sinnvoll.

Die Einteilung der Spielmittel in Spielmaterial, Spieldinge und Spielzeug hat sich in der Praxis bewährt, z.B. bei der Planung und Ausstattung von Spiel(therapie)räumen und -plätzen. Dennoch sind auch diese Begriffe nicht trennscharf. Erst im Spiel erhalten die Spielmittel konkrete Bedeutung für die SpielerInnen. Sie müssen, wenn sie als Anregung eingesetzt werden sollen, natürlich noch unter den bisherigen Gesichtspunkten wie Lebensweltorientierung, ökologische Vernetzung, entwicklungspsychologische Aspekte betrachtet werden.

3.6.1 Probleme und Fragen der Auswahl und Bewertung von Spielmitteln

Das Material

Das Material verlangt, daß man sich darauf einstellt, sich anpaßt. Es hat Steuerungswirkung, d.h. es kann sich lösend, hemmend und störend auswirken, es kann auch die Konzentration und die Motorik der Kinder beeinflussen. Ein anderer Aspekt ist die Ordnung der Materialien, weil sie in einer Weise aufgehoben werden müssen, daß Kinder sich jederzeit orientieren können. Eine ungeordnete Umgebung führt schnell zu chaotischem Spiel, das sich bei SpielerInnen, die in ihrer Entwicklung gestört oder behindert sind, negativ auswirkt. Die Qualität des Materials ist auch ein wichtiger Gesichtspunkt. Ein Kind, welches sich selbst ungeeignetes Material ausgesucht hat, kann damit neue Erfahrungen machen und experimentieren. Wenn allerdings Erwachsene bzw. ErzieherInnen ungeeignete Materialien an-

---

Abbildung 9: Die Spielmittel

Die Spielmittel
Das sind alle Gegenstände, die Menschen zu verschiedenen Spielformen benutzen

a) Spielmaterial

Das sind Materialien, die im Alltag meist verfügbar sind und nicht für den Zweck des Spiels hergestellt wuden. Im wesentlichen sind das Naturmaterialien (z.B. Erde, Wasser, Pflanzen, Ton, Sand aber auch Papier, Farbe und rückgewonnene Materialien, wie z.b. Wollreste, Stoffreste etc.)

b) Spieldinge

Das sind Dinge, die für eine bestimmte Alltagsfunktion, aber nicht fürs Spiel hergestellt wurden, z.B. Werkzeug, Geschirr, Einrichtungsgegenstände aber auch Gegenstände, die ihre Alltagsbedeutung verloren haben, wie z.B. Kleider, Hüte, Brillen, Schirme etc.

c) Spielzeug

Dieser Begriff kennzeichnet Mittel, die zum Zwecke des Spiels hergestellt wurden, z.B. Bälle, Spielzeugautos, Puppen, Brettspiele, Bauklötze, Spielfiguren (z.B. Playmobil, Barbie) oder Konstruktionsbaukästen (z.B. Fischer-Technik, Lego-Technik)

113

bieten, werden sie unglaubwürdig, weil sie die Absichten der Anderen nicht ernst nehmen und sie deshalb mißachten. Das Angebot von gutem Material ist Audruck der Wertschätzung dem Kind gegenüber. Die AnbieterInnen von Spielmitteln sollten um Fachkenntnisse hinsichtlich der Verarbeitungsmöglichkeit von Materialien und Werkzeugen bemüht sein. Kein Spielzeugwerkzeug, sondern Handwerkerqualität, ist Voraussetzung für erfolgreiche Anwendung.

Auch wenn gespielt wird, brauchen Kinder Hinweise, wie mit dem Werkzeug umgegangen und nicht umgegangen werden darf: daß Raspeln nicht als Schwerter und Schnitzmesser nicht als Bohrer verwendet werden dürfen etc. Dennoch sollten noch genügend Spielraum übrig bleiben, damit sie ihre eigenen Erfahrungen machen können.

Die Spieldinge

Damit sind Gegenstände gemeint, die nicht im Sinne eines Spielangebots bereitgestellt werden, sondern im Alltag andere Bedeutung haben und zum Spielding gemacht werden. Ihre Verwendung muß nicht an einen Zweck gebunden sein. Im Anschluß an das Spiel sollten sie wieder ihrer Funktion gemäß eingesetzt und verwendet werden können. Die Metamorphose von Gegenständen ist für die Entwicklung der Vorstellungskraft und der Phantasie sehr wichtig. Im Spiel kann das Wesen der Dinge erfaßt werden. In einem Puppentheater aus der Besteckschublade spielt die große Suppenkelle mit anderen Bewegungen und anderer Stimme als die Fleischgabel oder der Zuckerlöffel. Da die Dinge im alltäglichen Gebrauch von unterschiedlichen Personen benutzt werden, wird auf diesem Weg auch die Beziehung zu diesen Personen symbolisiert – das kann von der Zerstörung bis zum ganz besonders pfleglichen Umgang mit einem Ding geschehen.

Das Spielzeug

Damit sind Dinge gemeint, die nur deshalb hergestellt werden, weil mit ihnen gespielt werden soll. Spielzeuge sind wie Werkzeuge und Spieldinge Bestandteile unserer Kultur (vgl. Berg 1/1985:96), sie weisen darauf hin, daß das Spiel Existenzial menschlichen Lebens ist. „Gerade Spielzeug bildet (...) zeittypische Lebensverhältnisse ab, und zwar des Hauses, ebenso wie der Arbeit, der technischen Entwicklung, wie der Verkehrsbedingungen. Dafür stehen einzelne Hausgeräte en miniature, bis hin zur perfekten Puppenküche, dafür stehen Kaufmannsladen ebenso wie Bauernhof, stehen alle bewegten Spielzeuge bis hin zum Elektronikbaukasten und schließlich als Abbild der ‚Industrialisierung von Raum und Zeit' vor allem die Spielzeugeisenbahn, die Autos, die Kranwagen, Feuerwehren, zuletzt die ferngesteuerten Land-, Wasser-, Luft-, ja Weltraummobile" (Berg, 1/1985:98).

Die Geschwindigkeit der technologischen Entwicklung auch im Spielzeugsektor macht es Eltern und PädagogInnen schwer, sich zurecht zu finden. Kinder erfassen neue Entwicklungen schneller als die Mehrzahl der Erwachsenen. Der Einzug des Computers ist ein beredtes Beispiel. Kinder sprechen eine (Computer-)Sprache, die viele Eltern und ErzieherInnen nicht verstehen. Der familienübergreifende Austausch mit Freunden führt schnell auch zu einem kompetenten Umgang mit hardware und software. Die Folge ist, daß die Erwachsenen erleben, wie Kinder mit etwas umgehen, was ihnen unter Umständen verschlossen ist. Sie fühlen sich ausgeschlossen, der Wissensvorsprung kann in kurzer Zeit nicht mehr nachgeholt werden, und die Diskussionen um diese Themen werden unsachlich und sind von Vorurteilen und Mutmaßungen geprägt. Ideologisch geprägte Technikfeindlichkeit verstärkt diesen Konflikt. Um zu einer sachlichen Beurteilung dieser Spielzeuge zu kommen, ist Offenheit gegenüber technischen Entwicklungen notwendig, damit eine Basis für sachbezogene kritische Auseinandersetzung möglich wird. Nicht alle Spielzeuge sind Abbilder der aktuellen Lebenswirklichkeit. Es gibt auch archetypisches Spielzeug sowie bestimmte Grundmuster, die sich nicht gewandelt zu haben scheinen. Dazu zählen zum Beispiel Hüpfspiele, Fangspiele, Brett-und Kartenspiele, Trommeln, Pfeifen etc.

Andere Spielzeuge offenbaren auch das Lebensgefühl einer bestimmten Epoche. Die Raumfahrtserie von Lego oder Playmobil sind nicht nur Abbild moderner Technologie, sondern sie ermöglichen es auch Kindern Macht- und Herrschaftsgefühle auszuagieren. Das Angebot moderner Technologie im Spielzeug orientiert sich häufig an Fernsehfilmen; häufig kommt zu einem Film das entsprechende Spielzeug auf den Markt. Altes Spielzeug, wie z.B. ein Kohleherd einer alten Puppenküche, wird romantisch verklärt, aufbewahrt und ausgestellt, weil der alltägliche Umgang damit nicht mehr erfahren und die damit verbundenen Empfindungen nicht mehr nacherlebt werden können.

Bei der Überlegung, welches Spielzeug in der pädagogischen Arbeit bereit gestellt werden soll, darf die Frage nach dessen Wirkung nicht vernachlässigt werden. Dabei geht es nicht nur um die eindeutigen Botschaften bestimmter Spiele – z.B. rassistische und sexistische

Spiele, Computerspiele, die offen oder versteckt für extremistisches Gedankengut werben sollen –, sondern auch darum, ob das Angebot oder der Kauf von Spielzeugen eine Ersatzbefriedigung – z.B. für mangelnde Zuwendung oder der emotionale Verarmung – darstellt. Nach welchen Gesichtspunkten sind Spielmittel auszuwählen? Es ist kaum möglich und auch nicht sinnvoll, allgemeingültige Kriterien aufzustellen – nicht nur, weil in den unterschiedlichen Praxisfeldern natürlich auch ein unterschiedliches Spielmittelsortiment bereitstehen muß –, sondern weil diese Auswahl immer die jeweilige Lebenswelt der Kinder, ihre individuelle Entwicklung und die ökologische Vernetzung berücksichtigen muß. Voraussetzung ist immer die Beobachtung, auf deren Hintergrund die allgemeingültigen Kriterien Anwendung finden können, die hier beispielhaft zusammengestellt wurden.

3.6.2 Kriterien zur Bewertung und Auswahl von Spielmitteln

(1) Allgemeine entwicklungspädagogische Kriterien

Die Auswahl der Spielmittel sollte ein ausgewogenes Verhältnis von Spielmaterial, Spieldingen und Spielzeug enthalten und sich an spielauslösenden Bedürfnissen orientieren (Ruhe- Konzentrations-, Mitteilungs-, Kontakt-, Bewegungs- und Darstellungsbedürfnis). Alle Spielformen (Funktionsspiel, Symbolspiel,Rollenspiel etc.) sollten der Alters- und Entwicklungsstufe der Zielgruppe entsprechen. Spielanlässe, -räume und -zeiten sind ebenso zu bedenken wie der Bewegungswert der Spielmittel. Auch der Erfahrungswert hat Bedeutung: „Im Umgang mit den Spielmitteln mehrt und vertieft das Kind seine Erfahrungen. Es schult seine Sinne und prägt sich die Zusammenhänge von Ursache und Wirkung ein" (Herzka 1974:44). Folgende Fragen sollten bei der Auswahl noch berücksichtigt werden: Zu was regt das Spielmittel an? Ist es geschlechtsspezifisch? Wie gestaltet es die Beziehungen zwischen Eltern, ErzieherInnen, MitspielerInnen etc.?

(2) Die ethische Bewertung der Spielmittel.

Damit ist die Qualität gemeint, nicht die Frage, ob „töten", „Räuber sein" u.ä. im Spiel erlaubt werden darf. Das Kind das Räuber spielt,übt nicht eine künftige Rolle, sondern versucht herauszufinden was „Räuber sein" ist. In die ethische Dimension würde auch die Frage fallen, wieviel ein Kind mit seinem Haustier spielen darf, weil

Kinder einerseits ihre Verpflichtung gegenüber dem Haustier schnell vergessen und andererseits manchmal die Gefahr besteht, daß sie es „zu Tode lieben".

3) Die technische Bewertung der Spielmittel
Diese betrifft die Funktionstüchtigkeit des Spiels, die gewährleistet bleiben soll. Das Material soll beständig sein, darf keine giftigen Stoffe enthalten. Die Spielzeug soll ein gutes Design haben, d.h. es muß ergonomischen und ästhetischen Ansprüchen genügen und einen größtmöglichen Sicherheitsstandard aufweisen. Allerdings ist absolute Sicherheit auch nicht wünschenswert, weil sie die Erfahrungsmöglichkeiten einschränkt – auch hier muß der richtige Mittelweg gefunden werden (vgl. Bambach 2/1981:72–74).

Weiterführende Literatur:

Anstötz, Ch.: Die „Spielmittelbeurteilung" als Gegenstand logischer Analyse. Vom Sinn methodologischer Überlegungen für die pädagogische Praxis bei Geistigbehinderten. In: Spielmittel 4/1984
Bambach,G.: Keine absolute Sicherheit bei Spielmitteln! Alle Sicherheit beim Kinde? In: Spielmittel 2/1981
Fritz, J.: Spielzeugwelten. Eine Einführung in die Pädagogik der Spielmittel. Weinheim/München ²1992
Hirschfeld/Kluge: Spielen und Spielverhalten, Basisbefunde zur Entwicklung einer kindzentrierten Spielpädagogik für Behinderte und Nichtbehinderte, Berichte zur Erziehungstherapie und Eingliederungshilfe 1. München 1980
Hübschmann, K.: Spielzeug-Sicherheit – klein oder groß geschrieben? In: Spielmittel 1/1985 (Der Artikel enthält Tabellen über die wichtigsten Rechtsvorschriften, und DIN-Normen Sicherheitsempfehlungen für Spielmittel.)
Oerter, R., Psychologie des Spiels. Ein handlungsorientierter Ansatz, München 1993
Retter, H.: Spielzeug. Handbuch zur Geschichte und Pädagogik der Spielmittel. Weinheim/Basel 1979

3.7 Didaktisch-methodische Analyse zur Entwicklung und Planung von Spielereignissen

Im folgenden sollen anhand verschiedener Reflexionsebenen die Gesichtspunkte aufgezeigt werden, die für die lang-, mittelfristige und kurzfristige Planung von Spielereignissen wichtig sind. Die Elemente, die bislang unter den zusammenfassenden Begriffen Spiel und päd-

agogisches Handeln thematisiert wurden, werden jetzt zusammenfassend als Elemente einer Spielsituation dargestellt.
Diese Elemente werden bei der Planung und Durchführung von Spielereignissen berücksichtigt.

3.7.1 Elemente der Planung

Es mag widersprüchlich erscheinen, Spiel als genuin absichtsfreies Handeln jetzt in Zusammenhang mit dem Begriff der didaktischen Analyse zu bringen. Die Didaktik des Spiels bezieht sich allerdings nicht, wie die schulpädagogische Didaktik, auf curricular vorstrukturierte, lerntheoretisch orientierte Ziele, sondern auf die Voraussetzungen, unter denen kindliches Spiel zu betrachten und zu fördern ist (vgl. Höltershinken 1993:169).

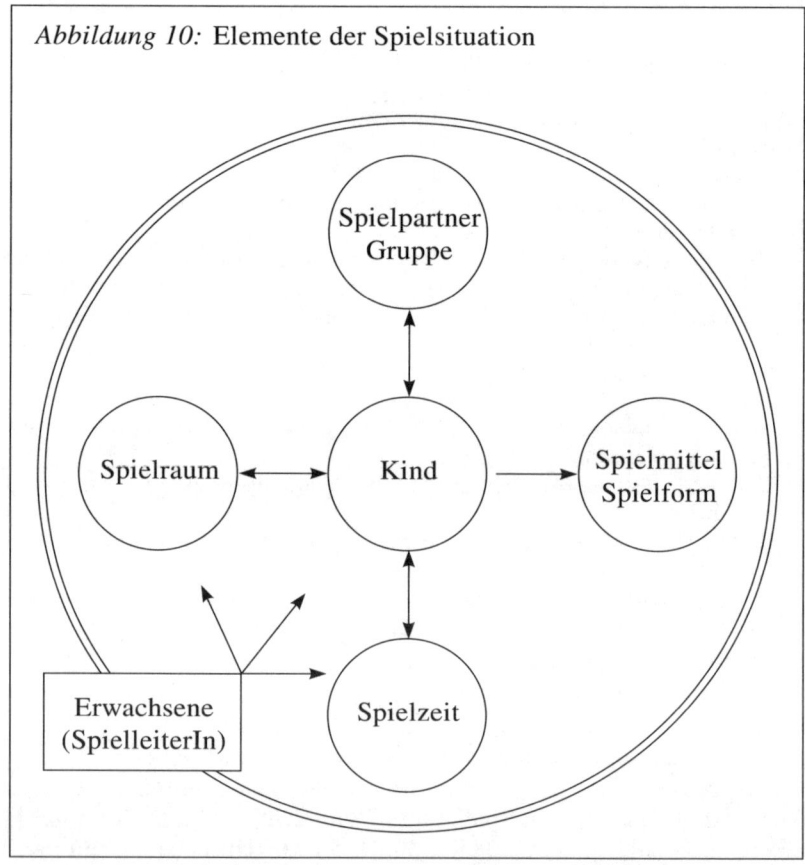

Abbildung 10: Elemente der Spielsituation

Die Spielpraxis von Kindern und Jugendlichen zeigt, daß es falsch ist zu glauben, selbstbestimmtes, intrinsisch motiviertes, von äußeren Absichten freies Spiel können auf didaktische Elemente zur Planung verzichten. Im Gegenteil: Damit sich die pädagogischen Interventionen darauf beschränken könne, die Voraussetzungen für das Spiel zu ermöglichen, ist eine didaktische Analyse von Spielereignissen notwendig. Vom Erzieher verlangt diese Vorgehensweise ein hohes Maß an Selbstkontrolle. Die didaktische Analyse des Spiels beinhaltet die in den vorigen Kapiteln behandelten Zusammenhänge, die – unter dem Aspekt der Planung und der Reflexion strukturiert – Voraussetzungen aufzeigen sollen, wie „gelingendes" Spiel entstehen kann (vgl. Heimlich 1993:110,111). Heimlich schlägt in diesem Zusammenhang verschiedene Bezugsebenen der spieldidaktischen Reflexion vor.

Abbildung 11: Die didaktischen Bezugsebenen

Planungs- und Reflexionsebene	Planungs- und Reflexionsaufgaben (bezogen auf die jeweiligen Handlungsfelder)
Langfristig	Konzeptionelle Planung und Reflexion
	Lebensweltlich-ökologische Analyse
	Entwicklung einer Spielkonzeption
	Festlegung konzeptioneller Schwerpunkte
	Planung der materiellen, finanziellen und personellen Ausstattung
	Konzeption des konzeptionellen Realisierungsprozesses
	Planung und Reflexion der Beteiligungsmöglichkeit von Kindern und Jugendlichen
Mittelfristig	Planung von Spielaktionen mit großen Zielgruppen
	Entscheidung über Anlaß, Thema, Inhalt der Aktion
	Entscheidung über Spielformen und Spielarten
	Festlegung von Orten, Zeitpunkten und Zeitdauer
	Organisatorische Vorbereitung
	Planung des Verlaufs
	Reflexion des Planungsprozesses und der Teilnahme von Kindern und Jugendlichen am Prozeß
Kurzfristig	Planung und Reflexion von kleinen Projekten mit kleinen Zielgruppen
	Gestaltung von Spielmöglichkeiten
	Gestaltung von Spielhandlungen
	Reflexion des Einflusses der Beteiligten (Kinder, Jugendliche, Erwachsene) am Verlauf

In Anlehnung an Heimlich werde ich diese Bezugsebenen im Hinblick auf unterschiedliche Praxisfelder und die dort anfallenden Fragestellungen und Aufgaben differenzieren.

Elemente einer langfristigen Planungs- und Reflexionsebene (Konzeptionsplanung):

(1) Analyse der Lebenswelt von Kindern und Jugendlichen und deren ökologische Vernetzung;
(2) Entwicklung eines umfassenden Spielkonzepts für das betreffende Handlungsfeld, einschließlich der Planung der Handlungsschritte zu seiner Realisierung sowie dessen Abstimmung mit dem pädagogischen Gesamtkonzept der Einrichtung;
(3) Klärung und Entwicklung von Schwerpunktbildungen im Spielkonzept, Abstimmung mit dem pädagogischen Gesamtkonzept;
(4) Planung der personellen, materiellen und finanziellen Ausstattung;
(5) Reflexion des Realisierungsgrades des Spielkonzepts;
(6) Planung und Reflexion der Möglichkeit, wie die Kinder und Jugendlichen entwicklungsadäquat an den Aufgaben beteiligt werden können.

Elemente einer mittelfristigen Planungs- und Reflexionsebene

Während die langfristige didaktische Planung und Reflexion sich im wesentlichen noch auf einer theoretischen Ebene vollzieht, bezieht sich die mittelfristige Planung und Reflexion auf Spielsituationen, die eine längere Vorlaufphase für Planung und Organisation haben. Die Erfahrung einzelner OrganisatorInnen mit Großgruppenspielen sind in der mittelfristigen Planung in der Regel hilfreich.

Mittelfristige Planungselemente beziehen sich im wesentlichen auf die Planung von Spielaktionen mit großen Zielgruppen. Sie umfassen Entscheidungen hinsichtlich:
(1) Anlaß und Thema der Spielaktionen auf der Basis der Lebenswelt der zu erwartenden SpielerInnen und Spielgemeinschaften und deren ökologischer Vernetzung;
(2) Spielformen und Spielarten im Hinblick auf die voraussichtlichen TeilnehmerInnen;
(3) Entscheidung über Zeit und Spielraum (-Ort) des jeweiligen Ereignisses;
(4) Organisatorische Vorbereitung der Veranstaltung, Vorbereitung der erforderlichen Spielmittel (Spielmaterial, Spieldinge, Spielzeug), Werkzeuge, Öffentlichkeitsarbeit, Einkauf, Einholen von Genehmigungen, Aufgabenverteilung Finanzen etc.

(5) Themen- bzw. anlaßbezogene Vorbereitungen, wie z.B. die Reflexion des geplanten Spielereignisses auf dem Hintergrund des Sinnes des Festes bzw. der Spielaktion;

(6) Planung des konkreten Ablaufs; Spielleitungen, Hilfestellungen, flexible räumliche, zeitliche Alternativen und Anpassung des Spielverlaufs an mögliche Veränderungen im Umfeld;

(7) Planung und Reflexion der möglichen Beteiligung von Kindern und Jugendlichen, aber auch von Eltern und anderen Personen an den mittelfristigen Planungsaufgaben. Die mögliche Verhinderung spielhemmender Erwachsenendominanz ist dabei zu beachten.

Elemente einer kurzfristigen Planungs- und Reflexionsebene

Die Elemente der Planungs- und Durchführungsphase folgen sehr schnell, teilweise sogar unmittelbar aufeinander, Entscheidungen über den Spielverlauf müssen rasch getroffen werden und lassen kaum noch didaktischen Überlegungen Raum. Gerade sie erfordern die Reflexion situativ geänderter Spielmöglichkeiten und Spielhandlungen (vgl. Heimlich 1993:109–120).

Ebenen kurzfristiger Planung beziehen sich schwerpunktmäßig auf Spielereignisse und kleine Spielprojekte in überschaubaren offenen oder geschlossenen Gruppen. Kurzfristigkeit bezieht sich nicht auf den Abstand zwischen Planung und Vorbereitung, sondern auf den Abstand zwischen Planung und Ereignis. Kurzfristig geplante Spielereignisse sind in der Regel eingebettet in ein lang- und mittelfristig angelegte Spielkonzept.

(1) Die Gestaltung der Spielmöglichkeiten. Sie beinhaltet die Bereitstellung und die Organisation von Spielmöglichkeiten (auch auf dem Hintergrund mittelfristiger und langfristiger Konzepte) Auswahl Beurteilung und Einsatz von Spielmitteln, Werkzeugen, Gestaltung der räumlichen Bedingungen, des zeitlichen Verlaufs und der möglichen sozialen Beziehungen im Spiel, sowie deren Reflexion;

(2) Die Gestaltung der Spielhandlungen, Berücksichtigung der Individuallage von SpielleiterInnen und SpielerInnen, deren Kompetenz, Entwicklungssituation, die Anforderungen der Spiele an die Teilnehmer (auch der SpielleiterInnen);

(3) Reflexion der Beteiligung der Erwachsenen und deren Einfluß auf das Spiel.

Zusammenfassend läßt sich feststellen, daß die verschiedenen Ebenen didaktischer Reflexion, die hier temporär geordnet erscheinen, relativ grob strukturiert sind. Sie beziehen sich auf die Planung, Entwicklung und Reflexion von langfristigen Konzeptionen, mittelfristiger und kurzfristiger Planung von Voraussetzungen Spielmöglichkeiten und Spielhandlungen. Die Berücksichtigung spieltheoretischer Grundlagen, wie z.b. der phänomenologischen Sicht des Spiels, der Spielformen, des geschlechtsspezifischen Spielverhaltens etc. wurden hier noch nicht in differenzierter Weise eingearbeitet. In der Erarbeitung einer didaktischen Analyse für konkrete Handlungsfelder sind diese natürlich differenzierter zu berücksichtigen.

Weiterführende Literatur:

Einsiedler, W.: Das Spiel der Kinder. Zur Pädagogik und Psychologie des Kinderspiels. Bad Heilbrunn [2]1994
Gassner/Maier: Vom situativen Planen (I) und (II). In: Engelhardt, D. (Hrsg.): Handbuch der Elementarerziehung. Seelze 1992
Heimlich, U.: Einführung in die Spielpädagogik. Eine Orientierungshilfe für sozial-, schul- und behindertenpädagogische Handlungsfelder. Bad Heilbrunn 1993

3.7.2 Methodische Fragen der Gestaltung und Förderung von Spielmöglichkeiten und Spielhandlungen

Kinder und auch Jugendliche leben in einer Umwelt, die in Großstädten unter dem Stichwort „Verinselung" und „Vereinzelung" zu kennzeichnen ist (vgl. Zeiher 1983,1990).
Diese Veränderungen erfordern immer mehr pädagogische Institutionen, welche die Defizite, die durch diese Lebensbedingungen entstehen, ausgleichen sollen. Spiel muß durch Erwachsene, ErzieherInnen ermöglicht und gefördert werden (vgl. Zeiher 1983,1990), es „... muß eben gelehrt und gelernt werden" (Hetzer 1982:77).
Die meisten Kinderspiele sind zweckfrei, was durch die Beteiligung von Erwachsenen am Spiel nicht automatisch gefährdet wird; die unmittelbare erzieherische Absicht im Spiel stellt die Zweckfreiheit allerdings in Frage.
Es ist sinnvoll, Spiel nicht auschließlich als isolierte kindliche Tätigkeit zu betrachten, sondern die Erwachsenen-Kind-Interaktion von vornherein in spielpädagogische Handlungskonzepte einzubeziehen (vgl. Einsiedler 1994:144). Diese Auffassung wird durch empirische Spielinterventionsforschungen gestützt, die zeigen, daß bestimmte

typisierte Handlungsweisen von Erwachsenen kindliches Spiel, sofern die „Einmischung" gewünscht war, positiv beeinflussen können (vgl. Heimlich 1993:82).

Die Absicht, Spiel und Spielentwicklung zu ermöglichen, erfordert ein methodisches Konzept, das kultivierte Formen des Spiels fördert, ohne daß die subjektive Freiheit, der spontane, selbstbestimmte und selbstkontrollierte Charakter des Spiels verhindert wird (vgl. Einsiedler 1994:146, Hetzer 1982:36).

Aus dieser Überlegung heraus unterscheidet van der Kooj deutlich zwischen Spiel und Pädagogik, die seiner Auffassung nach ihrer Wesensfremdheit nicht miteinander vereinbar sind (van der Kooj 1991:253). Mit Neukäter hat er in einer großangelegten Studie nachgewiesen, daß emotionale Anteilnahme der Eltern die Intensität des kindlichen Spiels positiv beeinflußt, lenkende Eingriffe die Intensität des Spiels aber nicht nachhaltig steigern. Van der Kooj spricht deshalb nicht von „Spielpädagogik", sondern von „Spielförderung", womit er sich gegen den Versuch wendet, Kinder und Jugendliche durch Spiel erziehen wollen (van der Kooj 1991:252,253).

Eine wesentliche Schwierigkeit spielfördernder Handlungsformen liegt im Spannungsverhältnis von aktiven Formen, sich zu beteiligen, und passiven Formen des Gewährenlassens. Begriffe wie z.B. „aktive Passivität" (Merker/Rüsing/Blanke 1980), „Führen" und „wachsen-lassen" (Litt 1961) sowie „Geistesgegenwart" machen dieses Dilemma deutlich. Handlungsformen der aktiven Gestaltung und der Beobachtung dürfen einerseits spontane Spieltätigkeiten nicht durch Erwachsenentätigkeit überlagern und andererseits nicht in Desinteresse umschlagen. ErzieherInnen haben somit stets zwischen aktiven und passiven Handlungsmustern auszublanacieren sowie situativ auf wechselnde kindliche Spieltätigkeiten einzugehen. Jedes aktive spielfördernde Handlungsmuster trägt dabei auch seinen passiven Gegensatz in sich, so daß die Fähigkeit des Sich-Einbringens sehr stark mit der Fähigkeit des Sich-Zurück-Nehmens verbunden bleibt. Das Spannungsverhältnis von Aktivität und Passivität muß aufrecht erhalten bleiben: „Eine spielerische Umgebung, in der spielerische Pädagogen anwesend sind und auf spielerische Weise dem Kind entgegentreten, ist die optimale spielfördernde Situation" (van der Kooj 1993:163).

Im folgenden möchte ich, auch wenn es in der Spieltheorie noch keinen in sich geschlossenen Handlungsansatz gibt, praxisrelevante Prinzipien und Formen der Spielförderung darstellen, welche die besondere Eigenart und Wesenhaftigkeit des Spiels berücksichtigen sowie Spielsituationen und Spieltätigkeiten unterstützen und anregen.

Prinzipien der Spielförderung:

In Anlehnung an Heimlich sollen hier Prinzipien der Spielförderung dargestellt werden, die die Grundlage für die praktische Gestaltung von Spielmöglichkeiten und Spielhandlungen sein können:
(1) Multidimensionalität;
(2) Akzeptanz;
(3) Gestaltung von Spielmöglichkeiten.
Diese Handlungsprinzipien sollen für die Förderung des spontanen, phantasievollen und selbstkontrollierten Spiels von Kindern und Jugendlichen handlungsleitend sein (vgl. Heimlich 1993:87).

(1) Multidimensionalität

Multidimensionalität ist das Bemühen um Ganzheitlichkeit. Dabei geht es um den sozialen Aspekt – die Kinder sollten ihre die SpielpartnerInnen soweit als möglich verstehen und unterschiedliche Wünsche und Motive im Interesse des Spiels zusammenzuführen –, den emotionalen Aspekt – personal bedeutsame Erfahrungen, Erlebnisse, Ängste und Haltungen sollen im Spiel zugelassen werden – und den kognitiven Aspekt – das Grundwissen sollte erhalten werden, um bestimmte Spieltätigkeiten ausführen zu können und durch das Verständnis von Spieltätigkeiten die Möglichkeiten des Phantasiespiels zu erweitern. Hinzu kommt noch die Notwendigkeit, die Kinder in ihren sensomotorischen Möglichkeiten zu unterstützen, damit der sinnliche Kontakt zur Umwelt im Bewegungsspiel möglich wird (vgl. Heimlich 1993:87,88).

(2) Akzeptanz

„Wenn die Spieltätigkeit aus eigenem Antrieb aufgenommen wird (intrinsische Motivation), von den Kindern selbst überschaut und kontrolliert wird (interne Kontrolle) und die Tendenz hat auf eine Phantasieebene auszuweichen (so-tun-als-ob), dann stellt sich allerdings mit allem Nachdruck das Problem der angemessenen Haltung des Erwachsenen in diesem Prozeß" (Heimlich 1993:88).
Spielideen und -wünsche der Kinder dürfen von Erwachsenen nicht einfach ummanipuliert werden. Dazu bedarf es eines hohen Maßes an Flexibilität und große Offenheit in der Konzeption der Spielmöglichkeiten. Akzeptanz bezieht sich nicht nur auf das Spiel an sich, sondern auch auf die subjektive Freiheit und Selbstbestimmung, innere Kontrolle und intrinsische Motivation, die durch Entwicklungshemmung oder -störung beeinträchtigt wird.

Spielförderung kann, je nach individueller Situation eines Kindes oder Jugendlichen, auch bedeuten, daß auf konkrete Hilfen bewußt verzichtet wird, weil die Unterstützung und/oder Motivationsversuche „von außen" abgelehnt werden, weil sie die Erfahrung der Spielstörung bewußt werden lassen. Gerade wenn Menschen ein großes Bedürfnis nach Freiheit und Selbstbestimmung haben, das allerdings durch Entwicklungshemmung oder Entwicklungsstörungen beeinträchtigt ist, sollte man ihnen zwar die Möglichkeit geben, zu spielen, sollte es jedoch akzeptieren, wenn sie es gerade dann nicht wollen. Die Förderung liegt gerade dann in der erwatungslosen Haltungen, in der Akzeptanz der Spielverweigerung und damit auch in der Akzeptanz der Person.

Ob Kinder und Jugendliche unterstützt oder gefördert werden wollen, sollte bewußt geklärt werden, bevor Erwachsene in das Spiel intervenieren. Außerdem ist es immer Sache der Kinder und Jugendlichen, selbst zu bestimmen, ob sie spielen wollen oder nicht und ob das, was sie gerade tun, unter die Kategorie des „Spiels" fällt.

(3) Gestaltung von Spielmöglichkeiten

Spielsituationen sollten so offen gestaltet werden, daß das Unfertige, Offene, nicht Perfekte in einer für SpielerInnen überschaubaren Ordnung angeboten wird. Überschaubare Situationen sind die Voraussetzung dafür, daß Kinder und Jugendliche ihre Spielsituationen selbst strukturieren können. Unübersichtlichkeit, Unordnung im Raum, der Zeit, den Spielmitteln erschwert die Entfaltung. Es handelt sich also nicht um Ordnung als autoritäres Prinzip, sondern um Ordnung als Voraussetzung für befriedigende Spielsituationen.

Schmutzige Räume, unsortierte Spielmittel, Unklarheiten hinsichtlich des Zeitpunkts und der zeitlichen Grenzen verunsichern die Betroffen, beeinträchtigen deren Kreativität reduzieren das Spielbedürfnis.

Die Stärke der Interventionen hängt von der Spielfähigkeit bzw. der Spielqualität von Kindern und Jugendlichen und den Spielerfahrungen bzw. dem Grad des Gruppenbewußtseins von Spielgruppen ab.

Methodische Aspekte der Spielförderung:

In folgenden sollen typische Handlungsmuster dargestellt werden, die zum Spiel anregen und es fördern sollen. Ihre weitere Differenzierung ist auf dem Hintergrund des jeweiligen Praxisfeldes zu entwickeln.

(a) Schutz
Kinder und Jugendliche beim Spielen gewähren lassen ist ein besonders wichtiger Aspekt der Spielförderung. ErzieherInnen, die sich in Spiele nicht nur nicht einmischen, sondern dieses Spiel auch schützen (z.B. gegen Störungen aus der Umwelt, von anderen Gruppen etc.), verhalten sich spielfördernd. Spiele, an denen die Erwachsenen nicht beteiligt werden, bieten Kindern andere Erfahrungsmöglichkeiten als Spiele in gemischtaltrigen Zusammenhängen. Auch reine Jungen- oder Mädchenspielgruppen sind für die Betreffenden sehr notwendig.

(b) Unterstützung und Anregung
Zur Unterstützung gehören Anregung, Ermutigung, nicht Überlistung oder Überredung. Die SpielerInnen sollen nach Möglichkeit ihr Spiel selbst in die Hand nehmen. Anregung und Unterstützung ist aber auch notwendig, wenn SpielerInnen stereotype Spielformen entwickeln, weil ihnen – aus den verschiedensten Gründen – keine Möglichkeit geboten war, eine individuelle und vielfältige Spielkultur zu entwikkeln. Kinder mit einem Überangebot von gekauftem Spielzeug und einem Mangel an Spieldingen (z.B. Kisten, Stühle,Tische etc.), wissen mit diesen Spieldingen nichts anzufangen.
Der einseitigen Auswahl von Spielthemen kann auch ein Mangel an Erfahrungsmöglichkeiten zugrundeliegen, dem behutsam entgegenzuwirken ist.
Anregung und Unterstützung benötigen auch Kinder, die gerade in eine neue Entwicklungsphase kommen, wo Verunsicherungen auftreten und Fähigkeiten und Fertigkeiten, die als sicher verfügbar betrachtet wurden, plötzlich nicht mehr sicher zur Verfügung stehen (z.B. die veränderte körperliche Situation zu Beginn der Pubertät und Bewegungsspiele).

(c) Gegenwirkung
Wenn SpielerInnen aktiv versuchen, Spielhandlungen zu zerstören (körperliche Angriffe, Zerstörung von Spielmitteln und Spielprodukten), sollten geeignete Maßnahmen ergriffen werden, die sich sinnvollerweise nicht gegen die Person des Störers, sondern gegen die Störung als solche und gegen die Bedingungen, die die Störung auslösen, richten: Unterbrechung des Spiels, Anpassung des Spiels an die individuellen Bedingungen der SpielerInnen bzw. SpielstörerInnen, Veränderung des Spielangebots, geringere Mißerfolgserwartung der Spiele etc. Je extremer die Störungssituationen sind, um so eher sind auch andere Reaktionen zu bedenken (z.B. Abbruch des

Spiels, Klärung des Konflikts mit der Gruppe gemeinsam, Spielausschluß etc.).

(4) Gestaltung von Voraussetzungen für Spielmöglichkeiten

Bei diesem Punkt ist in erster Linie an das spontane Spiel gedacht. In diesem Zusammenhang notwendige Entscheidungen sind sinnvollerweise am Entwicklungsalter und an spieldidaktischen Überlegungen zu orientieren.
Die folgenden Gesichtspunkte zeigen eine mögliche Struktur für Entscheidungen hinsichtlich der Gestaltung materieller Voraussetzungen für Spielmöglichkeiten.
(a) Spielmittelauswahl; zur Basisausstattung gehören Spielmaterialien – z.B. Hölzer, Papier, Pappe –, Spieldinge – z.B. Spiegel, alte Kleider und Hüte, Einrichtungsgegenstände – und Spielzeug für die verschiedenen Spielformen – z.B. Playmobil für Rollenspiele, Lego für Konstruktionsspiel, Bälle, Hüpfseile für sensomotorische Spiele etc.;
(b) die Zugänglichkeit und Verfügbarkeit der Spielmittel betrifft die räumliche Zuordnung der Spielmittel – ob sie z.B. in den Keller, in die Wohnung, nach Drinnen oder Draußen gehören –, die Aufbewah-

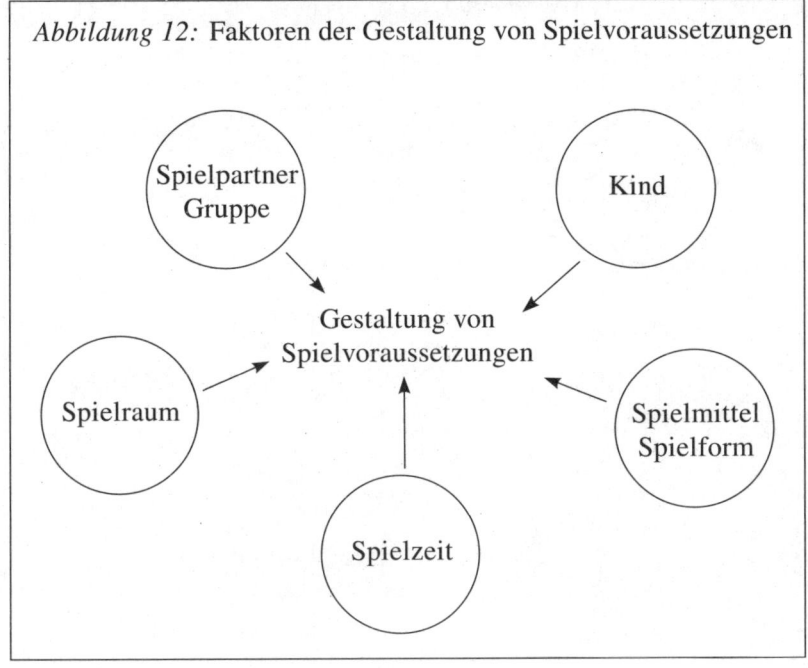

Abbildung 12: Faktoren der Gestaltung von Spielvoraussetzungen

rung im Raum (ob sie offen, sichtbar oder im Schrank etc. liegen) und die die Verfügbarkeit der Spielmittel – ob sie ungefragt verfügbar sind oder nicht;

c) die räumliche Gestaltung betrifft die Platzierung der Einrichtungsgegenstände – um unterschiedliche Spielbedürfnisse, z.b. ruhige oder aktive Spiele zu ermöglichen –, die farbliche Gestaltung – z.b. beruhigende oder aktivierende Wirkung von Farben –, die Darstellung der Gemeinschaft im Raum – z.B. Bilder von Gemeinschaftserlebnissen im Spiel, im Sinne eines Gruppenbewußtseins –, die Möglichkeit, sich als Individuum im Raum wiederzuerkennen – z.b. Spielprodukte, oder angefangene Spielprodukte, die an bestimmten Plätzen stehenbleiben, die Schaffung unterschiedlicher Raumhöhen bzw. Spielebenen und Raumzonen –, die Raumnutzungsregeln – z.b. Festlegung der Räume für bestimmte Spielformen –, die Zeitpunkte und Zeitdauer von Spielmöglichkeiten festlegen – z.b. Tages-, Wochen-, Jahreszeiten, kirchliche Feste, persönliche Feste etc. – die Anpassung der räumlichen, zeitlichen, materiellen Voraussetzungen für Spielmöglichkeiten – z.b.veränderte Gruppenstruktur, Ziele, Spielinhalte etc.;

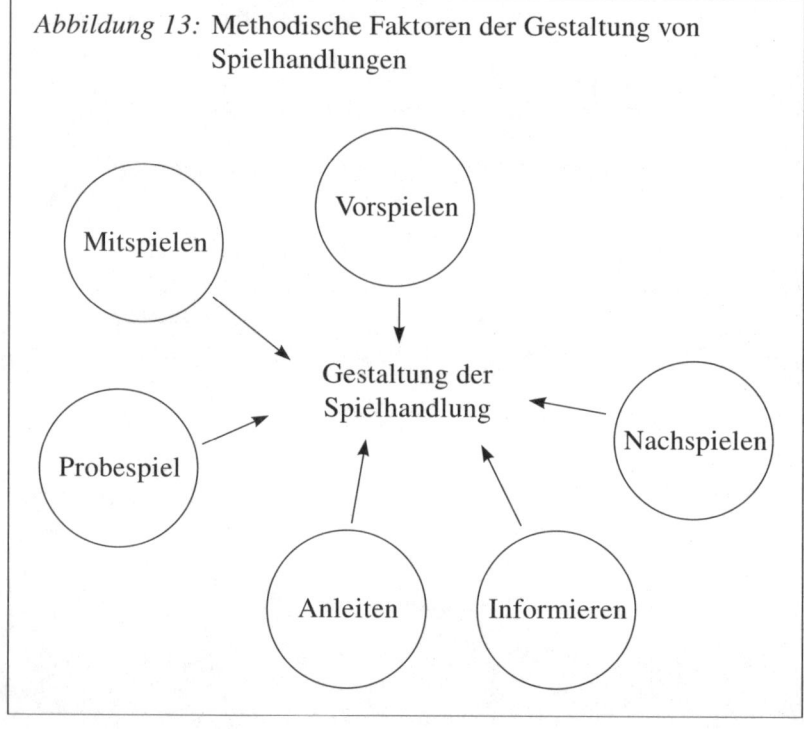

Abbildung 13: Methodische Faktoren der Gestaltung von Spielhandlungen

Gut gestaltete materielle, zeitlich-räumlich und normativ geregelte Spielvoraussetzungen führen zur Reduktion von pädagogischen Interventionen und fördern das Gefühl der Selbstbestimmung und Freiheit bei Kindern und Jugendlichen.

(5) Gestaltung von Spielhandlungen:

Im folgenden sollen die verschiedenen Formen, wie Erwachsene an den Spielen der Kinder und Jugendlichen beteiligt werden können, aufgezeigt werden. Im Rahmen dieser Spielhandlungen sollten Wahl- und Entscheidungsmöglichkeiten gegeben sein, damit Freiheit im Spiel möglich bleibt.

(a) Mitspielen
Mitspielen bedeutet, daß Erwachsene sich aktiv beteiligen, das Thema des Spiels jedoch nicht verändern. Auf diesem Hintergrund könne verschiedene Grade der Beteiligung dargestellt werden: Mitspielen unter Verzicht eigener Vorschläge zum Thema und Inhalt des Spiels, Mitspielen mit eigenen Realisierungsvorschlägen im Rahmen des Spielthemas und der Inhalte (z.b. Rollenvorschläge oder neue Episoden); Spielvorschläge machen, oder bereits vorbereitete Spiele (z.b. Spielrunden) anbieten und die Kinder und Jugendliche selbst entscheiden lassen, ob sie mitspielen.

(b) Vorspielen / Nachspielen
Vorspielen kann anregend sein für Nachahmung und eine Bereicherung der Spielideen und Phantasie der Kinder und Jugendlichen (z.b. Theater, Pantomime, Puppenspiel etc.) darstellen. Wenn Kinder dazu angeregt werden, eine erzählte Geschichte, einen Film oder reale Ereignisse (z.B. Unfall) nachzuspielen, haben sie dadurch die Möglichkeit, sich selbst „ein Bild" zu machen.
Von Erwachsenen vorgeschlagene Spielmöglichkeiten, die von SpielerInnen akzeptiert werden, benötigen in der Folge weitere Informationen zu einem möglich Verlauf (z.B. Zeitpunkt, Ort, usw.) und insbesondere über die Spielregeln. Der Informationsvorgang, angefangen vom Vorschlag bis zu den Spielregeln, muß im verbalen und körperlichen Ausdruck klar und verständlich sein, damit der Informationsvorgang so kurz wie möglich beendet und das Spiel schnell beginnen kann.

(c) Probespielen
Das Probespiel ist dann eine sinnvolle Interventionsform, wenn Gruppen spielen wollen, für den Spielleiter aber unklar bleibt, ob die

Regeln verstanden wurden. Ein Probespiel zeigt hier schnell die Unsicherheiten und führt, wegen seiner Anschaulichkeit zur Klärung. Probespiele kann man auch bei Kindern und Jugendlichen beobachten, die sich hinsichtlich ihrer Erfolgschancen unsicher sind. Tischtennisspiel z.b. beginnt häufig mit dem Kommentar „spielen wir zunächst einmal so", und wenn die Chancen eindeutiger werden, mit: „wollen wir jetzt zählen".

Wenn ein Spiel stagniert, weil Kenntnisse und Fertigkeiten zum Weiterspielen fehlen, kann es sinnvoll sein, fehlende Kenntnisse zu vermitteln oder zum Erwerb der mangelnden Fertigkeiten anzuleiten, sofern vom Spieler eine solche Hilfe gewünscht wird. Dazu wird das Spiel unterbrochen (ggfs. im Einverständnis mit der Gruppe). Die Möglichkeit für Kinder und Jugendliche, die Lösungen selbst herauszufinden sollte im Vordergrund stehen, auf jegliche Form von Beratungsdruck ist zu verzichten.

Abbildung 14: Die Prinzipien der Spielförderung im Überblick

Prinzipien der Spielförderung

Multidimensionalität   Akzeptanz   Gestaltung von Spielmöglichkeiten

Prozeß der Gruppenbildung

Schutz
Anregung und Unterstützung
Gegenwirkung

Gestaltung der Voraussetzungen für Spielmöglichkeiten	Gestaltung von Spielhandlungen
Spielmittelauswahl Zugänglichkeit der Mittel Räumliche Gestaltung Raumnutzung regeln Zeitpunkt und Dauer festlegen	Mitspielen Vorspielen Nachspielen Informieren Anleiten Probespielen

Weiterführende Literatur:

Fritz, J.: Theorie und Pädagogik des Spiels. Eine praxisorientierte Einführung. Weinheim/München 1993
Einsiedler, W.: Das Spiel der Kinder. Zur Pädagogik und Psychologie des Kinderspiels. Bad Heilbrunn 1994
Heimlich, U: Einführung in die Spielpädagogik. Eine Orientierungshilfe für sozial-, schul- und behindertenpädagogische Handlungsfelder. Bad Heilbrunn 1993

Teil 4
Beeinträchtigtes Spielverhalten

Entwicklungsgestörte, -gehemmte, deviante und auffällige Kinder, Jugendliche und Erwachsene zeigen ein beeinträchtigtes Spielverhalten:
(1) Häufig zerstören sie die Spielmittel und können sich gar nicht richtig mit ihnen beschäftigen;
(2) sie dominieren ihre SpielpartnerInnen oder hemmen deren Initiative;
(3) sie können die Spielräumen nicht richtig nutzen, weil sie ängstlich werden oder Hemmungen bekommen;
(4) bei ihnen entsteht das Gefühl, nicht die Zeit zu haben, ein Spiel zu Ende führen zu können, weil die Vorgaben nicht angemessen sind;
(5) sie wissen nicht so recht, wie sie mit sich umgehen sollen, sind entscheidungsunfähig, spielen den Gruppenclown etc.
Es ist sehr wichtig, daß PädagogInnen und TherapeutInnen lernen, pathologische Spielauffälligkeiten von situationsbedingten (Streß, besondere Vorkommnisse im Alltag etc.) Störungen zu unterscheiden. Dafür muß das Spielverhalten längerfristig beobachtet und gegebenenfalls einer Spieldiagnostik unterworfen werden, um manifeste und vorübergehende Störungen voneinander unterscheiden zu können.
Während Menschen ohne sozial auffällige oder störende Verhaltensabweichungen in der Regel keine besondere Spielbetreuung brauchen, so benötigen Menschen mit extremen Spielstörungen oder gar klinisch-psychiatrischen Krankheitsbildern Anleitung und/oder Anregung.
Ohne den Anspruch erheben zu wollen, alle Aspekte der Spieldiagnostik ausreichend darzustellen, werden im folgenden die wichtigsten Aspekte von beeinträchtigtem Spielverhalten beschrieben.

4.1 SPIELHEMMUNG

Menschen mit Spielhemmung – diese können im Gruppen- oder auch im Einzelspiel auftreten – sind innerlich oft engagiert, wirken äußerlich aber unbeteiligt. Sie haben Schwierigkeiten, ihre Impulse in die Spielgruppe einzubringen und wiederholen oder variieren die Spielgruppenereignisse und Ideen, die sie gerne weitergegeben hätten, im anschließenden Alleinspiel. Das individuelle Nachpiel – ein an sich normales Phänomen – erhält auf dem Hintergrund der Spielhemmung im Gruppenspiel eine besondere Bedeutung: Es ermöglicht etwas, was vorher nicht möglich war. Gehemmte Kinder werden durch Gruppen oder Spielgegenstände angesprochen, versuchen dann durch abwehrende, ablenkende oder ablehnende Äußerungen wie z.b. „das Spiel ist mir zu doof", oder „die anderen sind mir viel zu klein" u.a. Gründe anzuführen, welche ihre Teilnahme am Spiel nicht erlauben. Ihre Äußerungen wirken freudlos, sie stellen ihre Lustlosigkeit demonstrativ zur Schau, ergreifen angebotene Spielzeuge oft nur, wenn sie aufgefordert werden, und stellen sie nach kurzer Zeit wieder an ihren Platz. Der Umgang mit Spielzeug und Material geschieht zurückhaltend, es fehlt an Initiative.

Gehemmte Menschen lassen sich also von Spielgegenständen innerlich ansprechen, können aber nicht darauf reagieren. Sie haben also nicht immer einen Mangel an inneren Bildern, auf deren Hintergrund sie sich angesprochen fühlen – die Hemmung besteht in der Fähigkeit zu antworten.

Die Spielhemmung betrifft vorwiegend die Beziehungen; sie äußert sich in erster Linie in Kontaktempfindlichkeit, in einem gespannten Verhältnis zum Spielpartner und weniger durch Ablehnung des Spielzeugs (vgl. Wurst 1984:227). Ginott beschreibt zwei weitere typische Verhaltensweisen, durch die Kinder versuchen, sich zu entziehen: mit Bestechung, indem sie anbieten, die Spielsachen bzw. das Spielzimmer aufzuräumen, ein Bild zu malen, oder sich auf andere Weise beliebt zu machen, oder mit Protest: „Auch Nörgelei ist oft kennzeichnend für gehemmte Kinder. Angeboten wird also eine Tätigkeit, die mögliche Spielpartner auszugrenzen versucht. Hinsichtlich ihrer Produkte sind sie mit sich selbst unzufrieden und müssen alles um sich her entwerten. Sie finden ihre Bauklotztürme schief und ihre Bilder ekelhaft. Sie beschweren sich, das Spielzimmer sei schmutzig, und sind besorgt, ob sie sich wohl anstecken" (Ginott 1971:56). Diese Kinder leiden häufig unter Beziehungsstörungen, die in einem pathologischen Milieu ausgelöst worden sind.

Nach Wurst kann Passivität und Gehemmtheit im Spiel auch die Folge einer versteckten Depression sein (vgl.Wurst 1984:227).

Im Umgang mit diesen Kindern sollte auf Überredungskünste oder den Einsatz anderer Motivationsversuche verzichtet werden. Auch kritische, reflektierende oder gar vorwurfsvolle Reaktionen ändern nichts an deren Verhalten. Im Gegenteil, sie können die Hemmung noch verstärken und aggressive Abwehrformen hervorrufen.

Wenn BetreuerInnen beispielsweise ein Lob aussprechen, kann „der kleine Mut" rasch „in verzweifelte Abwehr umschlagen – und nach einem solchen Mißerfolg sind die Chancen für die nächste Zeit wieder erheblich geschrumpft" (Wurst 1984:227). Nur der weitgehende Verzicht auf Lob und Tadel und der Respekt vor seiner freien Entscheidung ermöglicht dem gehemmten Kind, langfristig einen beziehungsunabhängigen, selbst gewählten Zugang zum Spiel zu finden. Es soll zum Spielen angeregt, aber auf keinen Fall dazu gedrängt werden.

4.2 EXPANSIVES SPIELVERHALTEN

Übertriebenes Spielverhalten ist dann nicht negativ zu bewerten, solange die Spielformen und -vorstellungen den normalen entwicklungsspezifischen Erlebnisformen und -inhalten entsprechen. Weniger kreative Kinder erfahren auf diese Weise Anregungen und werden im positiven Sinne vom Spiel begeistert.

Von expansivem Spielverhalten, das Anlaß zu Sorgen gibt, kann dann gesprochen werden, wenn Menschen Verhaltensweisen zeigen, die eine soziale Selbstkontrolle ihres Spielverhaltens und ihrer emotionalen Beteiligung zunehmend vermissen lassen. Sie beeinträchtigen andere MitspielerInnen, indem sie deren Spielimpulse durch dominantes, expansives Verhalten aktiv verhindern. Expansiv gestörtes Spielverhalten reagiert auf jedes Ding, jeden Gegenstand, Form, Bild, Farbe etc. Es gibt nichts, was nicht ins Spiel einbezogen oder zum Spiel gemacht werden könnte. Mit zunehmender Störung ist dieses Verhalten durch einen massiven Realitätsverlust gekennzeichnet. „In der Einseitigkeit expandierender Spielideen können sich früh überwertige Ideen zu erkennen geben, die bis ins Paranoide reichen können" (Wurst 1984: 228). Außerdem lassen sich in den Gefühlen einer emotionsüberladenen (Spiel-)Welt psychotische Grenzzustände erahnen.

Diese Kinder brauchen deutliche Grenzen. Ein klar strukturierter Alltag verhindert, daß sie in ihrer Spielwelt versinken. Eine solide (evtl. psychiatrische) Diagnostik und Verhaltensbeobachtung sollte die Gründe für ihr Verhalten untersuchen: Woher kommt diese Dominanz und die Flucht in die Welt des Scheins? Was soll dadurch kompensiert werden? Die Klärung dieser Fragen sollte im Bewußtsein darüber geschehen, daß expansives Spielverhalten auch Phantasie, Lebensfreude, Ideenreichtum, Reaktionsfähigkeit und Erlebnisfähigkeit ausdrückt. Es soll nicht generell unterdrückt werden, sondern dann in kontrollierte Bahnen gelenkt werden, wenn die SpielerInnen selbst das nicht mehr vermögen. Die Grenzsetzung und Strukturierung soll den spielenden Menschen darin unterstützen, Fiktion und Realität unterscheiden zu lernen und die weitere soziale Isolation, die durch das expansive Dominanzstreben hervorgerufen wurde, wieder aufzuheben.

4.3 HIRNORGANISCHE SCHÄDIGUNGEN ALS URSACHE VON SPIELSTÖRUNGEN

Das Spiel hirnorganisch Geschädigter ist gekennzeichnet durch geringe motorische Steuerung, Überaktivität, mangelnde soziale Anpassungsfähigkeit, unangemessene Reaktionen auf Kleinigkeiten, Perseveration, Sprachprobleme und Hyperaktivität.

Hyperaktive Kinder zeigen ein hohes Maß an ungesteuerter, kaum lenkbarer Tatkraft. Sie können ihr Verhalten kaum an Zielen orientieren und sind ihren Antriebsimpulsen ausgeliefert. Es fällt ihnen schwer, zwischen wichtigen und unwichtigen Elementen zu unterscheiden; deshalb werden sie von den auf sie einströmenden Anreizen förmlich überschwemmt.

Perseverierenden Kindern fällt es schwer, sich auf neue Situationen, Spiele oder Spielelemente umzustellen. Sie bleiben in Tätigkeiten kleben, die längst erledigt sind, können sich davon nicht lösen oder fragen beispielsweise endlos weiter, obwohl die Fragen bereits beantwortet wurden.

Hirnorganische Störungen der Motorik

Folgende Symptome sind zu beschreiben:
(a) Eingeschränkte Lokomotion; sie betrifft sie Haltung, Fortbewegungsfähigkeit und beinträchtigt dadurch die Bewegungs-, Geschwindigkeits- und Raumerfahrung;
(b) Beeinträchtigung der Hand-Fertigkeit, was besonders das Funktionsspiel und und werkschaffende Spiele behindert;
(c) Beeinträchtigung des verbalen, mimischen und expressiven Ausdrucks;
(d) Die Beeinträchtigung der Koordination wird in der Schwierigkeit erkennbar, Bewegungsabläufe zu organisieren. Motorische Aktionen und Reaktionen können nicht schnell genug den Erfordernissen angepaßt werden. Das Umschalten zwischen verschiedenen Bewegungsabläufen fällt den Betroffenen schwer, wodurch alle Erlebnismöglichkeiten im Bewegungsbereich beeinträchtigt werden (vgl. Kobi 1993:170 f.).

135

Hirnorganisch geschädigte Menschen zeigen häufig übertriebene und unangemessene Reaktion auf Wahrnehmungen. Sie nehmen unbedeutende Dinge wahr – beispielsweise einen Fleck, ein Kleidungsdetail, Gerüche – und lassen sich von ihnen vollständig in Beschlag nehmen. Ihre Wahrnehmung läßt oft keinen Zusammenhang zu der konkreten Situation erkennen.

Die Unfähigkeit, Wichtiges von Unwichtigem zu trennen, überfordert hirngeschädigte Kinder häufig, in Spielsituationen zu reagieren. Darüber hinaus ist ihre Schmerzempfindlichkeit erhöht. Sie reagieren schon auf minimale Schmerzreize mit unangemessenen Verhaltensweisen, wie z.B. lautem Schreien. Einfache und überschaubare Spielsituationen können diesen Menschen Spielerfahrung ermöglichen. Die Spielumwelt ist möglichst reizarm zu gestalten, um eine Überforderung auszuschließen.

4.4 Aphasie

Diese Krankheit ist die mögliche Folge einer Hirnschädigung, eine Störung des Darstellungsvermögens, die im Sprachverlust, fehlendem Sprachverständnis, oder in der Unfähigkeit, Gedanken in Sprache umzuwandeln, erkennbar wird (vgl. Ginott 1969:59).

Das aphasische Kind hat Wortfindungsschwierigkeiten. Seine Sprache ist automatisch. Sie enthält feststehende Redewendungen. Es spricht bestimmte Wörter nach, kann die Wörter in anderen Zusammenhängen jedoch nicht wiederverwenden. Manche dieser Kinder ahmen Sprache nach, ohne deren Sinn zu verstehen. Die Nachahmung der Sprache wirkt wie ein Echo bzw. ein Nachsagen. Wenn aphasische Kinder spielen, können sie die Bedeutung von Gegenständen und Geräuschen manchmal besser verstehen als den Sinn des gesprochenen Wortes. Fahrgeräusche eines Autos z.B. verstehen sie besser als den Hinweis: „Da kommt ein Auto." Ihre Spielkommunikation findet vorwiegend auf einer bildhaft-symbolischen und weniger auf einer begrifflich-symbolischen Ebene statt. ErzieherInnen sollten also versuchen, die Symbolsprache dieser Kinder zu erfassen, um ihre Mitteilungen im Spiel zu verstehen und auf der bildhaft-symbolischen, aber auch auf der begrifflichen Ebene antworten zu können.

4.5 Aggressives Spielverhalten

Wurst verweist auf drei Quellen aggressiven Spielverhaltens: die hirnorganische Schädigung, emotionale Deprivation und emotionale Beziehungsstörungen.

(1) Hirnorganische Schädigung

Neben den bereits aufgeführten Folgen sind hirnorganisch geschädigte Kinder noch stark von ihren nicht beherrschbaren Triebsimpulsen abhängig, was ihre Spielentwicklung stark verzögert. Den Wert von Gegenständen, insbesondere deren Bedeutung für andere Menschen, ist für sie nur schwer zu erfassen. In ihrem (an-)getriebenen Verhalten sind Gegenstände und Menschen nicht sicher vor Zerstörung oder Angriff. Unberechenbare Impulse setzen ganze Ketten destruktiven Verhaltens in Gang, die so schnell ablaufen, daß andere Erfahrungen oder gar konstruktive Empfindungen nicht mehr wahrgenommen werden können. Trotz ihrer Aggressivität haben hirnorganisch geschädigte Kinder ein Bedürfnis nach Körperkontakt, finden manchmal aber keine angemessene Form, weil sie ihm nur durch Schlagen, Haarereißen etc. nachgeben können. Sie freuen sich, wenn sie etwas zerstört haben oder wenn ihre „Opfer" Schmerzen zeigen. Ihre Spielfähigkeit ist sehr beeinträchtigt, weil sie ihren Trieben – mit deren destruktiven Aspekten – regelrecht ausgeliefert sind. ErzieherInnen fällt es verständlicherweise oft schwer, sich nicht getroffen zu fühlen. Die Schwierigkeit, sich zu distanzieren, verschärft erst recht das Problem, sich auf Spielsituationen einzulassen, weil die Reaktionsweisen so unberechenbar sind. Menschen mit hirnorganischen Störungen dieser Ausprägung brauchen Begegnungsformen, die von einem starken Willen zur Bejahung begleitet sind sowie therapeutische Maßnahmen, welche die Förderung durch Spiel ergänzen.

(2) Emotionale Deprivation

Menschen, denen die Erfahrung einer verläßlichen, dauerhaften Bezugsperson vorenthalten war, neigen dazu, andauernd um Zuwendung und Anerkennung zu kämpfen. Sie sind in ihrem unbegrenzten Anspruchsverhalten unersättlich. Jeder Mensch in ihrer Umgebung ist ein Konkurrent. Wenn ihre Bedürfnisse nach Kontakt enttäuscht werden, reagieren sie gegenüber den vermeintlichen Rivalen und/oder den Personen, die Objekt ihrer Kontakbedürfnisse sind, destruktiv. Sie schreien, toben, drohen, versuchen, die anderen zu erpressen – beispielsweise wenn sich eine Erzieherin einem andern Kind zuwendet. Sie sind nicht nur anderen Menschen, sondern auch den Räumen, Spielgegenständen und Materialien gegenüber besitzergreifend.
Emotionale Deprivationen verhindern normale, anpassungsfähige Verhaltensweisen im Spiel. Jede Wahrnehmung erfolgt auf dem Hintergrund des erlebten Mangels und führt zu situationsunangepaßten Er-

wartungen. Die Defizite beeinträchtigen die Spielphantasie, die Einhaltung von Spielnormen und die subjektiv interpretierte Beziehung zu den MitspielerInnen, welche sich an den unbefriedigten Wünschen orientiert, die so stark sind, daß Spielregeln nur als Hindernisse empfunden werden. Den üblichen Methoden der Gruppenleitung gegenüber erweisen sie sich oft als resistent. Kinder und Jugendliche mit solchen Problemen benötigen einen Alltag, der überschaubar und zuverlässig geregelt ist. Darin können dann auch Spiele einen sinnvollen Platz erhalten. Auch erlebnispädagogische Ansätze sind bei diesem Personenkreis zu empfehlen, weil sie zu existenzieller Abhängigkeit herausfordern und besonders intensive Beziehungserfahrungen ermöglichen.

(3) Emotionale Beziehungsstörungen

Gestörte emotionale Beziehungen in Familien hinterlassen vielfältige Verletzungen, Vernarbungen und Verhärtungen, die selten sofort erkennbar sind, und führen zu ambivalenten Beziehungen. Die Gegenaggression erfolgt oft verdeckt und ist von Schuldgefühlen begleitet. Deshalb ist ihr Ziel meist schwer zu durchschauen. Die Aggressionen werden hinter einer Maske versteckt, sie treten im scheinbar unbeabsichtigten Zerstören von liebgewordenen Dingen, provokativen oder sadistischen Verhaltensformen zu Tage. Gegenstände, die mit den entsprechenden Bezugspersonen in Verbindung gebracht werden können (z.B. Geschenke), werden unachtsam behandelt und kaputt gemacht. Erschreckend wirkt dabei manchmal die Intensität des Zerstörungsimpulses und der darauf folgende Mangel an Schuldgefühl oder Bedauern. Im Gegenteil: Oft ist eine klammheimliche Freude über die angerichtete Zerstörung zu beobachten.

Menschen mit emotionalen Beziehungsstörungen neigen häufig dazu, Konflikte auszulösen, für die sie die anderen verantwortlich machen. Diese Projektionen erlauben es ihnen, aggressiv zu werden.

Rollenspiele eignen sich für die Darstellung dieser neurotisierenden Systeme, weil diese – inclusive des Zerstörungspotentials – in symbolischen oder offenen Formen besonders gut auszudrücken sind.

Spielereignisse werden von beziehungsgestörten Menschen als Plattform für ihre destruktiven Impulse benutzt, weil sie sich scheinbar dafür eignen, Aggressionen zu verstecken. Unter dem pädagogischen Gesichtspunkt ist es ratsam, diese Kinder und Jugendlichen in Gruppenspielen mit ihren wirklichen Absichten zu konfrontieren und inoffizielle Themen im Spiel nicht zuzulassen, wenn dadurch das Spiel oder die MitspielerInnen beeinträchtigt, gestört oder angegriffen werden. Klar vermittelte Regeln und eindeutig definierte Folgen bei Regelverstoß sind für die Orientierung dieser Kinder notwendig, wobei sie spüren müssen, daß nur ihr störendes Verhalten, nicht ihre Person abgelehnt wird, was von den ErzieherInnen Empathie, Geistesgegenwart, Sachlichkeit und Selbstkontrolle verlangt.

4.6 SPRUNGHAFTES SPIELVERHALTEN

Im Gegensatz zum expansiven Spielverhalten handelt es sich beim sprunghaften Spielhandeln um ein Verhalten, das von außen hervorgerufen wird. Kinder mit dieser Störung sind leicht ablenkbar und kaum in der Lage, ein Spiel durchzuhalten oder geplante Spiele vollständig zu realisieren. Jeder etwas stärkere Reiz lenkt sie so ab, daß sie nicht widerstehen können. Sie haben keinen „Plan", also kaum eigene Vorstellungen von einem Spiel. In Gruppen sind sie meist nur MitläuferInnen. Ihr Spiel ist oberflächlich und läßt kaum Identifikation mit der Gruppe bzw. dem Spielereignis erkennen. Auch ihre Begeisterung ist äußerlich, wirkt oft wie ein Selbstzweck und läßt die Konzentration aufs Spiel vermissen. Das Spiel hat dann keine innere Tendenz mehr, Spielinhalte verflüchtigen sich, und die Interaktion im Spiel und das Spiel selbst wird sinnlos. Wurst nennt drei Ursachen eines solchen Spielverhaltens (vgl. Wurst 1984:233,234).

a) Eine endogen-konstitutionelle Komponente, die in Anlehnung an Asperger von „Zweiphasenneuropathen" sprechen läßt. Damit sind Kinder gemeint, deren Aktivität sich phasen- bzw. schubweise entwickelt. Übersteigerung wechselt mit Leere, in der die Kinder wie geistesabwesend vor sich hinstarren und zu keinerlei Tätigkeit anzuregen sind.

b) Eine hirnorganische in Richtung Erethie (gesteigerte Erregbarkeit) weisende Komponente, die in enthemmtem distanzlosem Verhalten Erwachsenen gegenüber erkennbar ist. Diese Kinder fallen durch mangelnde innere Steuerung und Kontrolle auf.

c) Eine exogen-pädagogische Komponente, welche die Spielhektik und die anderen beschriebenen Auffälligkeiten verursacht. Es handelt sich hier häufig um Kinder, die, wenn sie spielten, nicht ernst genommen wurden und mit den Erwachsenen nicht mithalten konnten, weil diese nicht auf ihre Bedüfnisse eingegangen sind und die Kinder ihrem Zeit- bzw. Bedürfnisdiktat unterworfen haben. Diese Kinder, die häufig auch noch mit Spielmaterial überschüttet wurden, können sich schlecht auf ein bestimmtes Spiel konzentrieren, reagieren schnell und oberflächlich auf äußere Reize, um sich in einer stark außengesteuerten Welt behaupten zu können.

„Kernsymptom ist die Abwendung von der Umwelt, die Beschränkung auf sich selbst, die Selbstisolation" (Myschker 1993:364). Man unterscheidet zwei Formen, den Kannerschen (frühkindlicher Autismus) und den Aspergerschen. Im Vordergrund der Symptombildung steht die Abkapselung von der Welt. Der individuelle Kontakt zu Dingen und Menschen ist eingeschränkt. Die von Kanner beschriebene Form ist durch Kontaktstörungen, die dem Autisten Mitmenschen als nicht existent erscheinen lassen, gekennzeichnet. Blickkontakte sind nur sehr kurz möglich. Die Sprachentwicklung ist verzögert oder dauerhaft gehemmt, die Intelligenz meist unterdurchschnittlich und entweder partiell oder universell gestört. Auch das Abstraktionsvermögen und Symbolverständnis ist schlecht entwickelt (vgl. Myschker 1993:366) „Die Kinder beschäftigen sich oft ausdauernd mit ihrem Körper, ihrer Kleidung, hantieren zweckentfremdet mit Spielzeug, das sie stereotyp an eine Kante schlagen. Ihre optische und akustische Wahrnehmungswelt ist hochgradig eingeschränkt. Daneben werden Gegenstände, die für unser Empfinden geruchs- und geschmacklos sind, berochen oder beleckt. In diesen pseudospielerischen stereotypen Tätigkeiten kommt die Abneigung gegen jede Variation und Veränderung zum Ausdruck. Die Bewegungsformeln fixieren sich zu einigen Streotypien, dann bleibt der Zustand fast für das weitere Leben der gleiche. Es ist der fixierte Zustand des Nicht-spielens, Nicht-lernens, den der Kanner-Autismus in höchster Ausprägung verkörpert" (Wurst 1984:234, 235). Das Grundproblem ist ein Problem der Perzeption, d.h. des (Wieder-) Erkennens bzw. des sich Erinnerns, des Behaltens und der Schwierigkeit, sinnhafte Verbindungen zwischen Wahrnehmungen herzustellen.

Das Asperger Syndrom weicht in einigen Erscheinungsformen vom Autismus im Sinne Kanners ab. Den Erkrankten erscheinen die Mitmenschen häufig als Störfaktoren, der Blickkontakt ist selten oder fehlt ganz. Vom Aspergersyndrom sind überwiegend Jungen betroffen (8:1). Ihre Sprachentwicklung beginnt häufig sehr früh mit herausragenden Fähigkeiten, sie verfügen über eine besonders ausgeprägte Beobachtungsgabe, ihre Intelligenz ist durchschnittlich bis überdurchschnittlich, sie sind außerordentlich begabt und verfügen über ein hohes Abstraktionsvermögen und Symbolverständnis (vgl. Myschker 1993:366). Autisten dieser Ausprägung spielen fast ausschließlich alleine und ohne sozialen Bezug; Sprache (Sprachspiele mit Sinnanalogien, witzige Wortkonstruktionen) ist ein wichtiges

Element dieser Spiele. Ihre Originalität fällt Erwachsenen eher auf als anderen Kindern. Um Autisten in ihrer Spielfähigkeit zu fördern, sind stabile Beziehungen notwendig, damit ihre Selbstisolationstendenz nicht noch verstärkt wird. Die BetreuerInnen sollten versuchen, an ihrer Welt teilzunehmen und teilzuhaben. Das gemeinsame Erleben audiovisueller Reize kann gemeinsame Erfahrungen und die Erinnerung an Erlebtes ermöglichen, um dann vielleicht Fragmente der eigenen Geschichte zu spüren. Der variationsarme, selbstisolierende Alltag kann auf diese Weise ein wenig aufgesprengt werden. Die Erinnerungsfähigkeit, d.h. die sinnhafte Verknüpfung von Ereignissen – auch in zaghaftesten Ansätzen – ist die Voraussetzung, assimilatorische Spielerfahrungen machen zu können, und damit ein Einstieg in die denkbare und wirkliche Welt. Dieser Weg ist nur dann zu beschreiten, wenn sich ErzieherInnen von der Selbstisolation nicht erfassen lassen.

4.8 Pathologisches Spielen („Spielsucht")

Iver Hand definiert pathologisches Spielen als ein subjektiv und/oder im sozialen Umfeld vom Geld- und/oder Zeitaufwand her nicht mehr akzeptables oder toleriertes exzessives Spielen. Symptome pathologischen Spielens können im Zusammenhang mit nahezu allen psychiatrischen Erkrankungen auftreten.

„Am häufigsten tritt es unter folgenden Bedingungen auf: Ablenkung von Depressivität z.b. aufgrund sozialer Schwierigkeiten (Arbeitslosigkeit, vermutliche Perspektivlosigkeit junger Erwachsener), privater Probleme (Verlust/Trennung einer nahestehenden Person) oder als Folge des Fehlens einer sinnvoll erscheinenden Lebensperspektive (Sinnentleerung) Abreagieren von inneren Spannungszuständen aufgrund von unlösbar scheinenden Konfliktsituationen (z.B. in Partnerschaft und Familie) Stimulans bei ‚Langeweile' oder Mangel an Aufgaben, Zielsetzungen oder Herausforderungen im Alltagsleben. Kompensation von sozialen Defiziten (z.b. Spielautomat als Kontaktersatz bei Einzelgängern).

„Pathologisches Spielen ist also am häufigsten als eine Art ‚fehlgeschlagener Selbstheilungsversuch' bei schmerzlichen Gefühlszuständen und/oder Verlust von positiven Perspektiven in der Lebensführung (existenzielles Vakuum) zu verstehen. Es stellt damit überwiegend ein Fluchtverhalten aus als unerträglich empfundenen Situationen im realen Leben in eine vorübergehend entlastende Scheinwelt dar, dessen Folgen das reale Leben jedoch noch weiter erschweren (Depressivität in der Spielsituation kurzfristig reduziert, durch die dadurch eintretenden Geldverluste und sozialen Störungen langfristig jedoch weiter erhöht)" (Hand 1990:39).

Hand sieht also die gestörte Spielerpersönlichkeit als primären Faktor pathologischen Spielens. Demnach müßte eine Therapie an den Ursachen der Persönlichkeitsstörung ansetzen und nicht am pathologischen Spielverhalten. Dieser Ansatz ist, unter pädagogischen Gesichtspunkten betrachtet, einseitig. Selbst wenn z.b. das Glücksspiel an Automaten nur bei einem minimalen Prozentsatz von Spielern zu pathologischem Spielen führt, ist das Problem der Beschaffungskriminalität und der Anreiz zum Diebstahl für gefährdete Menschen relativ hoch. Die Geldreserve mancher Automaten beträgt immerhin DM 600.–. Deshalb sind nicht nur erzieherisch-prophylaktische und therapeutische Maßnahmen sinnvoll, sondern auch gesetzgeberische (bezüglich der Darbietungs- und Bedienungsformen).

Gesetzgeberische Maßnahmen sind u.a. deshalb notwendig, weil insbesondere Geldspielautomaten Glücksspieler finanziell völlig ruinieren können. „Diese Ambivalenz ist für manche Spieler eine Herausforderung, der sie nicht mehr Herr werden können. Sie verschafft die Euphorie und problemunterdrückende existenzielle Spannung, die in der für Suchtverhalten typischen Weise über die tatsächlichen Konsequenzen, die das Glücksspielen für den exzessiven Glücksspieler nach sich zieht, hinwegtäuscht" (Schneider 1990:108). Der durch Glücksspiel entstehende volkswirtschaftliche Schaden steht in keinem Verhältnis zum individuellen Gewinn.

Im Zusammenhang mit den vorigen Kapiteln möchte ich noch einmal darauf hinweisen, daß meine Darstellung nur einen Einstieg in die Thematik „Beeinträchtigtes Spielverhalten" ermöglichen kann. Darüber hinaus sollte man nicht vergessen, daß Spielstörungen nie isoliert zu betrachten sind. Die kognitiven, emotionalen, motorischen, sozialen oder ethischen Probleme zeigen sich meist in allen Lebensbereichen der Betroffenen – umso wichtiger ist es, die ökologische Vernetzung und die lebensweltliche Einbindung der Menschen im Blick zu behalten.

Weiterführende Literatur:

Schneider, K.D.: Sucht: Spiel zwischen Freiheit, Zwang und Abhängig-keit. In: Carlhoff/Wittemann (Hrsg.): Jugend – Spiel – Schutz, Spiel als Herausforderung für Erziehung und Jugendarbeit, Aktion Jugend-schutz (ajs), Landesarbeitsgemeinschaft Baden-Württemberg. Stutt-gart 1990

Kooj, R. van der: Spiel und Verhaltensstörungen. Handbuch der Son-derpädagogik, Berlin 1989

Macho, Th.: Überlegungen zur Glücksspielsucht. In: Baatz/Müller-Funk (Hrsg.): Vom Ernst des Spiels. Über Spiel und Spieltheorie. Berlin 1993

Myschker, N.: Verhaltensstörungen bei Kindern und Jugendlichen. Stuttgart 1993

Wurst, F.: Varianten des Spielverhaltens aus klinischer Sicht. In: Kreu-zer, K.J. (Hrsg.): Handbuch der Spielpädagogik, Bd. 4. Spiel im the-rapeutischen und sonderpädagogischen Bereich. Düsseldorf 1984

Teil 5
Spielbeobachtung und andere spieldiagnostische Verfahren

Kurz und zusammenfassend soll hier ein Einblick in Formen der Spielbeobachtung und Spieldiagnostik gegeben werden. Auf die Darstellung der Methoden der empirischen Sozialforschung muß in Anbetracht der Komplexität verzichtet werden. Die Auswahl spieldiagnostischer Testverfahren, die skizziert werden, sind als Kurzinformation zu verstehen, und erheben keinerlei Anspruch auf Vollständigkeit.

5.1 SPIELBEOBACHTUNG

Die Spielbeobachtung ist eine Form der Diagnostik, die dann angebracht ist, wenn Behinderungen, Beeinträchtigungen und Störungen des Verhaltens und deren Auswirkungen auf die Spiel- und Entwicklungsfähigkeit dieser Menschen festgestellt und interpretiert werden soll. Sie soll die Entscheidungsgrundlage für die Anwendung von heilpädagogischen und anderen therapeutischen Arbeitsformen geben.
Die Beobachtung des Spiels erfolgt sinnvollerweise zunächst phänomenologisch, um darauf aufbauend das Spiel genau zu beschreiben zu können – auch mittels Fotografie, Film, Video etc. (vgl. Kobi 1993:359). Wesentlich für die Beschreibung ist, daß sie voraussetzungs-, theorielos und ohne Wertung erfolgt. Gefühle und Wünsche dürfen keine Rolle spielen, auftretende Widersprüche müssen ausgehalten, auf Erklärungen muß verzichtet werden.
Als Kriterien der Beschreibung nennt Kobi Objektivität (Sachtreue, Überprüfbarkeit), Offenheit (im Sinne eines breiten Beobachtungsspektrums) Genauigkeit (i.S. präziser Datendokumentation) Gleichwertigkeit (i.S. des vorläufigen Verzichts auf Akzentuierung von Fakten) Vollständigkeit (i.S. möglichst umfassender Beobachtung) (vgl. Kobi 1993:359–363). Auf diese Weise wird das Wesentliche, Charakteristische und Invariante des Spiels erkannt und beschrieben. Sollen diese Erkenntnisse diagnostische Bedeutung erhalten, wird es notwendig sein, den Bedeutungshintergrund des Beobachteten zu erfassen und seinen Sinnzusammenhang zu verstehen. Das folgende hermeneutische Verfahren ordnet die vorhandenen Beobachtungsergebnisse, hinterfragt das Bedingungsgefüge, in dem die Beobach-

tungen zu erkennen sind und versucht, den pädagogischen Bedeutungsgehalt der Fakten zu erfassen.

Der Versuch, gestörtes, beeinträchtigtes und behindertes Spielverhalten zu erklären und subjektiv zu verstehen, ist nicht gleichzusetzen mit subjektiver Identifikation mit dem Beobachteten: das Verständnis der SpielerInnen (subjektive Lebenswelt) soll im Vordergrund stehen, nicht das der BeobachterInnen.

Der erste Schritt besteht also darin, einfach zu beobachten und eine Spielstörung, -beeinträchtigung, -hemmung, oder -behinderung zu erkennen.

Im zweiten Schritt wird die beobachtete Spielstörung mit verschiedenen Ebenen des lebensweltlich-ökologischen Systems vernetzt, um die Bedeutungs- und Sinnhaftigkeit des problematischen Spielverhaltens zu verstehen. Es geht also um ein interpersonales Verständnis der Spielerproblematik. Die eigene Bedeutungs- und Sinnhaftigkeit der BeobachterInnen kann im Widerspruch zum Beobachteten stehen. Die subjektive Daseinsform und Weltsicht der Beobachteten muß respektiert werden.

Der dritte Schritt schließt den „hermeneutischen Zirkel" im Sinne der personalen und interpersonalen Deutung. Verstehen und Deuten werden auf eine gemeinsame Sinnebene gestellt.

Unzweifelhaft erscheint, daß auch bei eklektischer Vorgehensweise nicht alles erfaßt, nicht alles verstanden werden kann, obwohl die verschiedenen Deutungsmuster (z.B. medizinische, psychodynamische, lerntheoretische, interaktionistische, theologische etc.) als Folie unterlegt wurden. Will man auch das Unverständliche, das paradox Erscheinende erfassen, kann dies nur auf dem Hintergrund eines wissenschaftlich nicht mehr verifizierbaren Glaubens an Sinnhaftigkeit geschehen.

5.2 Spieldiagnostische Testverfahren

„Von einer wirklichen Spieldiagnostik können wir eigentlich erst seit den 30er Jahren sprechen, und sie hat gemeinsame Wurzeln mit der Spieltherapie, die bis auf 1920 zurückgeht. In Wirklichkeit kann man keine Spieltherapie treiben, ohne gleichzeitig diagnostische Beobachtungen zu machen, und jede diagnostische Spielbeobachtung kann auf das Kind therapeutische Wirkung haben, weshalb sich keine ganz scharfe Grenze zwischen diesen Gebieten ziehen läßt" (Harding 1972:41). Die entwicklungspsychologischen Erkenntnisse ermöglichen heute, das Spielverhalten in Raster einzuordnen.

Als formale Kriterien einer Spieldiagnostik können auch die Wesensmerkmale des Spiels (Zweckfreiheit, innere Unendlichkeit, Ambivalenz, Spannung, Regel, Ordnung, Geheimnis) gelten. Sie ermöglichen, die Frage zu klären, ob es sich bei dem beobachtetem Verhalten um Spiel bzw. um eine Störung des Spielverhaltens handelt (Fend-Engelmann 1984:25).

Spieldiagnostik im engeren Sinne meint jedoch nicht „die allgemeinen Beobachtungen des Spielverhaltens der Kinder, sondern das spezielle Studium ihres Spiels, meist mit Hilfe einer besonderen Anordnung, wie z.b. einem bestimmten Typ von Spielmaterial, um daraus Schlüsse über ihr Entwicklungsniveau, ihren Persönlichkeitstypus, emotionelle Konflikte, Neurosen und Psychosen zu ziehen" (Harding, 1972:41). Spieldiagnostik umfaßt vorwiegend vier Diagnosebereiche: entwicklungspsychologische Diagnostik, begabungspsychologische Diagnostik, persönlichkeits-psychologische Diagnostik und Milieudiagnostik. Diese Bereiche werden unter Anwendung mehr oder weniger gut standardisierter Testverfahren untersucht.

5.2.1 Exemplarisch ausgewählte Beispiele spieldiagnostischer Tests im Überblick:

(1) Der Welt Test (v. Bühler / v. Wylick, Lowenfeld / Klein)

Es handelt sich hier um den ersten Versuch, mit einer Art standardisiertem Testmaterial zu arbeiten, das mit „the world" bezeichnet wurde. Das Material beinhaltet nach verschiedenen Gesichtspunkten geordnete kleine Spielsachen, 160 standardisierte Elemente, mit denen das Kind dann alterstypisch „Weltenbauten" konstruieren kann. Sie hatte zur Vergleichbarkeit von Testergebnissen Zeichen eingeführt, mit deren Hilfe gesunde von emotional gestörten Kindern unterschieden werden können. Die Zeichen sind:

A = aggressive Welten;
C = geschlossene Welten;
D = ungeordnete Welten;
R = steife und schematisch angeordnete Welten;
E = leere Welten;
S = symbolische Anordnung.

Bei einer vorliegenden Kombination von CDR-Zeichen spricht man von verdrehten Welten. Bloßes Erscheinen von A-Zeichen ist nach Bühler kein pathologisches Phänomen.

Die Anwendung des Tests erfolgte bei 3–16jährigen Kindern (vgl. Fend-Engelmann, 1984:30–33). Ergänzend zu erwähnen ist eine

Veröffentlichung von Kamp im Jahre 1970, im „Journal for Child Psychology an Psychiatry". „Seine tiefgehenden Detailanalysen der ,Welten' der Kinder in verschiedenen Altersklassen gehören zweifelsohne zu den genauesten, die in der Spieldiagnostik durchgeführt wurden" (Harding 1972:77).

(2) Das Puppenspiel (nach Rambert)

Mit Handpuppen sollen Kinder die in ihrem Leben vorkommenden Menschen symbolisieren und darstellen. Dieses Spiel, das mit 11-15jährigen Kindern angewandt werden kann, wird mit den Beobachtungen bei Hausbesuchen verglichen. Das Verfahren ist nicht standartisiert und gibt gute Hinweise auf die Entwicklung Kindes, die dann häufig im Piagetschen Modell beschrieben wird. Darüber hinaus gibt dieses Verfahren Aufschlüsse über das Familiensystem. Die Verfremdungs- und Symbolisierungsmöglichkeit der Figuren läßt Kindern viele Möglichkeiten, ihre Problematik mitzuteilen, zu verarbeiten und insbesondere belastende Situationen darzustellen, ohne unmittelbar Schuldgefühle zu entwickeln (vgl. Rambert 1969; Petzold 1983).

(3) Der Sceno-Test (nach Staabs)

V. Staabs entwickelte als Nervenärztin und Kindertherapeutin diesen Test, der 1944 erstmals veröffentlicht wurde. Standardisiertes Material, das aus biegbaren Puppen besteht, die alle möglichen Alltagsfiguren gut unterscheidbar darstellen, ermöglicht den Kindern, in Spielhandlungen Erlebtes und Erfahrenes zu dramatisieren. Die Figuren werden durch Material ergänzt, das verschiedene Antriebsbereiche ansprechen soll, wie z.b. Schnuller, Toilette etc.
Für die qualitative Auswertung wurden Beobachtungsbogen entworfen, deren Ergebnisse meist durch die Anamnese zusätzlich abgesichert wurden. Der Test ist hauptsächlich tiefenpsychologisch orientiert und dient der Erfassung des Unbewußten. Er wird jedoch auch häufig eingesetzt, wenn sich Erstkontakte zu Kindern problematisch gestalten und Befragungen und Tests anderer Art nicht durchgeführt werden können (Staabs 1964).

(4) Das Ericamaterial (Lowenfeld 1949/Danielson 1965)

Das Ericamaterial ist standartisiert (insgesamt 360 Spielsachen), die in 10 verschiedenen Kategorien eingeteilt sind. 1. Soldaten, Cowboys, Indianer; 2. Sonstige menschliche Figuren; 3. Wilde Tiere; 4. Zahme

Tiere; 5. Verkehrsmittel; 6. Kanonen, Explosionen, Feuer; 7. Gebäude (Kirchen, Hütten, Gutshaus, Häuser); 8. Umfriedungen, Tankstellen, Verkehrszeichen; 9. Bäume; 10. Interieur (Möbel, Bettzeug, Telefone, Blumen). Die Materialien sind in einem Spielschrank in 12 Fächern nach den Kategorien friedlich und aggressiv geordnet. Zu den Untensilien gehören noch ein Plastilinklumpen sowie ein Sandkasten mit trockenem und einen mit feuchtem Sand. In dem Zimmer, in dem das Ericamerial zur Verfügung steht, soll ausschließlich die Diagnostik stattfinden und nichts herum liegen, was die Kinder ablenken könnte. Ericamaterial und Sceno-Test sind Varianten des Welt-Tests.

Weiterführende Literatur:

Fendt-Engelmann, E.: Spieldiagnostik. In: Kreuzer, K.J. (Hrsg.): Handbuch der Spielpädagogik, Bd. 4, Das Spiel im therapeutischen und sonderpädagogischen Bereich. Düsseldorf 1984
Gibas, H.: Spieldiagnostik und Spieltherapie als Möglichkeit der Verhaltensänderung. In: Kreuzer, Bd.4, 1984
Harding, G.: Spieldiagnostik. Das Spiel als diagnostisches Mittel in der Kinderpsychiatrie. Weinheim/Basel 1972
Kobi, E.: Grundfragen der Heilpädagogik. Eine Einführung in heilpädagogisches Denken. Bern/Stuttgart/Wien 1993
Martin/Wawrinowski: Beobachtungslehre. Theorie und Praxis reflektierter Beobachtung und Beurteilung. Weinheim/München 1993

Teil 6
Spiel in pädagogisch-therapeutischen Verfahren

Das folgende Kapitel gibt zunächst einen exemplarischen, leider nur stichwortartigen Überblick der spieltherapeutischen Ansätze und zeigt damit die Grundlagen für eine interdisziplinäre Zusammenarbeit von ErzieherInnen und therapeutischen MitarbeiterInnen auf. Da nicht alle spieltherapeutschen Verfahren ausführlich dargestellt werden können, habe ich das klientzentrierte Verfahren nach Schmidtchen exemplarisch ausgewählt.

Die Verarbeitung belastender, konflikthafter und eventuell auch traumatischer Ereignisse im Spiel benötigt solange keine Begleitung durch ausgebildete Fachkräfte, solange die Menschen ihre Selbstheilungskräfte im Spiel ausreichend aktivieren und so die belastenden Erfahrungen selbst verarbeiten können. Diese Selbstheilungskräfte können jedoch blockert sein – z.b. durch traumatische Erlebnisse. Die Folge ist eine stark beeinträchtigte oder gar nicht mehr vorhandene Spielfähigkeit. Spiel reduziert sich dann häufig auf die zwanghafte Wiederholung der belastenden Ereignisse auf der symbolischen Ebene des Spiels (Wiederholungszwang). In diesen Fällen ist eine heilpädagogische oder/und therapeutische Hilfe zur Reaktivierung der Selbstheilungskräfte, d.h. zur Wiederherstellung der Spielfähigkeit erforderlich, die nur von dazu ausgebildeten Fachkräften durchgeführt werden darf.

Im Laufe der Zeit haben sich verschiedene spieltherapeutische Ansätze entwickelt. Als BegründerInnen spieltherapeutischer Verfahren gelten Anna Freud (1927), Melanie Klein (1932), Virginia Axline (1947) und Hans Zulliger (1952).

Das Spiel setzt folgende Prozesse in besonderer Weise in Gang: Erlebnisaktivierung, Symbolisierung, Ausagieren von körperlichen und psychischen Spannungen, Informationsverarbeitung, Verarbeitung innerseelischer Konflikte, Selbstdarstellung, Beziehungserfahrung, Nachreifung, Lernen, Bewegung und Bewegtsein, Selbstheilungsverhalten.

Die Therapie findet in der Regel in einem Behandlungsraum, der als Spielzimmer eingerichtet ist statt, dauert 45 Minuten und wird jeweils ein- oder zweimal wöchentlich durchgeführt.

Der Behandlungszeitraum unterscheidet sich je nach Konzeption und Problematik der Klienten. Schmidtchen spricht von 20 bis 30 Kon-

takten (vgl. Schmidtchen 1991:156). Spieltherapie kann einzeln und in Gruppen durchgeführt werden (vgl. Ginott 1969). Es gibt psychoanalytisch orientierte, (vgl. Biermann 1969) individual-psychologische (vgl. Ackerknecht 1982), klientzentrierte (vgl. Axline 1972, Goetze/Jaede 1974, Schmidtchen 1974,1991) und gestalttherapeutische (vgl. Oaklander 1982) Konzepte.
Die klientenzentrierte Spieltherapie sowie die heilpädagogisch orientierten Behandlungsformen integrieren bzw. beteiligen teilweise die Eltern; darüber hinaus wird die Spieltherapie in vielen Fällen durch familientherapeutische Ansätze oder psychomotorische Behandlungsformen – wie z.b. das Trampolinspringen, sowie durch Theaterprojekte, Meditation u.a.– ergänzt. Klientenzentrierte Verfahren der Spielbehandlung werden, im Gegensatz zu ihrer ursprünglichen Konzeption, nicht nur bei verhaltensschwierigen Kindern, sondern auch bei lern- und geistigbehinderten Kindern und Jugendlichen erfolgreich angewandt. Morgenstern hat am Heilpädagogischen Seminar in Ravensburg entsprechende Konzepte, die seit 20 Jahren dort erfolgreich angewandt werden, entwickelt.

6.1 Die klientzentrierte Spieltherapie

Das Setting einer klientenzentrierten Spieltherapie läßt sich wie folgt veranschaulichen:
Das Verhalten der TherapeutInnen ist durch folgende Variablen gekennzeichnet. Empathie für Emotionen und Motive des Klienten, Wärme und Regulierung von Nähe, Gelassenheit, Ruhe, Entspannung und Geistesgegenwart, gefühlsoffenes kongruentes Verhalten, therapeutische Hilfe sowie Reflexion von Problemlösungsverhalten.
Mit den Variablen Empathie für Emotionen und Motive des Klienten kennzeichnet Schmidtchen in Anlehnung an Rogers die seelisch geistigen Haltungen des Therapeuten, mit denen er die emotionsgeleiteten Handlungen des Klienten intuitiv wahrnimmt und angemessen rückmeldet.
Diese Rückmeldung geschieht vorwiegend auf der nonverbalen, aber auch auf der verbalen Ebene. Es geht darum, den Verhaltensfluß, den Spielverlauf und die Intention des Kindes wahrzunehmen, daraus wesentliche Aspekte auszuwählen, um auf diesem Hintergrund mit dem Kind zu interagieren.
Die Empathie der jeweiligen TherapeutInnen erfährt das Kind durch das therapeutische Handeln und nicht durch den Inhalt verbaler Mitteilungen.

Das therapeutische Verhalten ist darauf ausgerichtet, Voraussetzungen zu schaffen, daß die Kinder im Behandlungsprozeß ihren widersprüchlichen Emotionen entsprechende Gedächtnisinhalte freisetzen und zuordnen können. Die Empathie ermöglicht es dem Therapeuten, die sich widersprechenden Emotionen, die das Kind beim Spielen zeigt, zu erkennen. Dabei werden sowohl kathartische Prozesse, die durch Wiederholung von Motiven und Emotionen beim Spielen ausagiert werden, als auch Lernprozesse in Gang gesetzt. Auf diese Weise wird der individuelle Umgang mit den eigenen Gefühlen verbessert.

Wärme und Regulierung von Nähe entstehen durch die Haltung des Therapeuten, die durch Vertrauen, voraussetzungslose Bejahung des Kindes, Zuversicht, Schutz, und das Gewähren von Zeit und Raum gekennzeichnet ist. Auf diesem Hintergrund kann sich das Kind den neuen Erfahrungen annähern und aussetzen. Die Regulierung der Nähe ist besonders wichtig, da das Kind seinerseits vielleicht Kontakt sucht, zugleich aber den Einblick in sein Spiel verwehrt. Das Bemühen um eine Haltung der voraussetzunglosen Bejahung, um eine

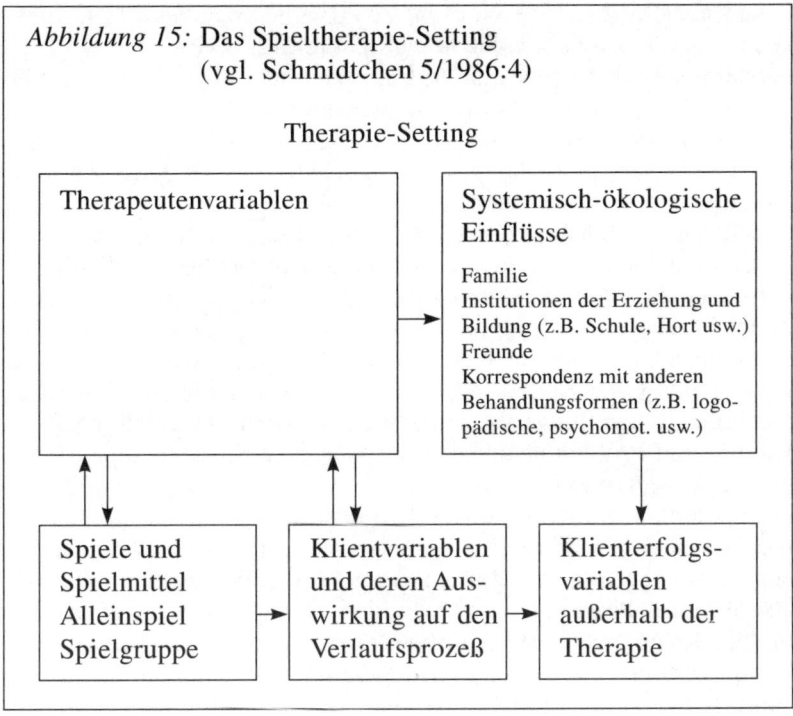

Abbildung 15: Das Spieltherapie-Setting
(vgl. Schmidtchen 5/1986:4)

Therapie-Setting

Therapeutenvariablen	Systemisch-ökologische Einflüsse
	Familie Institutionen der Erziehung und Bildung (z.B. Schule, Hort usw.) Freunde Korrespondenz mit anderen Behandlungsformen (z.B. logopädische, psychomot. usw.)

Spiele und Spielmittel Alleinspiel Spielgruppe	Klientvariablen und deren Auswirkung auf den Verlaufsprozeß	Klienterfolgsvariablen außerhalb der Therapie

Akzeptanz, die Möglichkeiten des freien Agierens läßt, das keiner moralischen Bewertung unterliegt, schafft die Grundlage, um die Gedanken, die Entscheidungen und die Handlungen wieder ordnen zu können. Die Grenzen der Freiheit ergeben sich aus dem Kontrakt, der vor Beginn der Behandlung geschlossen wird.

Ruhe, Entspannung und Geistesgegenwart der jeweiligen Therapeutinnen lassen dem Kind Raum und Zeit zur Entwicklung und Problemlösung. Es darf in seiner Entfaltung nicht durch unkontrollierte Emotionen der jeweiligen TherapeutInnen beeinträchtigt oder gar verwirrt werden.

Die therapeutische Haltung kann nicht einfach „dargestellt" werden, sie muß echt und natürlich sein, damit sich das Kind konzentrieren kann. Viele KlientInnen sind gefühlskontrolliert und haben aus diesem Grund emotionale Beziehungsstörungen und psychosomatische Reaktionen entwickelt. Durch gefühlsoffenes und kongruentes Verhalten können TherapeutInnen zum Vorbild für selbstkongruentes Verhalten werden.

Die Variable „therapeutische Hilfe" kennzeichnet die Strukturierung des therapeutischen Reizfeldes durch die TherapeutInnen, was den KlientInnen hilft, eigene Wünsche zu artikulieren, eigene Ziele zu erkennen und zu erreichen. Sie bekräftigt die Entwicklung eigener Zielvorstellungen des Kindes, hinterfrägt aber auch das KlientInnenverhalten. Therapeutische Hilfe bedeutet auch, daß einem Kind keine Lösungen aufgedrängt, sondern Hilfen angeboten werden, um zu sich selbst zu finden, sich selbst entscheiden, aktiv werden und Verantwortung übernehmen zu können.

Die Variable „Behalten des Überblicks" bezieht sich auf die Selbstreflexion des Therapeuten, der sich nicht in der Rolle des Mitspielers vergessen darf. Sie spielt in der therapeutischen Situation, aber auch in der Phase der Vor- und Nachbereitung eine große Rolle. Alle Behandlungsphasen müssen einer Metaanalyse unterzogen werden, die im Rahmen einer Supervision stattfinden kann. Sie ist notwendig, damit das Behandlungsgeschehen nicht von den Fragestellungen des Kindes zum Problemlösungsversuch der jeweiligen TherapeutInnen an und für sich wird.

Die Variable „Reflexion des Problemlösungsverhaltens" ist deshalb von Bedeutung, weil Gefühl und Kognition in der Spielbehandlung eng verbunden sind. Die Reflexion des Problemlösungsverhaltens ist also eine Rückmeldung der jeweiligen TherapeutInnen auf die Gefühle, aber auch auf die kognitiven Prozesse, damit das Kind seinen Lernprozeß im Spielzimmer auch außerhalb der Therapie verankern kann. Diese Verankerung ist die Folge der kindlichen Erfahrungen

(Verarbeitungsprozeß und wiedergewonnene Selbstbestimmung) in der Spielbehandlung und nicht das Ergebnis gezielter Interventionen der jeweiligen TherapeutInnen. Die Reflexion geschieht vorwiegend verbal. Sie ermöglicht die Entwicklung von Alternativen des Denkens und des Handelns, bzw. die Auslösung von Lernprozessen.

Das Verhalten des Kindes im Behandlungsprozeß ist durch folgende Variablen gekennzeichnet: angenehme Gefühle, unangenehme Gefühle, Ideenproduktion im Spiel, aktives Kontaktverhalten, Problemlösungsverhalten, Selbstexploration und Therapiegrenzen.

Schmidtchen/Engbarth (1986) weisen nach, daß der Therapieerfolg von der Häufigkeit der als angenehm erlebten Gefühle (Interesse, Freude, Aufregung, Glücklichsein, Triumphgefühle etc.) in der Spieltherapie abhängt.

Viele Kinder sind aggressiv, gehemmt, mißerfolgsempfindlich und mißerfolgserfahren. Ihnen fällt es meist sehr schwer, in angnehmer Stimmung zu lernen. Ihr Lernverhalten ist schon nach kurzer Zeit beeinträchtigt, weil die meisten Lernsituationen in Kombination mit unangenehmen Situationen im Gedächtnis abgespeichert worden sind. In der Spieltherapie bietet sich nun die Erfahrungsmöglichkeit, daß Entwicklung und Lernen auch auf dem Hintergrund angenehmer, konstruktiver Gefühle möglich wird. Die TherapeutInnen unterstützen ihre KlientInnen in dieser Erfahrung und lassen sich von deren Stimmungen nicht anstecken.

Unangenehme Gefühle des Kindes werden in der Therapie nicht ignoriert, sondern einfühlsam aufgenommen. Mit ihnen sind biographische Erfahrungen verbunden, die – wie die angenehmen – im Gedächtnis ebenso abgespeichert sind. Der Therapeut ermöglicht dem Kind, die mit dem unangenehmen Gefühl verbundenen Erfahrungen aus der Distanz zu betrachten, damit es von der Fülle der Gefühle nicht „überschwemmt" wird.

Das Kind braucht die Chance, Verhaltensweisen zu zeigen, die mit seinen unangenehmen und seinen angenehmen Gefühlen korrespondieren. Diese unterschiedlichen positiven und negativen Erfahrungen und Gefühle sind vernetzt und rufen Verwirrung hervor, die sich besonders gut im Symbol- und Rollenspiel darstellen und bearbeiten lassen. Die TherapeutInnen unterstützen das Kind nonverbal und verbal darin, die Verwirrung aufzulösen, sich neu zu orientieren und auch im Alltag handeln zu lernen.

Um diese Zusammenhänge bearbeiten zu können, ist Spiel notwendig. Es ist Aufgabe der TherapeutInnen, die Ideenproduktion im Spiel zu fördern, ohne selbst eigene Themen einzubringen. Sie beobachten, welche Spiele und Spielformen kreative Potentiale freisetzen und unterstützen das Kind, wenn es sich neuen Spielideen zuwendet, weil es damit sich belastenden Gefühlszuständen nähert. Die Atmosphäre ist dabei nicht leistungsorientiert. Je flüssiger die Ideenproduktion beim Kind ist und je spontaner es neue Spielanreize aufgreift und bewältigt, um so freier ist es in seinen Entscheidungen und Handlungen. Das Spiel ist dabei von zentraler Bedeutung für mögliche Problemlösungen im Spiel und im realen Leben.

Ebenso bedeutsam ist auch die Art der Kontaktaufnahme der TherapeutInnen, die möglichst offen, natürlich und unaufdringlich sein sollte. Das Kind entscheidet, ob der Therapeut sein Vorbild, sein Modell wird oder nicht.

Das Problemlösungsverhalten der Kinder in der Spieltherapie ist meist unterentwickelt, gehemmt, gestört. Im Spiel kann das Kind seine Probleme be-handeln, be-greifen und einer Lösung zuführen. Es muß sich nicht mehr zurückziehen, weil es sich nicht überwinden kann, sich seinem Problem zu stellen. Im therapeutischen Prozeß hat es die Möglichkeit der Selbstbestimmung, der freien Entscheidung, ob, wann und in welcher Weise es sich seinen Problemen annähert. Die TherapeutInnen unterstützen das Kind darin, seine Emotionen zu bewältigen. Mit abnehmendem Erregungszustand kann sich nach Maßgabe der eigenen Wünsche den Lösungsmöglichkeiten zuwenden.

Ältere Kinder – in der Regel ab dem 10. Lebensjahr – sind in der Lage, über sich zu sprechen. Voraussetzung ist das Selbst-Bewußtsein und das Bewußtsein der eigenen Rolle. Diese Form der Selbstexploration kann dem Kind helfen, in Selbstgesprächen zu Lösungen zu finden, ist aber nicht die primäre Interaktionsform in der Spielbehandlung.

Die Therapiegrenzen werden zu Beginn der Behandlung im Sinne eines Kontraktes mit dem Kinde bzw. den beteiligten Personen vereinbart (z.B. Zeit-, Raum- und Handlungsgrenzen). Das ist Teil des therapeutischen Prozesses. Das Kind erfährt Grenzen nicht als absolute Setzungen, sondern als sachbezogene, aber durchaus interessengeleitete Vereinbarungen oder Vorschriften (z.B. Verbot körperlicher Angriffe oder mutwillige Zerstörung von Spielsachen). Die Erfahrungen des Kindes mit diesen Grenzsetzungen sind ausschlaggebend für seinen Umgang mit den Grenzen in der Spieltherapie. In diesem Zusammenhang repräsentiert der Therapeut nicht nur den normativen Hintergrund der Behandlung, sondern auch die gesellschaftlichen Grenzsetzungen. Zum Behandlungsprozeß gehören also auch die Verhandlungen mit dem Kind über die Gültigkeit der normativen Vorschriften. Die TherapeutInnen unterstützten ihre KlientInnen Lösungsformen zu entwickeln, damit sie mit den äußeren und den inneren Grenzen umgehen lernen. Grenzsetzungen bedürfen nicht nur einer angemessenen

Form, sondern müssen auch in ihrem Sinn vermittelbar sein. Bei extrem verwahrlosten Kindern, denen eigene, innere Grenzen fehlen, reicht die Spieltherapie allein nicht aus. Sie muß entweder als adäquate Hilfe ausfallen, personenzentriert modifiziert oder mit anderen heilpädagogischen Behandlungsformen kombiniert werden. Auch Kinder, die sehr stark kontrolliert wurden, haben nicht gelernt, innere Kontrollen aufzubauen. Ihr Verhalten ist fremdbestimmt, sie schauen immer auf die Reaktion der anderen und sind mit den Selbstbestimmungsmöglichkeiten der Spieltherapie überfordert. Beeinträchtigte Formen der Selbstkontrolle sind bei der Vereinbarung von Grenzen zu berücksichtigen, weil sehr schnell, anstatt einer sinnvollen Auseinandersetzung um Regeln, eine Überforderung durch ein Mangel an Grenzen verursacht wird. Sind mit den damit verbundenen Gefühlen und Emotionen keine konstruktiven Erfahrungen zu verbinden, wird die bestehende Verwirrung der Gefühle und der im Gedächtnis gespeicherten Erfahrungen noch verstärkt. Grenzsetzungen sollten also dem therapeutischen Verfahren und den Klienten angemessen definiert werden, damit ein therapeutischer Prozeß möglich wird.

Spielmittel

Spielmaterial, Spieldinge und Spielzeug sind Ausdrucks- und Kommunikationsmittel im spieltherapeutischen Prozeß. Die SpieltherapeutInnen sollten darauf bedacht sein, den Bedeutungshintergrund des Spiels zu erfassen und müssen in der Lage sein, die Darstellung und die Spielhandlung zu verstehen, analog kommunizieren zu können und Körpersprache, Mimik, Gestik, Stimme, Melodie, Lautstärke, Kraft, Umgang mit Zeit und Raum, verbale Äußerungen zu erfassen. Auch die übertragene Bedeutung der Spielsymbolik (Symbol = Sinnzeichen) muß sich ihnen erschließen ebenso wie der analoge Sinngehalt von Mythen, Märchen, und Bildern, damit sie entsprechende Spielmittel zur Verfügung stellen können.

Zulliger weist allerdings darauf hin, daß in der psychoanalytisch orientierten Spieltherapie eine hermeneutische Deutung nicht unbedingt notwendig ist. Etwas vereinfacht ausgedrückt könnte man sagen, Spiel wirkt heilend, auch wenn der Therapeut den Sinngehalt des Spieles nicht immer versteht (vgl. Zulliger 1952).

Das beschriebene therapeutische Handeln erfordert eine differenzierte und qualifizierende Ausbildung.

Die Klienten-Erfolgsvariablen

Hier geht es um Kriterien, mit denen die Therapieeffekte erfaßt werden können. Sie sind von Schmidtchen (1984) empirisch in drei Bereichen nachgewiesen worden (vgl. Schmidtchen 3/1 1984:73–84; Schmidtchen /Engbarth 3/1986:185–195).

(1) Förderung von seelischem Wachstum: dieses betrifft die erhöhte Übereinstimmung von Selbst- und Wunschbild, die Feststellung erweiterter seelischer Flexibilität, die Erhöhung der Anzahl der positiven Äußerungen über sich selbst, Angstreduktion, verbesserte Kontaktfähigkeit, Erhöhung emotionaler Stabilität;
(2) Verbesserung der Lern- und Leistungsfähigkeit bei sozialen, emotionalen und intellektuellen Retardierungen. Damit ist das Ausmaß der Nachreifung und die Erhöhung der intellektuellen Flexibilität gemeint. Die Spieltherapie verbessert nicht die schulische Leistungsfähigkeit – hier sind zusätzliche sonderpädagogische Hilfen notwendig –, sondern behandelt die emotionalen Störungen.
(3) Der Abbau von Verhaltensstörungen und psychoneurotischen Problemen sind die wichtigsten Kriterien für die Erfolgsmessung, wobei hier nicht die Symptomminderung bzw. Symptomfreiheit das Ziel ist, sondern der Aufbau der Selbstheilungskräfte, der Selbstverwirklichungstendenz und des seelischen Wachstums. Wenn das Kind zur Bewältigung seiner Probleme keine therapeutische Unterstützung mehr benötigt, kann die Behandlung als erfolgreich abgeschlossen werden. Schmidtchen gibt mit seiner Therapieverlaufs- und Abschlußdiagnostik praktikable Hilfen, das Therapieende zu bestimmen.

Familie, Institutionen außerfamiliärer Unterbringung, Schule, Korrespondenz mit anderen Behandlungsformen

An Gesprächen mit den Eltern und Geschwistern sind die zu behandelnden Kinder zu beteiligen, damit kein Vertrauensbruch in der Therapeut-Klientbeziehung entsteht. Die Eltern sind um so mehr in die Behandlung einzubeziehen als das Familiensystem an der Entstehung des Problems beteiligt ist und an demselben festhalten kann. In solchen Fällem empfiehlt Schmidtchen eine Kombination von klientzentrierter Spiel- und Familientherapie. (Schmidtchen 1993) Auch andere Formen – beispielsweise Elterngesprächsgruppen – sind je nach Problematik denkbar.
Kinder mit Verhaltensauffälligkeiten oder auch mit Behinderungen sind nicht nur in der Familie ein Problem, sondern auch in der Schule, im Hort, im Kindergarten, im Heim etc. Nicht alle Probleme sind alleine dem Familiensystem zuzuschreiben, auch andere Institutionen und deren MitarbeiterInnen können beteiligt sein. Deshalb ist es sinnvoll, diese Zusammenhänge auch zu überprüfen und gegebenen-

falls mit den Kontaktpersonen des Kindes in dieser Einrichtung zu arbeiten und sie in das Therapiekonzept einzubeziehen.

Oft gehen Eltern mit „behandlungsgeübten", „diagnoseerfahrenen", teilweise sogar therapieresistenten Kindern von einem Therapeuten zum anderen. Bevor ein Kontrakt für einen weiteren Behandlungsversuch geschlossen wird, sollten Eltern zu parallel laufenden Behandlungsformen befragt werden. Diese sind dann, soweit das möglich ist, in das neue Behandlungskonzept zu integrieren. Ansonsten ist die Spielbehandlung nicht durchführbar. Unter Umständen müssen die Eltern vor eine entsprechende Entscheidung gestellt werden. Je nach Problematik des Kindes und der Familie ist ein informeller Austausch zwischen den Therapiestellen unter Beteiligung der Eltern notwendig.

Spiel als Therapeutikum ermöglicht dem Kind, seine Selbstheilungskräfte zu aktivieren, die Konflikte zu bewältigen und zu verarbeiten und das Lern- und Leistungsverhalten zu verbessern. Wenn dieser Prozeß durch eine adäquate Beteiligung des Umfeldes unterstützt wird, kann dieses seelische Wachstum in vielen Fällen gelingen.

Spieltherapeutische Verfahren haben auch ihre Grenzen. Die Frage, wer den Kindern standhält, deren Spiel und Phantasie so beeinträchtigt und gestört ist, daß Pädagogik und Therapie sich als ineffektiv erweisen, darf auch in diesem Zusammenhang nicht verdrängt werden.

Ist die Erfahrung von Beziehungssicherheit, die dadurch entsteht, daß ein Kind voraussetzungslos bejaht wird, die Voraussetzung für die Entwicklung der Spielfähigkeit? Liegt in der Spieltätigkeit eine Chance der Sinnfindung?

Weiterführende Literatur:

Ackerknecht, K.L.: Individualpsychologische Kinder und Jugendtherapie. München 1982
Axline, V.: Kinderspieltherapie im nicht-direktiven Verfahren. München 1972
Biermann, G. (Hrsg.): Handbuch der Kinderpsychotherapie. Bd. 1, München 1969
Oaklander, V.: Gestalttherapie mit Kindern. Stuttgart 1982
Schmidtchen, St.: Klientzentrierte Spiel- und Familientherapie. Weinheim [3]1991

Literaturverzeichnis

ACKERKNECHT, L.K.: Individualpsychologische Kinder- und Jugendpsychotherapie. München 1982

ALMY, M.: Das freie Spiel als Weg der geistigen Entwicklung. In: Flitner, A.: Das Kinderspiel. München [3]1976:101–113

ALT, CHR., Typologie elektronischer Spiele. In: Dji 1994:421–422

ALTHENTHAN/BETSCHER-OTT/DIRRIGL u.a.: Psychologie. Hrsg. v. Hobmair, H., Köln 1991

ANSTÖTZ, CH.: Die „Spielmittelbeurteilung" als Gegenstand logischer Analyse. Vom Sinn methodologischer Überlegungen für die pädagogische Praxis bei Geistigbehinderten. In: Spielmittel 4/1984

ARIÈS, Ph.: Geschichte der Kindheit. München 1975

AXLINE, V.: Kinderspieltherapie im nicht-direktiven Verfahren. München 1972

AYRES, A.J.: Bausteine der kindlichen Entwicklung. Berlin 1984

BAATZ, U.: Das Spiel ist ernst, der Ernst ist Spiel. Ein Versuch über unendliche Spiele. In: Baatz/Müller-Funk (Hrsg.): Vom Ernst des Spiels. Über Spiel und Spieltheorie. Berlin 1993

BAMBACH, G.: Keine absolute Sicherheit bei Spielmitteln! Alle Sicherheit beim Kinde? In: Spielmittel 2/1981

BEINLICH, A.: Die Entwicklung des Lesers. In: Baumgärtner, A.C. (Hrsg.): Lesen, Ein Handbuch. Hamburg 1973.

BERG, Ch.: Die Sozialgeschichte des Spiels gibt es noch gar nicht! Aussagen über Funktionen und Intentionen des Spielens und Spielzeugs als Arbeitshypothesen. In: Spielmittel 1/1985

BIERMANN, G. (Hrsg.): Handbuch der Kinderpsychotherapie Bd. 1. München 1969

BETZ, O.: Fest und Ritual. In: Böcker/Heimbrock/Kerkhoff (Hrsg.): Handbuch religiöser Erziehung, Bd. 1, Lernbedingungen und Lerndimensionen. Düsseldorf 1987

BOLLNOW, O.F.: Mensch und Raum, Stuttgart 1963

BOLLNOW, O.: Studien zur Hermeneutik, Bd. 1, Zur Philosophie der Geisteswissenschaften. Freiburg 1982

BROICH, J., Gruppenspiele anleiten, Köln, 2/1997

BROICH, J.: Spiel-Bibliographie, Literaturnachweis 1980 bis 1994. Bibliographisches Handbuch zu Spiel, Bewegung, Animation. Köln, im Erscheinen.

BRONFENBRENNER, U.: Die Ökologie der menschlichen Entwicklung. Stuttgart 1981

BRONFENBRENNER, U.: Ökologische Sozialisationsforschung. Hrsg. v. Lüscher, K. Stuttgart 1976

BUBER, M.: Reden über Erziehung. Heidelberg [7]1986

BÜHLER, Ch.: Kindheit und Jugend. Leipzig 1928

BÜHLER/LOWENFELD. In: McLellan, J.: Kinder sollen spielen. Freiburg 1972

BUYTENDIJK, F.J.J.: Das menschliche Spielen. In: Gadamer/Bogler (Hrsg.): Neue Anthropologie, Bd. 4. Kulturanthropologie. Stuttgart 1973

CAILLOIS, R.: Die Spiele und die Menschen, Maske und Rausch. Stuttgart 1960

DAHRENDORF, M.: Literarische Wirkung und Literaturdidaktik. In: Baumgärtner, A.C. (Hrsg.): Lesen. Ein Handbuch. Hamburg 1973 (leicht gekürzt). In: Hurrelmann, B. (Hrsg.): Kinderliteratur und Rezeption, Schriftenreihe der Deutschen Akadamie für Kinder- und Jugendliteratur. Volkach e.V., Baltmannsweiler 1980

DAUBLEBSKY, B.: Spielen in der Schule. Vorschläge und Begründung für ein Spielcurriculum. In: Veröffentlichungen der Forschungsgruppe Modellschulen, hrsg. v. Edelstein, W., Bd. 1. Stuttgart ²1974

DIRX, R.: Gaukler, Kinder, kluge Köpfe. Das Spiel einst und jetzt. Hannover 1968

EBNER, H.: Kinder- und Jugendliteratur als Spiegel der Gesellschaft. Ein Rückblick. In: Unsere Kinder 5/1989

EINSIEDLER, W.: Das Spiel der Kinder. Zur Pädagogik und Psychologie des Kinderspiels. Bad Heilbrunn ²1994

ELKONIN, D.: Psychologie des Spiels. Köln 1980

ELLWANGER/GRÖMMINGER: Märchen – Erziehungshilfe oder Gefahr. Freiburg 1977

ERIKSON, E.H.: Kindheit und Gesellschaft. Stuttgart ³1968

ESCHENAUER, B., Computer zum Spielen und Lernen für Kinder im Vorschulalter: In: DJI 1994:410–420

FENDT-ENGELMANN, E.: Spieldiagnostik. In: Kreuzer, K.J. (Hrsg.): Handbuch der Spielpädagogik, Bd. 4. Das Spiel im therapeutischen und sonderpädagogischen Bereich. Düsseldorf 1984

FINK, E.: Oase des Glücks. Gedanken zu einer Ontologie des Spiels. Freiburg 1957

FINK, E.: Spiel als Weltsymbol. Stuttgart 1960

FLITNER, A. Spielen-Lernen, Praxis und Deutung des Kinderspiels, München ¹⁰1996

FLITNER, A.: Das Kinderspiel. In: Ders. (Hrsg.): Erziehung in Wissenschaft und Praxis, Bd. 30. München ²1974

FLOSDORF, P.: Räume und deren strukturierender Einfluß auf das Erleben und Verhalten. In: Ders. (Hrsg.): Theorie und Praxis stationärer Erziehungshilfe, Bd. 2. Die Gestaltung des Lebensfeldes Heim. Freiburg 1988

FLUEGELMANN/TEMBECK: new games – die neuen Spiele. Soyen 1979

FRANKL, V.E.: Das Buch als Therapeutikum. In: Lesen in der Lebenskrise. Freiburg 1977

FRITZ, J.: Theorie und Pädagogik des Spiels. Eine praxisorientierte Einführung. Weinheim/München ²1993

FRITZ, J.: Spielzeugwelten. Eine Einführung in die Pädagogik der Spielmittel. ²1992

FRITZ, J.: Computer in der Jugendarbeit. Mainz 1987

FRITZ, J.: Vom Wettbewerbsspiel zum kooperativen Spiel? Argumente gegen eine Entmischung und Reglementierung von Spielorientierungen. In: Spielmittel: 3/1982

GADAMER, H.G.: Wahrheit und Methode. Tübingen 1960

GADAMER, H.G.: Die Kunst des Feierns. In Schultz, H.J. (Hrsg.): Was der Mensch braucht. Stuttgart 1977

GASSNER/MAIER: Vom situativen Planen (I) und (II). In: Engelhardt, D. (Hrsg.): Handbuch der Elementarerziehung. Seelze 1992

GIBAS, H.: Spieldiagnostik und Spieltherapie als Möglichkeit der Verhaltensänderung. In: Kreuzer, Bd.4, 1984

GINOTT, H.G.: Gruppenpsychotherapie mit Kindern, Theorie und Praxis der Spieltherapie. Weinheim/Basel 1971

GÖTTE, R.: Sprache und Spiel im Kindergarten: Handbuch zur Sprache und Spielförderung mit Jahresprogramm und Anleitung für die Praxis. Weinheim/Basel [5]1984

GREENFIELD, P.M.: Kinder und neue Medien. München/Weinheim 1987

GRÜNEISL, G./ZACHARIAS, W.: Die Kinderstadt. Eine Schule des Lebens. Reinbek 1969

GUARDINI, R.: Vom Geist der Liturgie. Freiburg, [2]1991

HAND, I.: Pathologisches Spielen – eine Sucht? In: Carlhoff/Wittemann (Hrsg.): Jugend – Spiel – Schutz. Spiel als Herausforderung für Erziehung und Jugendarbeit, Aktion Jugendschutz (ajs): Landesarbeitsgemeinschaft Baden-Württemberg. Stuttgart 1990

HAGEMANN-WHITE, C. Sozialisation: weiblich-männlich. Alltag u. Biographie von Mädchen (1/1986), Leverkusen 1996

HARDING, G.: Spieldiagnostik. Weinheim/Basel 1972

HARMS/MANNKOPF (Hrsg.): Spiel und Lebensraum Großstadt. Weinheim 1989

HEERS, J.: Vom Mummenschanz zum Machttheater. Europäische Festkultur im Mittelalter. Frankfurt 1986

HEIMLICH, U.: Einführung in die Spielpädagogik. Eine Orientierungshilfe für sozial-, schul- und behindertenpädagogische Handlungsfelder. Bad Heilbrunn 1993

HEITKÄMPER, O.: Freie Kommunikation auf dem Spielplatz? In: Forum E, 28/1975

HERING, W.: Spieltherorie und pädagogische Praxis. Zur Bedeutung des kindlichen Spiels. Düsseldorf 1979

HERZKA, H.S.: Über die Wirkung der Dinge auf das Kind. In: Herzka/Binswanger, Spielsachen; Auswahl und Bedeutung für das gesunde und behinderte Kind. Basel [3]1974

HETZER, H.: Spielmaterial für verschiedene Formen des Säuglings- und Kleinkinderspiels. In: Hundertmark/Ulshoefer (Hrsg.): Kleinkinderziehung. Bd. 2. München 1972

HETZER, H.: Spiel und Spielzeug für jedes Alter. Lindau [4]1950

HETZER, H.: Spielen lernen – spielen lehren. München [9]1982

HIRSCHFELD/KLUGE: Spielen und Spielverhalten, Basisbefunde zur Entwicklung einer kindzentrierten Spielpädagogik für Behinderte und Nichtbehinderte, Berichte zur Erziehungstherapie und Eingliederungshilfe 1. München 1980

HORN, A.: Spielen lernen. Spielen als existenzielles Grundphänomen und Möglichkeiten einer Spielerziehung im Sportunterricht. Weinheim 1987

HUIZINGA, J.: Homo ludens. Vom Ursprung der Kultur im Spiel. Hamburg [11]1972

HURRELMANN, B. (Hrsg.): Kinderliteratur und Rezeption, Schriftenreihe der Deutschen Akademie für Kinder- und Jugendliteratur Volkach e.V. Baltmannsweiler 1980

HÜBSCHMANN, K.: Spielzeug-Sicherheit – klein oder groß geschrieben? In: Spielmittel 1/1985 (Der Artikel enthält Tabellen über die wichtigsten Rechtsvorschriften, und DIN-Normen Sicherheitsempfehlungen für Spielmittel.)

JANSSEN, P.: Edmund Husserl. Freiburg/München 1976

JOST, E. unter Mitarbeit von Smidt, Th.: Kulturelles Spiel und gespielte Kultur. Bewegungsspiel als Dramatisierung des Lebens. Frankfurt 1990

KAISER, A.: Wie arbeiten lebenweltorientierte Ansätze? Prinzipien und Methoden lebensweltorientierter Bildungsarbeit. In: Grundlagen der Weiterbildung. Neuwied 1/1990

KLEIN, M.: Die Psychoanalyse des Kindes. Stuttgart 1983

KLEIN, M.: Die psychoanalytische Spieltechnik; Ihre Geschichte und Bedeutung. In: Röhrs, H. (Hrsg.): Das Spiel – ein Urphänomen des Lebens. Wiesbaden 1981

KLUG/ROTH, (Hrsg.): Spielräume für Kinder. Münster 1992

KLUGE, K.-J.: Die Lösung von Konfliktsituationen durch Rollenspiel. Hannover 1982

KLUGE/OBERFRANK: Elterliche Spieleingriffe und kindliches Spielverhalten auf Gerätespielplätzen. Ergebnisse einer Pilotstudie. In: Kreuzer, K.J. (Hrsg.): Handbuch der Spielpädagogik. Bd. 3, Spiel als Erfahrungsraum und Medium. 1984

KNOLL, J.H., KOLFHAUS, ST., PFEIFER, S. SWOBODA, W.. Das Bildschirmspiel im Alltag Jugendlicher, Leverkusen 1996

KOBI, E.: Grundfragen der Heilpädagogik. Eine Einführung in heilpädagogisches Denken. Bern/Stuttgart/Wien [5]1993

KOCHAN, B.: Rollenspiel als Methode sozialen Lernens – Ein Reader. Königstein 1981

KOOJ, R. van der/NEUKÄTER: Elterliches Erzieherverhalten und Spiel im internationalen Vergleich. In: Pädagogische Psychologie 4/1989

KOOJ, R. van der: Pädagogik und Spiel. In: Roth, L. (Hrsg.): Handbuch Pädagogik, Donauwörth 1991

KOOJ, R. van der: Spielpädagogik oder Spiel in der (Sonder)Pädagogik? Elterliche Erziehungsstile und Spiel im europäischen Vergleich. In: Heitzer/Spies (Hrsg.): LehrerInnen im Europa der 90er Jahre. Bochum 1993

KRAPPMANN, L.: Soziologische Dimension der Identität. Stuttgart [4]1975

KRAPPMANN, L.: Soziales Lernen im Spiel. In: Froemmberger, H. (Hrsg.): Lernendes Spielen – spielendes Lernen. Hannover 1976

KREUZER, K.J.: Zur Geschichte der pädagogischen Betrachtung des Spielens und der Spiele. In: Kreuzer, K.J. (Hrsg.): Handbuch der Spielpädagogik, Bd. 1, Pädagogische, psychologische und vergleichende Aspekte. Düsseldorf 1983a

KREUZER, K.J.: Zur Komplexität der spielpädagogischen Fragestellungen und Bereiche. In: Kreuzer, K.J. (Hrsg.): Handbuch der Spielpädagogik, Bd. 1. Pädagogische, psychologische und vergleichende Aspekte. Düsseldorf 1983b

KRUSE, L.: Räumliche Umwelt. Die Phänomenologie des räumlichen Verhaltens als Beitrag zu einer psychologishen Umwelttheorie. Berlin 1974

KUBE, K.: Spieldidaktik. Düsseldorf 1977

KÜKELHAUS, H.: Unmenschliche Architektur. Von der Tierfabrik zur Lernanstalt. Köln 1983

KÜKELHAUS, H.: Organismus und Technik. Frankfurt 1979

LANG, B.: Kult. In: Cancik/Gladigow/Kohl, (Hrsg.): Handbuch religionswissenschaftlicher Grundbegriffe, Bd. III, Gesetz-Kult. Stuttgart/Berlin/Köln 1993

LEIBBRAND, J.: Vom befleckten Leib zum „Flecklehäs". In: Bausinger/Jeggle/Scharfe/Warneken (Hrsg.): Narrenfreiheit, Beiträge zur Fasnachtsforschung, Untersuchungen des Ludwig-Uhland-Instituts der Universität Tübingen im Auftrag der Tübinger Vereinigung für Volkskunde e.V. 1980

LENZEN, D.: Mythologie der Kindheit. Die Verewigung des Kindlichen in der Erwachsenenkultur. Versteckte Bilder und vergesssene Geschichten. Hamburg 1985

LINTON, R.: Rolle und Status. in: Hartmann, H.: Moderne amerikanische Soziologie. Neuere Beiträge zur soziologischen Theorie. Stuttgart [2]1973

LITT, Th.: Führen oder Wachsenlassen. Eine Erörterung des pädagogischen Grundproblems. Stuttgart 1961

LORENTZ, G.: Freispiel im Kindergarten. Chancen seines bewußten Einsatzes. Freiburg 1983

LUHMANN, N.: Soziale Systeme. Grundriß einer allgemeinen Theorie. Frankfurt a.M. [4]1991

LUHMANN, N.: Die Wissenschaft der Gesellschaft. Frankfurt/M. 1992

MACHO, TH.: Überlegungen zur Glücksspielsucht. In: Baatz/Müller-Funk (Hrsg.): Vom Ernst des Spiels. Über Spiel und Spieltheorie. Berlin 1993

MAHLKE, W., Schwarte, N.: Raum für Kinder. Weinheim 1985

MARTIN, G.M.: Fest und Alltag. Bausteine zu einer Theorie des Festes. Stuttgart 1976

MARTIN/WAWRINOWSKI: Beobachtungslehre. Theorie und Praxis reflektierter Beobachtung und Beurteilung. Weinheim/München 1993

MENTS van, M.: Rollenspiel: effektiv. Ein Leitfaden für Lehrer, Erzieher, Ausbilder und Gruppenleiter. München [2]1991

MERKER/RÜNSING/BLANKE: Spielprozesse im Kindergarten. München 1980

MERLAU-PONTY, M.: Phänomenologie der Wahrnehmung. Berlin 1966

MIESKES, H.: Warum „Spielmittel". Zur Einführung, Begründung und Berechtigung der Bezeichnung. In: Das Spielzeug 10/1969

MIESKES, H.: Zur Pädagogik der Spielmittel. In: Spielmittel, Wissenschaft, Forschung und Praxis. hrsg. vom Wissenschaftlichen Beirat der „Arbeitsgemeinschaft Spielzeug e.V." Bamberg 1970

MILLAR, S.: Psychologie des Spiels. Ravensburg 1973

MILLS, Th.M.: Soziologie der Gruppe, Grundfragen der Soziologie. München [4]1974

MITSCHERLICH, A.: Die Unwirtlichkeit unserer Städte – Anstiftung zum Unfrieden. Frankfurt/M. 1969

MOGEL, H.: Psychologie des Kinderspiels. Heidelberg 1991

MOLCHO, S.: Körpersprache. München 1983

MOLTMANN, J.: Die ersten Freigelassenen der Schöpfung. München 1971

MORENO, J.L.: Gruppenpsychotherapie und Psychodrama. Stuttgart 1959

MOOR, P.: Das Spiel in der Entwicklung des Kindes. Entfaltung des Unbewußten im Spielverhalten. Ravensburg [2]1973

MORGENSTERN/RENNER: Das Spiel mit Puppen. Die Gestaltung und Anwendung im Kindergarten und Hort. Bayerischer Landesverband kath. Kindertagesstätten (Hrsg.): München 1983

MYSCHKER, N.: Verhaltensstörungen bei Kindern und Jugendlichen. Stuttgart 1993

NITSCH-BERG, H.: Kindliches Spiel zwischen Triebdynamik und Enkulturation. Stuttgart 1978

NITSCH-BERG, H.: Kindliches Spiel zwischen Triebdynamik und Enkulturation. Der Beitrag der Psychoanalyse und der Entwicklungstheorie Piagets. Stuttgart 1978

NOSCHKA/KERR: Bauklötze staunen. München 1986

OAKLANDER, V.: Gestalttherapie mit Kindern. Stuttgart 1982

OERTER, R., Psychologie des Spiels. Ein handlungsorientierter Ansatz, München 1993

OFENBACH, B.: Spiel als Spiegel des Lebens. Der Mensch spielt auch mit der Technik. In: Spielmittel 4/1985

ORLICK, T.: Kooperative Spiele, Herausforderung ohne Konkurrenz. Weinheim/Basel 1982

PETZOLD, H. (Hrsg.): Puppen und Puppenspiel in der Psychotherapie. Mit Kindern, Erwachsenen und alten Menschen. München 1983

PIAGET, J.: Nachahmung, Spiel und Traum. Die Entwicklung der Symbolfunktion beim Kinde. Stuttgart 1969

PIAGET, J./INHELDER, B.: Die Psychologie des Kindes. Freiburg 1972

PIAGET, J.: Die Bildung des Zeitbegriffes beim Kinde. Zürich 1955

PIEPER, J.: Zustimmung zur Welt. Eine Theorie des Festes. München 1963

PORTMANN, A.: Das Spiel als gestaltete Zeit. In: Zeitschrift f. Pädagogik 21/1975

PRASS-MYSCHI, B.: Spielmobil – Mobile Spielplatzbetreuung. In: Fritz, J.: Theorie und Pädagogik des Spiels. Eine Praxisorientierte Einführung. Weinheim/München [2]1993

RADEMACHER, H.: Spielend interkulturell lernen? Wirkungsanalysen von Spielen zum interkulturellen Lernen bei internationalen Jugendbegegnungen. Berlin 1991

RAHNER, H.: Der spielende Mensch. Einsiedeln/Freiburg [10]1990

RAMBERT, M.L.: Das Puppenspiel in der Psychotherapie. München/Basel 1969

RETTER, H.: Kooperative Spiele und prosoziales Verhalten in: Spielmittel: 3/1985

RETTER, H.: (Hrsg.) Kinderspiel und Kindheit in Ost und West. Spielförderung, Spielforschung und Spielorganisation in einzelnen Praxisfelder – unter besonderer Berücksichtigung des Kindergartens. Bad Heilbrunn 1991

RETTER, H.: Spielzeug. Handbuch zur Geschichte und Pädagogik der Spielmittel. Weinheim/Basel 1979

RÖHRS, H.: Spiel und Sportspiel – ein Wechelverhältnis. Hannover 1981

RÜSSEL, A.: Das Kinderspiel. Grundlinien einer psychologischen Theorie. München [2]1965

SAPIRO, V. (übersetzt v. Wurm, Ch.): Geschlecht und Spiele. Über Unterdrückung und Rationalität. In: Baatz/Müller-Fung (Hrsg.): Vom Ernst des Spiels. Über Spiel und Spieltheorie. Berlin 1993

SCHÄFER, G.E.: Spielphantasie und Spielumwelt. Spielen, Bilden und Gestalten als Prozeß zwischen innen und außen. Weinheim/München 1989

SCHENDA, R., Von Mund zu Ohr. Bausteine zu einer Kulturgeschichte volkstümlichen Erzählens. Göttingen 1993

SCHENK-DANZINGER, L.: Entwicklungspsychologie. Wien [12]1977

SCHEUERL, H.: Das Spiel. Untersuchungen über sein Wesen, seine pädagogischen Möglichkeiten und Grenzen. Weinheim/Basel [10]1977

SCHILLER, F.v.: Sämtliche Werke, 26. Brief 105 Stuttgart/Berlin o.J. In: Scheuerl, H.: Das Spiel, Weinheim/Basel [10]1977

SCHMIDTCHEN, St.: Klientzentrierte Spiel- und Familientherapie. Weinheim [3]1991

SCHMIDTCHEN, St.: Spieltherapie mit Kindern. In: Spielmittel 5/1986

SCHMIDTCHEN/ENGBARTH: Welche Therapeuten- und Klientenvariablen bestimmen den Erfolg einer Spieltherapie? In: Psychologie und Unterricht 3/1986

SCHMIDTCHEN, St.: Klientzentrierte Spieltherapie. In: Zeitschrift für personenzentrierte Psychologie und Psychotherapie, 3/1 1984

SCHNEEWIND/BECKMANN/ENGFER: Eltern und Kinder. Stuttgart 1983

SCHNEIDER, K.D.: Sucht: Spiel zwischen Freiheit, Zwang und Abhängigkeit. In: Carlhoff/Wittemann (Hrsg.): Jugend – Spiel – Schutz, Spiel als Herausforderung für Erziehung und Jugendarbeit, Aktion Jugendschutz (ajs): Landesarbeitsgemeinschaft Baden-Württemberg. Stuttgart 1990

SEEGER, R.: Spielplatzgeschichte-Spielalltag, Innovationen auf dem Hintergrund einer historischen Betrachtungsweise. In: Spielmittel 5/1985

SHAFTEL/SHAFTEL/WEINMANN: Rollenspiel als soziales Entscheidungstraining. München/Basel [4]1978

SMILANSKY, S.: Wirkungen des sozialen Rollenspiels auf benachteiligte Vorschulkinder und Anleitung zum sozialen Rollenspiel. In: Flitner, A.: Das Kinderspiel. München [2]1974

164

SOMMER, V.: Homo Ludens, Spiel und Humor. In: Funkkolleg, Der Mensch, Anthropologie heute. Studienbrief 8, Tübingen 1993

SPANHEL, D.: Formen des Jugendprotests als Spielverhalten der Jugendlichen? Einige Überlegungen zur Bedeutung des Spiels im Jugendalter. In: Spielmittel 1/1985a

SPANHEL, D.: Jugendliche vor dem Bildschirm. Weinheim 1987

SPANHEL, D.: Das Spiel bei Jugendlichen. Ansbach 1985b

SPIESS, W.: Perversion des Spiels. In: Frommberger, H. (Hrsg.): Lernendes Spiel – spielendes Lernen, Hannover 1976

STAABS, G.v.: Der Sceno-Test. Berlin ³1964

STANKEWITZ, W.: Szenisches Spiel als Lernsituation. München / Berlin / Baltimore 1974

STUCKENHOFF, W.: Das Verhältnis von Spielaltern und Spielformen als Basis für eine Spielförderung. In: Kreuzer, K.J.: Handbuch der Spielpädagogik, Bd. 1. Pädagogische, psychologische und vergleichende Aspekte. Düsseldorf 1983

SUTTON-SMITH, B.: Die Dialektik des Spiels. Eine Theorie des Spielens, der Spiele und des Sports. Schorndorf 1978

SUTTON-SMITH, B.: Das Spiel bei Piaget – eine Kritik. In: Flitner, A.: Das Kinderspiel. München ³1976:114–125

THOMAS, I.: Reintegration der Spielräume von Kindern in die Erwachsenengesellschaft. In: Kreuzer, K.J. (Hrsg.): Handbuch der Spielpädagogik. Bd. 3, Spiel als Erfahrungsraum und Medium. Düsseldorf 1984

TREINIES/EINSIEDLER: Analyse explorativer Kausalmodelle zu Zusammenhängen zwischen häuslichen Entwicklungsbedingungen und Freispielverhalten von Kindergartenkindern. In: Zeitschrift für Pädagogische Psychologie 1/1987

VON DER HORST, R. (Hrsg.), Handbuch Spielraum, alles über „Spiel im öffentlichen Raum", Winsen 1996

VOPEL, K., Interaktionsspiele. Hamburg 1982

WEBER-KELLERMANN, I.: Die Kindheit. Eine Kulturgeschichte. Frankfurt/M. 1979

WEBER-KELLERMANN, I./FALKENBERG, R. (Hrsg.), Was wir gespielt haben. Erinnerungen an die Kinderzeit. Frankfurt 1981

WEGENER-SPÖHRING, G.: Interaktion im Rollenspiel. Initiierung, Prozesse, Analysen. In: Kreuzer, K.J. (Hrsg.): Handbuch der Spielpädagogik, Bd. 3, Spiel als Erfahrungsraum und Medium. Düsseldorf 1984:55–69

WENDT, W.R.: Raum zum Handeln schaffen und Platz für Erfahrung! Die Lebenswelt, die wir uns einräumen aus ökosozialer Sicht. In: Zacharias, W. (Hrsg.): Gelebter Raum. München: Pädagogische Aktion 1989

WENDT, B.: Kind und Architektur – Bauen für Kinder. Vortragsprotokoll von Breek von der, A.. In: Wenn das Auge über die Mauer springt. Hamburger Dokumentation. Projektgruppe Reggio/Hamburg (Hrsg.) 1990

WURST, F.: Varianten des Spielverhaltens aus klinischer Sicht. In: Kreuzer, K.J. (Hrsg.): Handbuch der Spielpädagogik, Bd. 4, Spiel im therapeutischen und sonderpädagogischen Bereich. Düsseldorf 1984

YABLONSKI, L.: Psychodrama. Die Lösung emotionaler Probleme durch Rollenspiel. Stuttgart 1978

ZACHARIAS, W. (Hrsg.): Spielräume für Kinder in der Stadt. München 1984

Ders. (Hrsg.): Zur Ökologie des Spiels. München 1985

Ders. (Hrsg.): Spielraum für Spielräume. München 1987

ZAPOTOCZKY, B.: Konfliktlösung im Spiel. Soziodrama, Psychodrama, Kommunikationsdrama. Wien/München 1974

ZEIHER, H.: Die vielen Räume der Kinder. Zum Wandel der räumlichen Lebensbedingungen seit 1945. In: Preuss-Lausitz, U. (Hrsg.): Kriegskinder, Konsumkinder, Krisenkinder. Zur Sozialgeschichte seit dem zweiten Weltkrieg. Weinheim/Basel 1983

ZEIHER, H.: Organisation des Lebensraumes bei Großstadtkindern – Einheitlichkeit oder Verinselung? In: Bertels/Herlyn (Hrsg.): Lebenslauf und Raumerfahrung, Opladen 1990

ZULLIGER, H.: Heilende Kräfte im kindlichen Spiel. Frankfurt/M. 1952

Handbücher und Nachschlagewerke:

BROICH, J., Spiel-Bibliographie. Literaturnachweis 1980–94. Bibliographisches Handbuch zu Spiel, Bewegung, Animation, Köln 1995

BROICH, J., Spiel-Bibliographie 2. Literaturnachweis 1995–97. Bibliographisches Handbuch zu Spiel Bewegung, Animation. Köln, voraussichtlich 2/1998

KREUZER, K.J., Handbuch der Spielpädagogik. Bd. 1–4, Düsseldorf 1983

VON DER HORST, R., Handbuch Spielraum. Alles über „Spiel im öffentlichen Raum". Winsen 1996

Fachzeitschriften

Das andere Theater. Mitteilungsblatt des UNIMA-Zentrums mit Deutschem Bund für Puppenspiel. UNIMA-Zentrum Bundesrepublik Deutschland e.v., Postfach 900925, 60449 Frankfurt

Das Spielzeug, Internationale Fachzeitschrift für Sielzeug, Spielmittel, Modellbau, Basteln, Meisenbach GmbH., Hainstr.18, 96047 Bamberg

Die Märchenzeitschrift, Troubadour-Verlag, Bretthorststr. 140, 32602 Vlotho

Die Märchenzeitung, Informationen zu Märchen, Folklore, Fantasy. Joachim Hempel Verlag, Koblenzer Str. 52, 66822 Lebach

Die Spielwiese. Das Spielemagazin aus Österreich. Arno Miller, Wuhrbaumweg 50, A-6900 Bregenz

Figurentheater, Deutsches Institut für Puppenspiel, Kohlgasse 70, 44795 Bochum

Fantasywelt. Das Fachmagazin für Rollenspieler, Uwe-Körner-Verlag, 53739 St. Augustin

Game on, Gong Verlag, Innere Cramer-Klett-Str. 6, 90489 Nürnberg

Gruppe und Spiel, Kallmeyer'sche Verlagsbuchhandlung, Im Brande 19, 30926 Seelze (Velber)

In Sachen Spiel und Feier, Höfling Verlag, Postfach 100437, 69469 Weinheim

Kulturarbeit aktuell, Informationsdienst zur kulturellen Jugendbildung und zur Kultur- und Medienpädagogik, Akademie Remscheid, Küppelstein 34, 42857 Remscheid

Meister des Puppenspiels, Deutsches Institut für Puppenspiel, Hattingerstr. 467, 44795 Bochum

Motorik, Zeitschrift für Motopädagogik und Mototherapie, Hofmann-Verlag, Postfach 13663, 73603 Schorndorf

Praxis Spiel + Gruppe, Zeitschrift für Gruppenarbeit, Mathias Grünewald-Verlag, Postfach 3080, 55020 Mainz

Puppenspiel Information, Fachzeitschrift für Figurentheater, Hrsg.: Verband „Deutscher Puppentheater" e.V., Moorweg 1, 21337 Lüneburg

Spiel und Bühne, Bund Deutscher Amateurtheater e.V. Steinheimer Str. 71, 89518 Heidenheim

Spiel mit, Habegger AG., CH-4552 Derendingen

Spiel Mobil Szene, (Hrsg.): Bundesarbeitsgemeinschaft der Spielmobile e.V., Geschäftsstelle: Marktplatz 4, 88677 Markdorf

Spiel und Theater, Zeitschrift für Amateur-, Jugend- und Schultheater, Postfach 100261, 69442 Weinheim

Spiel-Box. Das Magazin zum Spielen, W. Nostheide-Verlag, Schützenstr. 30, 96047 Bamberg

Spiel Ebene, Hartmuth A. Seitz, Im Alten Felde 13, 27601 Langen

Spielmittel, W. Nostheide Verlag, Schützenstr. 30, 96047 Bamberg

Sportpädagogik, Zeitschrift für Sport-Spiel-Bewegungserziehung, Erhard-Friedrich-Verlag, Postfach 100150, 30917 Seelze

Standbein Spielbein, Museumspädagogik aktuelle, Szenario: Julia Debett und Kerstin Wagner, Keßlerstr.61, 31134 Hildesheim

Spielen und Lernen, Velber Verlag GmbH., Postfach 100254, 30918 Seelze (Velber)

Theaterpädagogik, Hochschule der Künste, Postfach 126720, 10595 Berlin

Kontaktadressen

ABA – Fachverband offene Arbeit
mit Kindern e.V.
Nollendorfplatz 2,
44339 Dortmund
Tel.: 0231 / 80 62 10
(Fach- u. Dachverband f. päd.
Betreute Spielplätze)

Akademie Remscheid
Küppelstein 34
42857 Remscheid
Tel.: 02 91 / 7 94 24
(Weiterbildung)

Arbeitsstelle für Neues Spielen
Am Dobben 100
28203 Bremen
Tel.: 04 21 / 7 03 232
(Weiterbildung / Spielmittel-
entwicklung)

Arbeitsstelle für Spielforschung
der Fachhochschule Dortmund
– Sozialpädagogik –
Otto-Hahn-Str. 23
44227 Dortmund 50
Tel.: 02 31 / 7 55-51 96 u. 51 97
(Beurteilung von Spielmiteln)

Arbeitsausschuß Kinderspiel u.
Spielzeug e.V.
Gutes Spielzeug von A–Z.
Ratgeber für Spiel- u. Spielzeug
Heimstr. 13
89073 Ulm
(Qualitätsbeurteilung von
Spielzeug)

Arbeitsgemeinschaft Spielraum
(AGS)
Alte Schule Bannetze,
29308 Winsen/A
Tel.: 05146/363
(Spielpolitik/ Spiel im öffentlichen
Raum)

BAGAGE
Pädagogische Ideenwerkstatt e.V.
Habsburgerstr. 9
79104 Freiburg
Tel.: 07 61 / 55 57 52
(Fortbildung Spiel)

BSFH Bundesverband der
Spielplatzgeräte- und
Freizeitanlagenhersteller e.V.
Kaiserwerhterstr. 135,
40474 Düsseldorf
Tel: 0211 / 4 54 93 56
(Interessenvertretung Spielgeräte-
hersteller)

Bund der Jugendfarmen und
Abenteuerspielplätze e.V.
Im Elsental 3
70567 Stuttgart
Tel.: 07 11 / 6 87 23 02
(Spielplatzberatung)

Bundesarbeitsgemeinschaft der
Spielmobile e.V.
Marktplatz 4
88677 Markdorf (Bodensee)
(Weiterbildung, Spielmobilinfo,
Fachzeitschrift)

Bundesverband der Spielplatz-
geräte- und Freizeitanlagenhersteller e.V. (BSHG)
Kaiserswerther Str. 135
40474 Düsselbdorf
Tel.: 02 11 / 4 54 93-56
(Spielplatzberatung)

Bundesverband der
Unfallversicherungsträger
der Öffentlichen Hand e.V.
BAGUV – Forckensteinstr. 1
81539 München
Tel.: 089 / 6 22 72-0
(Infos z. Unfallverhütung,
z.b. auch Bepflanzung
von Spielstätten)

Dekra Umwelt GmbH
Sontraer Str. 18,
60386 Frankfurt/M.
Tel.: 069 40 004-0
(Sicherheitstechnische Beratung,
Prüfung, Gutachten)

Deutscher Kinderschutzbund e.V.
Bundesgeschäftsstelle
Schiffgraben 29
30159 Hannover
Tel. 05 11 / 3 04 85-0
(Spielplatzberatung / Spielen
in der Stadt / Spielpolitik)

Deutscher Sportbund
Otto-Fleck-Schneise 12
60528 Frankfurt/M.
Tel.: 069 / 67 00-0
(Dachorganisation der Landes-
sportverbände/ Sportpolitik)

Deutsches Kinderhilfswerk e.V.
Rungestr. 20
10179 Berlin
Tel.: 0 30 / 2 79 56 56
(Spielpolitik / Spielen in der Stadt)

Echo e.V.
Verein für integratives Spiel und
Kulturpädagogik
Saarlouiser Str. 13
80997 München
Tel.: 0 89 / 26 03 54 46
(Spiel / Behinderung / Integration)

FANTASTO
Ästhetisches Spiel- und Anregungs-
material f. Behinderte
SCI Moers e.V.
Kirschenallee 35
47443 Moers
Tel.: 0 28 41 / 50 55 66
(Spiel / Behinderung / Integration)

Figurentheater-Kolleg am Deut-
schen Institut f. Puppenspiel e.V.
Hohe Eiche 27
44892 Bochum
Tel.: 02 34 / 28 40 80
(Weiterbildung/Figurenspiel)

FIPP – Fortbildungsinstitut
für die pädagogische Praxis
Crellestr. 34
10827 Berlin
Tel.: 0 30 / 7 84 20 75
(Weiterbildung)

GALK, Ständige Konferenz der
Gartenamtsleiter beim Deutschen
Städtetag Arbeitskreis GALK
„Spielen in der Stadt"
Dr. Ziegenspeck-Weg 10
86161 Augsburg
Tel.: 0821 / 3 24 60 10
(Freiraumplanung, Spielplätze,
Brachgelände, Waldstücke etc.)

Info – Spiel e.V.
Schellingstr. 19
80799 München
Tel.: 089 / 28 50 10
(Dokumentations- u. Infodienst f.d.
Bereich Spiel im öffentl. Raum)

Kath. Arbeitsgemeinschaft
Spiel u. Theater
Haus Altenberg
Lenaweg 1
55127 Mainz
Tel.: 06131 / 7764
(Fortbildung/Spielaktionen)

Landesfachgruppe Spielmobil NRW
Luisenstr. 22
59425 Unna
Tel.: 02303/69324
(Weiterbildung/Spielen in der Stadt)

LAG Spiel und Theater in NRW
Klarastr. 9
45663 Recklinghausen
Tel.: 02361/24701
(Spielleiterausbildung)

Landesverband Amateurtheater
Baden Württemberg e.V.
89518 Heidenheim
Theaterhaus am Naturtheater
Tel.: 07321/44133
(Weiterbildung)

Ökotopia Spielvertrieb und Verlag
Hafenweg 26 b
48155 Münster
Tel.: 0251/66103035
(Spielraumgestaltung/Entwicklung
von Spielmitteln)

Pädagogische Aktion
SPIELkultur e.V.
Reichenbachstr. 12
80469 München
Tel.: 089 / 2 60 92 08
(Spielaktionen/ Projekt-
veröffentlichungen)

Projekt Traumfabrik
Postfach 12 05 47
93027 Regensburg
Tel.: 0941 / 40 10 25
(Sport u. Theater, Fortbildung,
Auftragsproduktionen)

Recht auf Spiel/Internationale
Pädagogische Aktion (IPA) e.V.
Reichbachstr. 12
80469 München
Tel.: 089/2609208
(Spielpolitik/Spielen in der Stadt)

Rheinische Arbeitsgemeinschaft
Spiel und Theater Köln e.V.
(RAST)
Kurfürstenstr. 18
50678 Köln
Tel.: 0221/32 34 82
(Fortbildung Spiel und Theater)

Rhinozeros Spielwerkstatt
Helmholzstr. 145
46045 Oberhausen
Tel.: 0208/855744
(Weiterbildung/Spielmittel-
entwicklung)

„Spiel gut" Arbeitsausschuß
Kinderspiel + Spielzeug e.V.
Heimstr. 13
89073 Ulm
Tel.: 0731/65653
(Spielmittelbeurteilung)

Studiengang Spielpädagogik
Fachhochschule Kiel
Fachbereich Sozialwesen
Fröbelstr. 49
24113 Kiel
Tel.: 0431/680229
(Ausbildung Spielpädagogik)

TÜV Produkt Service
Ridlerstr. 31
80339 München
Tel.: 089 / 50 084-184
(Sicherheitstechnische Beratung,
Prüfung, Gutachten)

Der Autor

Michael Renner, Dipl. Päd., Heilpädagoge, Dozent am Institut für soziale Berufe, Seminar für Heilpädagogik, in Ravensburg.